Ernst Piper

Ernst Barlach und die nationalsozialistische Kunstpolitik

Eine dokumentarische Darstellung zur »entarteten Kunst«

Mit 18 Abbildungen

R. Piper & Co. Verlag
München Zürich

ISBN 3-492-02749-0

Gesetzt aus der Aldus-Antiqua
Gesamtherstellung: Kösel, Kempten
Printed in Germany

Vorwort

Der 50. Jahrestag der sogenannten Machtergreifung hat uns eine kaum überschaubare Fülle von Büchern über das Dritte Reich beschert. Einige beschäftigen sich auch mit kulturpolitischen Maßnahmen, zum Beispiel mit der Bücherverbrennung, kaum eines aber mit dem Vorgehen der Nazis gegen die bildende Kunst. Dieses Mißverhältnis ist nicht neu. In den ersten Jahren nach der Befreiung erschienen zwar einige Arbeiten (Behne, Rave u. a.), sie sind aber mehr Zeitdokumente als Informationsquellen. 1963 erschien die bisher einzige umfassende Darstellung von Hildegard Brenner. (Wenn sie auch in vielen Einzelheiten überholt ist, wäre es doch angezeigt gewesen, das seit langem vergriffene Buch jetzt wieder aufzulegen.) Im Zuge der Studentenbewegung erschienen dann einige nicht immer sehr materialreiche, dafür um so theoriebeladenere Abhandlungen über »Kunst im Faschismus«. So versucht dieses Buch Hinweise zu geben für eine bisher nicht geschriebene Geschichte der »entarteten Kunst«, für die es hohe Zeit ist. Noch leben einige der damals Beteiligten.

Von vielen Seiten habe ich Hilfe erfahren, besonders danken möchte ich Wilhelm F. Arntz, Hans Barlach, Michael Bock, Lothar Fend, Lucius Grisebach, Catherine Krahmer, Isa Lohmann-Siems, Doris Lükewille, Frank Nikolaus, Ekkehard Nümann, Gerd Schulz und Uwe Steffen, vor allem aber meiner Frau Katrin Meschkowski; ihre tätige Auseinandersetzung mit der Kunst hat viel zu der Gedankenarbeit für dieses Buch beigetragen.

Einleitung[1]

Am 2. Januar 1870 wurde Ernst Barlach in Wedel, nordwestlich von Hamburg, geboren. Am 24. Oktober 1938 starb der Künstler im Krankenhaus der Stadt Rostock. Deutschland, sein Heimatland, hatte sich so gewandelt, daß es ihm, dem seit langem Leidenden, die Luft zum Atmen genommen hatte.

In den 68 Jahren, die dieses Leben eines bedrängten Mannes umspannten, hatte sich vieles verändert. Das kaiserliche Deutschland, mit seiner halbfeudalistischen Hofkultur, der jährlichen Großen Berliner Kunstausstellung mit ihren Goldmedaillen, aber auch der Berliner Secession und Neuen Secession[2], war 1918 zusammengebrochen. Ihm folgte die Republik von Weimar, jenes ungeliebte, unter so ungünstigen Umständen zustande gekommene Staatswesen, das 1933 von den Schaftstiefeln des braunen Mobs zertreten wurde. Die große Mehrheit der Mittel- und Oberschicht, Reichswehr und nationalistische Intelligenz voran, hatte in dieser parlamentarischen Demokratie, dem Staat des »Versailler Diktats«, ohnehin nur ein unwürdiges Zwischenspiel gesehen[3]. Kaisertreue Beamte, reaktionäre Hochschullehrer, antisemitische Publizisten und nationalistische Schriftsteller fühlten sich am 30. Januar 1933 als Sieger – in vielen Fällen zu Unrecht, wie sich nur allzubald herausstellen sollte. Die Nationalsozialisten, einmal an der Macht, begnügten sich nicht mehr mit einem dumpfen antidemokratischen, antistädtischen, antimodernen und antijüdischen Konsens. Ihren Verbündeten, von den Gruppierungen der Harzburger Front bis zum nationalrevolutionären Flügel der NSDAP, machten sie genauso den Garaus wie den Demokraten von Weimar. Doch dies darf uns nicht übersehen lassen, daß die Nationalsozialisten vor 1933 mit vielen ihrer Positionen, auch der Ablehnung der modernen Kunst, auf breite Zustimmung rechnen konnten. Ein Künstler wie Barlach hat das zu spüren bekommen.

Barlach hatte, nach verschiedenen Ausbildungs- und Arbeitsstationen, im Jahre 1906 mit seinem Bruder Nikolaus eine zweimonatige Rußlandreise unternommen, die sein weiteres Schaffen stark beeinflussen sollte. Die Eindrücke, die er auf dieser Reise empfing, prägten viele seiner Zeichnungen und Plastiken, die seinen Ruhm begründeten, ihm aber immer wieder auch den Vorwurf des »Ostischen« und des Kunstbolschewismus eintrugen, wobei seine Verteidiger vergeblich darauf hinwiesen, daß Rußland 1906 noch zaristisch gewesen war.

Von 1906 bis 1910 lebte Barlach in Berlin, wo er sich der Secession anschloß[4]. Dann aber ließ er sich endgültig in Güstrow nieder, auf dem Heidberg, wo er fast drei Jahrzehnte als Bildhauer, Graphiker und Schriftsteller arbeitete. Als einer der bedeutendsten Vertreter des Expressionismus war er bald ein gefeierter und geehrter Künstler für eine über einen guten Teil der Presse gebietende, aber dennoch minoritäre Öffentlichkeit. Obwohl Barlach zurückgezogen lebte, wurde das Atelier auf dem Heidberg für viele eine Pilgerstätte der Verehrung eines großen Meisters. Mit dem Ansteigen der braunen Flut wurde aber sein Werk zunehmend angegriffen, wurde es zum Gegenstand publizistischer Kämpfe. Barlach selbst stand diesen Auseinandersetzungen bis zuletzt ohne inneres Verständnis gegenüber.

Am stärksten attackiert wurde der Bildhauer für seine Ehrenmale, denn hier berührte er die heiligsten Güter der Nation. Er schuf die Ehrentafel mit der Schmerzensmutter für die Nicolaikirche in Kiel (1921), den schwebenden Engel für den Dom zu Güstrow (1927), den »Geistkämpfer« für die Universitätskirche in Kiel (1928), das Magdeburger Totenmal (1929) und das Relief für das Hamburger Gefallenendenkmal (1931) (zum schwebenden Engel und zum »Geistkämpfer« Nr. 1–4). Die weitaus stärksten Angriffe löste das Ehrenmal im Dom zu Magdeburg aus, die einzige Plastik, in der Barlach den Krieg direkt dargestellt hatte (Nr. 5–19, 24).

War der Expressionismus an sich für das Bürgertum schon schwer verdaulich gewesen, so stellte dieses Denkmal eine Provokation

Ehrentafel mit der Schmerzensmutter in der Nicolaikirche in Kiel

dar, deren Ausmaß wir uns heute nur schwer vorstellen können. Man muß sich zurückversetzen in eine Zeit der Siegessäulen, Bismarck-Statuen, Kaiserstraßen, Unbekannten Soldaten und Heroendenkmäler, um zu verstehen, was es hieß, die Grauen des Krieges realistisch darzustellen.

Vergleichbar der Ablehnung dieses Denkmals war die Empörung über Erich Maria Remarques Roman »Im Westen nichts Neues«, der im selben Jahr erschien. Die Uraufführung der Verfilmung wurde von Goebbels und seinen Mannen gesprengt, indem sie die Karten aufkauften und zu Beginn der Vorstellung Hunderte von weißen Mäusen freiließen.

Sprachen sonst über Krieg immer nur diejenigen, die ihn mehr oder weniger unversehrt überlebt oder gar von den Gefechtsständen aus dirigiert hatten, so ergriff Barlach nun Partei für die Opfer. Das schuf ihm wenig Freunde, denn die militärisch wie wirtschaftlich geschlagene Nation wollte nicht wissen, wie es wirklich gewesen war. Wenn die organisierte Abschlachtung der jungen Generation schon keine Erfolge gezeitigt hatte, mußte sie wenigstens heroisch vor sich gegangen sein.

Die »vaterländische« Publizistik und die ihr angegliederten Verbände schossen aus allen Rohren gegen das Ehrenmal, das die sozialdemokratisch geführte Regierung des »roten Preußen« der Stadt Magdeburg und ihrem Dom geschenkt hatte. Die liberaleren Kräfte versteckten sich hinter den üblichen Wenns und Abers. Man wolle nicht bestreiten, daß es sich hier um Kunst handle, dafür sei man im Grunde nicht sachverständig. Darauf komme es aber auch gar nicht an, denn hier sollten ja die Gefallenen des Weltkriegs in angemessener Weise geehrt werden. Man wolle nicht die Qualität des Denkmals an sich bestreiten, aber es passe nicht in einen mittelalterlichen Sakralraum. Man wolle auch nicht bestreiten, daß Barlach möglicherweise ein großer Künstler sei, aber die Behandlung des kriegerischen Sujets sei ihm nicht gegeben. Selbst kirchliche Kreise machten Barlach den Vorwurf des Pazifismus! Die verlogene Haltung des »Alles zu seiner Zeit und alles an seinem Ort« wollte die Gestaltung von Gefallenendenkmälern nur in kriegerischem Geist zulassen. Ein Standpunkt, der damals weniger obsolet schien als heute, in einer Zeit, in der die organisierte Vernichtung von Menschen kaum noch etwas von dem an sich hat, was früher einen Krieg ausmachte. Der heroische Charakter des Krieges ist so fragwürdig geworden, daß selbst seine Protagonisten nicht mehr durchweg davon überzeugt sind. (Man erinnere sich an die großartige Demonstration von einigen tausend Veteranen des Vietnamkriegs, die die ihnen verliehenen Orden auf die Stufen des Kapitols geworfen haben.)

Gegen Barlach wurden Gerüchte und Verdächtigungen ausgestreut, wobei man sich nicht scheute, auch an antisemitische Instinkte zu appellieren. Mehr noch als Barlach selbst hatte sein 1926 verstorbener Galerist und Verleger Paul Cassirer (von Nolde gern »Cassierer« genannt) darunter zu leiden. Doch es gab auch viele, die sich für Barlach und seine Kunst einsetzten. Zum einen waren dies die Kunstschriftsteller und Publizisten, die für die Moderne kämpften, wie Friedrich Droß, Alfred Hentzen, Ernst von Niebelschütz, Karl Scheffler und Bruno E. Werner, zum anderen Galeristen wie Karl Buchholz und Paul Cassirer, schließlich aufgeschlossene Museumsleute wie Hildebrand Gurlitt, Carl Georg Heise und Max Sauerlandt. Manche, wie zum Beispiel Gurlitt und Heise, fielen den vaterländischen Eiferern schon vor der sogenannten Machtergreifung zum Opfer. Der Kampf um die moderne Kunst ist ein immerwährender Kampf. So wie die Angriffe und Maßnahmen gegen Barlach nicht erst 1933 begannen (und 1945 nicht aufhörten), brachten umgekehrt die Ereignisse jenes Jahres seine Verteidiger nicht zum Verstummen. Auch nach 1933 gab es immer wieder Galeristen und Museumsleiter, die den Mut hatten, Werke von Barlach anzukaufen und auszustellen.

Spätestens 1929/30 wurden die Nationalsozialisten, bis dahin eine selbst von reaktionären Kräften kaum ernstgenommene Krakelertruppe am äußersten rechten Rand des parlamentarischen Spektrums, ein gewichtiger politischer Faktor. Bei den Reichstagswahlen im September 1930 wuchs die Zahl der Mandate der NSDAP von 12 auf 107. Schon im Januar 1930 war ihnen der Einzug in die thüringische Landesregierung gelungen. Wilhelm Frick als Minister und Paul Schultze-Naumburg als Direktor der Vereinigten Weimarer Kunstlehranstalten – Weimar gehörte seit 1920 zu Thüringen – veranstalteten die Generalprobe für den Bildersturm (Nr. 21–23). Die Vertreibung der Moderne wurde je nach Ausrichtung des jeweiligen Presseorgans als »Kampf gegen das Untermenschentum« oder als »Weimarer Kunstskandal« registriert. Schultze-Naumburg, als Architekt Vertreter des Neubiedermeiers, war einer der wichtigsten nationalsozialistischen Hetzer gegen die Moderne. Sein 1928 erschienenes Buch hatte den Titel »Kunst und Rasse«, 1934 folgte dann »Kunst aus Blut und Boden«.

Die Weimarer Probe für den großen Vernichtungssturm ging erstaunlich unbeachtet über die Bühne. Die liberalen Kräfte beschränkten sich einmal mehr darauf, überlegen den Kopf zu schütteln. In einem Kommentar der »Thüringischen Allgemeinen Zeitung« hieß es: »Man kann nichts tun, als herzlich lächeln.«[5] Den Nazis bescheinigten die Konservativen, wie so oft Effizienz in der Sache durch lautstarkes Auftreten ersetzen zu wollen, und 1931 wurde Frick – auf Antrag der Kommunisten, aber mit Zustimmung der Konservativen – seines Amtes enthoben. Die Freunde Barlachs aber waren gewarnt, und als er in Hamburg noch einmal einen öffentlichen Auftrag erhielt, machte man sich gleichzeitig an die Abfassung einer Rechtfertigungsschrift (Nr. 25, 26). Bei dem Wettbewerb für das Denkmal zu Ehren der Gefallenen des Weltkriegs hatte nicht Barlach, sondern der Bildhauer Klaus Hoffmann den Zuschlag erhalten. Er hatte eine 21 Meter hohe Steintafel entworfen, auf der der Text eingemeißelt war: »40000 Söhne der Stadt ließen ihr Leben für Euch.« Barlach sollte nun die Rückseite dieser Tafel gestalten. Er entschied sich für eine Mutter, die ihr Kind tröstet. Dieses formal weit weniger als das Magdeburger Totenmal provokative Relief wurde bei seiner Enthüllung dennoch kühl aufgenommen.

1932 und 1933 waren Jahre der Verwirrung, des Umbruchs und der Orientierungslosigkeit (Nr. 27–46). Kaum jemand leistete ernsthafte Gegenwehr gegen die heraufziehende Herrschaft der Nazis. Bei den Reichstagswahlen am 31. Juli 1932 wurde die

NSDAP zur stärksten Partei, und Hermann Göring wurde zum Reichstagspräsidenten gewählt. Die Nazis wurden dabei von der katholischen Zentrumspartei unterstützt, deren Vorsitzender, Prälat Kaas, eine Politik der »Volkssammlung« verfolgte. Gleichzeitig beherrschten die Schlägerbanden der Nazis immer mehr die Straße. Barlach, der dem ganzen »Nazi-Rummel« verständnislos gegenüberstand, hielt dies alles für »bengalische Feuerwerkerei« (Nr. 29). In seiner Rundfunkrede vom 23. Januar 1933 propagierte er gegen Rassismus, Nationalismus und religiösen Dogmatismus eine Rasse der Geistigen – eine Position geistiger Abgeschiedenheit und denkerischer Überlegenheit, die kaum auf breite Zustimmung rechnen konnte, dies wohl auch nicht sonderlich wichtig nahm. In Ruhe gelassen werden wollte der Künstler, doch genau daran fehlte es.

In den ersten Wochen nach der Ernennung Hitlers zum Reichskanzler tobte das Entsetzen, seine Parteigänger gerieten außer Rand und Band, und dem liberalen Bürgertum stockte der Atem. Doch schon bald stellte sich heraus, daß wenn nicht alles, so doch vieles blieb, wie es war. Für den Durchschnittsbürger dominierte schon bald nach der »Wende« wieder die existentielle Herausforderung seiner privaten Lebenswirklichkeit. Am 17. Mai 1933 hielt Hitler seine außenpolitische Friedensrede im Reichstag, die die Zustimmung aller Fraktionen fand, auch die der SPD. Am 6. Juli erklärte Hitler die nationalsozialistische Revolution für beendet, und am 20. Juli schloß er ein Konkordat mit dem Vatikan. In einem wichtigen Punkt auch unterschied sich der nationalsozialistische Staat von kommunistischen Regimen: Man setzte nicht auf Verstaatlichung als Herrschaftsmittel. Mit Ausnahme der sozialdemokratischen und kommunistischen Parteiverlage, die verboten wurden, blieben Presse und Verlagswesen, Galerien und Druckereien bestehen und – was noch wichtiger ist – ganz überwiegend in privater Hand. Selbst die jüdischen Firmen ließ man, nicht zuletzt aus Angst vor wirtschaftlichen Einbußen, zunächst weitgehend unbehelligt.

Nach Hitlers Amtsantritt dachten seine Parteigänger, nun werde alles anders werden. Hunderte von mediokren Künstlern, die sich in diversen Kampf- und Kulturbünden zusammengeschlossen hatten, glaubten, ihre Stunde sei gekommen (Nr. 40). Wichtigste Organisation der deutschtümelnden Richtung innerhalb der Nazibewegung war der »Kampfbund für Deutsche Kultur«, der aus der 1927 gegründeten »Nationalsozialistischen Gesellschaft für deutsche Kultur« hervorgegangen war. Anführer dieses Kampfbundes war Alfred Rosenberg, zugleich Chefredakteur des »Völkischen Beobachters«. Der Architekt und spätere Präsident der Reichskammer der bildenden Künste, Eugen Hönig, vertrat den Bund Deutscher Architekten in der Reichsleitung des Kampfbundes. Andere prominente Mitglieder der Reichsleitung waren Baldur von Schirach und Robert Ley[6]. Weimar war, obwohl es der Republik den Namen gegeben hatte, besonders empfänglich für die Ideen des Kampfbundes[7], und bereits im Sommer 1932 erreichte die NSDAP bei den Wahlen zum thüringischen Landtag die absolute Mehrheit.

Dennoch waren die praktischen Erfolge des Kampfbundes eher bescheiden. Das einzige greifbare Ergebnis, das direkt auf die Tätigkeit des Bundes zurückzuführen war, war am 1. April 1930 die Entlassung des Zwickauer Museumsleiters Hildebrand Gurlitt[8] (vgl. Nr. 158). Die Zahl der Kampfbundmitglieder stieg von 1929 bis 1933 lediglich von etwa 300 auf etwa 6000, versechsfachte sich dann allerdings im ersten Jahr der Naziherrschaft[9].

Der Parteiphilosoph Rosenberg war der Chefideologe einer Richtung innerhalb der NSDAP, die zur Vergangenheit, zur deutschen Mystik, zu Goethe, Schopenhauer, Nietzsche, Wagner und den Tingstätten zurückwollte und alles Neue radikal ablehnte. 1941 wurde Rosenberg Minister für die besetzten Ostgebiete, wo er sich unter anderem durch die Anordnung hervortat, daß die Haager Landkriegsordnung gegenüber den Völkern des Ostens nicht anwendbar sei. Seine Ministertätigkeit führte 1946 zur Verurteilung zum Tod durch den Strang[10].

Rosenbergs Gegenspieler war Joseph Goebbels, der über den Romantiker Wilhelm von Schütz promoviert hatte und der seit 1926 Gauleiter für Berlin und seit 1928 Reichspropagandaleiter der NSDAP war. Goebbels zog es nicht zu Gitarre spielenden HJ-

Jünglingen, er sonnte sich lieber im Scheinwerferlicht der Ufa-Studios; jedes seiner Wohnhäuser hatte einen Filmvorführraum[11]. Er hatte die Bedeutung der neuen Medien Rundfunk und Film für den von ihm mit Geschick und Brutalität organisierten Propagandaapparat der Nazis erkannt. Goebbels umgab sich gern mit Intellektuellen und Künstlern. Dies war nicht nur Pose, sondern auch politische Strategie, die darauf aus war, bekannte Künstler für eine Mitarbeit im nationalsozialistischen Deutschland zu gewinnen, um so das liberale Bürgertum zu neutralisieren und im Ausland an Ansehen zu gewinnen. Tatsächlich fanden sich auch viele prominente Künstler, wie zum Beispiel Wilhelm Furtwängler, Gustaf Gründgens, Gerhart Hauptmann und Richard Strauss, zur Mitarbeit in den Institutionen des neuen Regimes bereit (Nr. 56). Mehr noch als für Literatur und bildende Kunst galt dies für Film, Theater und Musik, da diese Bereiche durch ihre Produktions- und Aufführungsbedingungen am direktesten auf staatliche Duldung bzw. Förderung angewiesen waren.
Goebbels wurde 1933 Reichsminister für Volksaufklärung und Propaganda; dies war damals zugleich das einzige von den Nazis neugeschaffene Ministerium. Der Propagandaminister war aufgrund seines Amtes zugleich Präsident der ebenfalls neugeschaffenen Reichskulturkammer, außerdem unterstanden seinem Ministerium alle Genehmigungs- und Kontrollinstanzen für den kulturellen Bereich (Nr. 48, 52). Hinter dieser Machtfülle blieb das, was Rosenberg für sich erreichen konnte, zunächst entschieden zurück. Im April 1933 wurde er Leiter des Außenpolitischen Amtes der NSDAP, einer im Ausland operierenden Agentenorganisation, die außenpolitisch durchaus ihre Bedeutung hatte. Im Januar 1934 wurde Rosenberg außerdem, was hier wichtiger ist, zum Beauftragten des Führers für die Überwachung der gesamten geistigen und weltanschaulichen Schulung der NSDAP ernannt[12]. In dieser Eigenschaft versuchte er immer wieder auf Goebbelssche Maßnahmen einzuwirken (Nr. 49, 74, 81, 82, 84), oft ohne Erfolg. Am meisten schockierte ihn eine Ausstellung des italienischen Futurismus im März 1934 in Berlin, bei der Goebbels und Göring als Mitglieder des Ehrenkomitees fungierten; im Juni schrieb

Rosenberg in sein Tagebuch: »Über Kulturfragen fängt jetzt ein regelrechtes Tauziehen an. Überall, wohin ich komme, höre ich einmütiges Klagen über die Richtungslosigkeit der Reichskulturkammer. Es ist trostlos. Man hofft auf mich, aber die Tatsache, daß ein Nationalsozialist Präsident der Reichskulturkammer ist, macht es schwer, parteiamtlich eine andere Organisation zu schaffen.«[13] Auch Robert Ley konnte von Goebbels bald neutralisiert werden, wobei wesentlich half, daß er die Jahrestagungen der Reichskulturkammer mit denen von Leys Organisation »Kraft durch Freude« (KdF) zusammenlegte[14].

Gegen Rosenberg stand eine ganze Reihe von Nationalsozialisten, die sahen, daß die Ablehnung alles Neuen nicht ausreichte, um völkisches Kunstwollen zu konstituieren. Der weitreichendste Versuch, auch Künstler wie Ernst Barlach und Emil Nolde in das »neue Deutschland« zu integrieren, ging von einer Gruppe junger nationalsozialistischer Akademiker um Fritz Hippler, Johann von Leers, Hans Weidemann und Otto Andreas Schreiber aus (Nr. 47, 49, 50, 63, 76). Wenige Wochen nach dem »Bekenntnis der Jugend zur deutschen Kunst« wurde die Ausstellung »Dreißig deutsche Künstler« eröffnet, die Frick, inzwischen Reichsinnenminister, jedoch schon nach drei Tagen wieder schließen ließ. Eine neu zu gründende Künstlervereinigung, deren Präsident Barlach werden sollte, kam nicht zustande. Doch im Oktober 1933 übernahmen Schreiber und Weidemann die Leitung der Malergruppe »Der Norden«. Der gleiche Kreis gab auch die Zeitschrift »Kunst der Nation« heraus, die für den »nordisch« interpretierten Expressionismus eintrat. Redakteur der Zeitschrift war Schreiber, der dieses Amt aber im Mai 1934 an A. William König abgeben mußte. Im darauffolgenden Jahr wurde »Kunst der Nation« dann ganz verboten. An seine Stelle traten »Völkische Kunst«, offizielles Organ der NS-Kulturgemeinde und von »Kraft durch Freude«, und »Die Kunstkammer« als Organ der Reichskammer der Bildenden Künste.

Schreiber vertrat die vier Berliner Kunstfachschulen innerhalb des Nationalsozialistischen Deutschen Studentenbundes. Dort hatte er für die Organisation sehr erfolgreich gewirkt. Gleichzeitig

hatte er aus seiner Ablehnung vieler »Kampfbund«-Aktivitäten keinen Hehl gemacht und war deshalb bald in die Auseinandersetzungen zwischen Goebbels und Rosenberg hineingezogen worden. Letzterer hatte Schreiber als »kulturellen Otto Strasser« bezeichnet, wofür sich – Logik der Machthaber – Schreiber bei Rosenberg am 14. Juli 1933 öffentlich entschuldigen mußte[15]; Rosenberg erreichte auch Schreibers Entfernung aus dem Studentenbund. Er kam aber bei Ley, der damals mehr auf der Seite von Goebbels stand, im KdF-Kulturamt unter. Dort war zunächst auch Weidemann tätig, mußte dann aber ins Propagandaministerium überwechseln; später machte Goebbels ihn zum Vizepräsidenten der Reichsfilmkammer. Schreiber leitete die Abteilung für bildende Künste des KdF und organisierte in den folgenden zehn Jahren etwa 3500 Ausstellungen in Fabriken mit moderner Kunst[16].
Einen ersten Höhepunkt erreichten die Auseinandersetzungen zwischen Rosenberg und Goebbels mit einem Briefwechsel, der sich über die letzten fünf Monate des Jahres 1934 erstreckte (Nr. 81, 84). In den folgenden zwei Jahren mußte Goebbels eine Reihe von Niederlagen hinnehmen. Die Präsidentschaft vieler Reichskammern wurde verändert. Leute seiner Couleur mußten ihren Hut nehmen, Aushängeschilder wie Furtwängler und Strauss konnten nicht länger gehalten werden. Die entscheidende kulturpolitische Radikalisierung setzte dann 1936/37 ein, nach Abschluß der Olympischen Spiele.
Unterdessen nahmen die Stellungnahmen und Maßnahmen gegen Barlach ihren Fortgang, ohne daß die Fürsprecher seiner Kunst verstummten (Nr. 43–46, 51, 57, 58, 61, 62, 66, 68–75, 77). Bereits im März 1933 hatte der Domgemeindekirchenrat von Magdeburg an den Preußischen Kultusminister Bernhard Rust appelliert, das Totenmal zu entfernen. Die neuen Machthaber folgten der Bitte nur zu gern, und das Kunstwerk wurde in die Berliner Nationalgalerie verbracht, mußte dort aber schon bald, nachdem Rosenberg heftig gegen die Aufstellung protestiert hatte, magaziniert werden (Nr. 43, 45, 46, 82, 105). Der Zug um Zug sich vollziehenden Auswechslung der Museumsleute[17] fielen auch Freunde Barlachs zum Opfer; vor allem wurde dadurch die

Vollendung der Figurenreihe für die Lübecker Katharinenkirche unmöglich gemacht (Nr. 54, 60, 78).
Auf der anderen Seite versuchte man auch mit Mitteln, denen man Anerkennung durch die Machthaber zutraute, für Barlach einzutreten. So wurde ausführlichst der Beweis geführt, daß der Künstler ausschließlich arische Vorfahren habe, was aber nicht den erhofften Beifall fand (Nr. 59, 64, 65, 67, 79, 93). Im Februar 1934 organisierte Hermann Sandkuhl die »Freie Kunstschau Berlin«, die noch einmal für die »Ausdruckskunst« eintrat (Nr. 69, 70, 74). Die Kritik bemühte sich, das Positive hervorzuheben. Barlach sei es zwar nicht gegeben, Krieger darzustellen – eine Konzession an die Kritiker der Gefallenendenkmäler –, aber seine Kunst sei dennoch erdhaft. Die Ausstellung zeigte auch die Zeichnungen für die »Gemeinschaft der Heiligen« für die Lübecker Katharinenkirche. Den Hoffnungen der Kritik zum Trotz blieb Barlach die weitere Ausführung versagt. Nach dem Krieg sollte die Figurenreihe dann von Gerhard Marcks vollendet werden, der übrigens in jener Ausstellung ebenfalls vertreten war. Auch Barlach selbst glaubte damals, man könne dem Regime gegenüber mit dessen eigenen Kriterien argumentieren. Er unterschrieb den »Aufruf der Kulturschaffenden«, was ihm Kritik seiner Freunde, Goebbels aber Protest von Rosenberg eintrug (Nr. 80, 81, 83, 84). Barlachs Hoffnung, den Vorwurf des Kulturbolschewismus dadurch loszusein, erfüllte sich natürlich nicht.
Wenn das Naziregime trotz seiner ungeheuerlichen Greueltaten zwölf Jahre bestehen konnte, so lag das nicht zuletzt daran, daß sein terroristischer Charakter an der Oberfläche nicht sofort sichtbar wurde. Die Naziideologie durchdrang das Alltagsleben wie ein schleichendes Gift; radikale Zustimmung war nicht sofort und nicht überall gefordert. Das galt auch für die Existenz des Künstlers. Trafen mehrere negative Kriterien zusammen – zum Beispiel Judentum, politisches Engagement und neuer, abgelehnter Kunststil –, so war die Alternative Exil oder Tod unausweichlich. War das nicht der Fall, verfügte das Regime über eine breite Palette möglicher Maßnahmen. Nicht zuletzt auch deshalb, weil das Problem der künstlerischen Existenz in der Unfreiheit in vie-

len Ländern auch heute noch aktuell ist, sollte man sich die Situation Barlachs in den Jahren nach 1933 möglichst genau vergegenwärtigen.

Ernst Barlach war unrettbar unpolitisch. In seinen gesamten Briefen findet sich keine einzige Äußerung über die Weimarer Republik; er zog sie insoweit dem, was dann folgte, vor, als man ihn damals halbwegs in Ruhe ließ. Barlach lebte, in Grenzen behelligt, auf dem Heidberg. Er verbrannte alle Briefe, die ihn erreichten, und viele Unterlagen, aus Furcht vor einer Haussuchung, zu der es aber nie kam. Er erhielt niemals Berufsverbot, im Gegensatz zum Beispiel zu Schmidt-Rottluff oder auch Nolde, der daraufhin im verborgenen die »Ungemalten Bilder« schuf, die zum Großartigsten seines Werks gehören. Ein großer Teil der Denkmäler Barlachs wurde von den Nazis entfernt, immer wieder wurden seine Werke aus Ausstellungen verbannt, wurden Ausstellungen geschlossen und Aufführungen seiner Stücke verboten (Nr. 88, 90–92, 136, 142, 145, 157, 160, 161, 164, 188). Immer wieder aber gab es auch positive Äußerungen zu seiner Kunst und Maßnahmen, die auf Duldung hindeuteten, bis hin zur Gewährung einer Altersbeihilfe (Nr. 85 bis 87, 89, 98, 141, 143, 158, 159, 162). Barlach war nicht nur auf der Weltausstellung in Chicago und auf der Biennale in Venedig 1934 vertreten. Im selben Jahr wurden seine Zeichnungen in Rom gezeigt[18], im Juli 1935 war er in der »Galerie der Neuzeit« der Düsseldorfer Kunsthalle vertreten[19], und im August wurden Handzeichnungen im Städtischen Kunsthaus Bielefeld ausgestellt[20]. Diese Politik der Duldung war nicht auf Barlach beschränkt. Allein im »Berliner Tageblatt« erschienen bis 1938 nicht weniger als 43 positive Würdigungen von Künstlern, die später zur »entarteten Kunst« zählten[21].

Die Formierung des nationalsozialistischen Staates war ein sehr viel langwierigerer Prozeß, als es aus heutiger Sicht erscheinen mag. Der Kunsthandel und weite Teile des Verlagsbuchhandels blieben in privater Hand. Noch bis 1938 führte Bruno Cassirer, Vetter des 1926 verstorbenen Paul Cassirer, seinen Verlag fort. Daneben etablierte sich, vor allem in den Hinterzimmern vieler Galerien, ein »heimlicher Kunstmarkt«, mit dessen Hilfe sich einige der verbotenen Künstler über Wasser halten konnten[22]. Der Austausch der Museumsmitarbeiter vollzog sich nur langsam, und auch die neuen Leiter verhielten sich nicht immer so, wie die Machthaber es erwarteten. Das beste Beispiel bietet die Berliner Nationalgalerie. Nachdem die Nazis Ludwig Justi entfernt hatten, beriefen sie Alois Schardt, ein »Kampfbund«-Mitglied, das allerdings die Ortsgruppe in Halle zum Expressionismus bekehrt hatte. Seine Neuordnung der geschlossenen Neuen Abteilung gefiel so wenig, daß sie gar nicht wieder geöffnet wurde. Anstelle Schardts kam nun Eberhard Hanfstaengl aus München, der aber der vorgesetzten Behörde so wenig Freude machte, daß er 1937 ebenfalls abgelöst wurde. Noch im Herbst 1936 hieß es in Rosenbergs Denkschrift »Kulturgestalt und kulturelle Organisation. Denkschrift für den Führer über das Grundsätzliche der kulturellen Lage«: »Ohne die Ausstellungen der NS-Kulturgemeinde . . . wäre die Hauptstadt des Reiches nahezu ganz ohne deutsche Ausstellungen gewesen, mit Ausnahme einiger repräsentativer Ausstellungen, die aber keine fortlaufende gestaltende Arbeit aufweisen konnten. Sonst war das Ausstellungswesen durchaus beschränkt auf ein halbes Dutzend Galerien, die ständig die Künstler der Verfallszeit zeigten, als sei keine nationalsozialistische Revolution in Deutschland vonstatten gegangen.«[23]

Für Barlach wurde in jener Zeit der Bildhauer und Kunsthändler Bernhard Böhmer mehr und mehr zu einer Schlüsselfigur[24]. Er lebte ebenfalls in Güstrow und wurde nach Cassirers Tod zu einem Impresario für Barlach. Daß dieser mit Böhmers erster Frau Marga zusammenlebte, war dabei kein Hindernis. Böhmer war Nationalsozialist und gehörte zu den Kunsthändlern, die im Auftrag des Propagandaministeriums Werke der »entarteten Kunst« ins Ausland verkauften, zum Teil auch selbst übernahmen, um eine Vernichtung zu verhindern. Böhmer verfügte über gute Beziehungen zu Goebbels und Göring und soll auch für beide Kunst gekauft haben. Er war – ein im Dritten Reich nicht seltenes Phänomen – ein Mensch zwischen den Fronten. Einerseits wirkte er maßgeblich an den offiziellen Aktionen gegen die »entartete

Kunst« mit, andererseits suchte er das Barlachsche Werk so weit wie möglich zu schützen, ja, meinte möglicherweise, das eine tun zu müssen, um das andere tun zu können. Ob er sich reinen Herzens für Barlach einsetzte[25], von dem er auch eine Porträtbüste schuf, oder ob er ein geschickter Taktiker war, der Barlach in einer Feind-Freundschaft fest umwickelt hielt, so daß dieser nie zu klaren Verhältnissen gelangen konnte[26], wird, da zu viele Dokumente verlorengegangen sind, kaum je zu entscheiden sein. Unbestritten ist, daß Böhmers Wirken der wichtigste Grund für Barlachs relative Duldung war (Nr. 98). Dies zeigt sich auch darin, daß Barlach in der Ausstellung »Entartete Kunst« nur mit einem einzigen Stück vertreten war. 1945, beim Einmarsch der russischen Armee, nahmen Böhmer und seine zweite Frau Gertrud sich das Leben. Zu vermuten ist, daß sie die Unterlagen zu seiner Geschäftstätigkeit vorher vernichtet haben.
Auch andere unterstützten Barlach. Verwandte liehen ihm kleine Geldbeträge, wie aus Briefen immer wieder hervorgeht. Ähnlich, wie der Schokoladefabrikant Bernhard Sprengel Nolde unterstützte, half der Zigarettenfabrikant Hermann F. Reemtsma Barlach, indem er den Auftrag zur Fertigstellung des »Frieses der Lauschenden« übernahm, der heute in dem von Reemtsma in den sechziger Jahren gestifteten Ernst-Barlach-Haus in Hamburg zu sehen ist. Der Maler Leo von König unterstützte Barlach mit Geldbeträgen, wobei er sich als Überbringer der Spenden eines erfundenen Dritten ausgab[27], und seine Frau Anna legte in der Ausstellung »Entartete Kunst« vor Barlachs Plastik einen Kranz nieder[28]. Noch im Jahre 1937 porträtierte König Barlach; dieses Porträt ist in beiden Büchern, die drei Jahre später zu Königs 70. Geburtstag erschienen, wiedergegeben[29]. Der Schriftsteller Jochen Klepper notierte am 14. September 1937 in seinem Tagebuch: »Nun hat König auch nach Nolde noch Barlach gemalt, damit nach ihrer Vernichtung in Deutschland durch die Ausstellung ›Entartete Kunst‹ diese Gestürzten wenigstens das Bewußtsein haben, daß ihr Gesicht vom besten Maler der Nachwelt erhalten bleiben soll. Im Barlach-Porträt liegt restlos alles gelähmte Entsetzen des Alten, Geistigen vor dem Anbruch solcher neuen

Zeit.«[30] Der große Porträtist Leo von König, der 1944 starb, trat nicht ungestraft für Barlach ein. 1937 wurde das für die Große Deutsche Kunstausstellung eingereichte Bild zurückgewiesen (Nr. 153), und über alle Versuche, ihn in die Preußische Akademie der Künste aufzunehmen, trug »persönliche Gegnerschaft«[31] den Sieg davon.

Man wird es auch als Akt freundschaftlichen Bekenntnisses zu Barlach bewerten dürfen, wenn Reinhard Piper im November 1935 ein Buch herausbrachte, das einen Überblick über das zeichnerische Schaffen des Künstlers bot (Nr. 94–97, 99–104, 106–113, 115–120, 122–124, 127–134, 139). Als Autor der Einführung war zunächst der Kunsthistoriker Wilhelm Pinder (1878–1947) vorgesehen, der 1929 bei der Jubiläumsausstellung »25 Jahre Piper Verlag« den Eröffnungsvortrag über »Die Rangstellung der deutschen Bildkunst« gehalten hatte. Pinder gehörte zu den Nationalsozialisten, die den Expressionismus verteidigten[32]; dennoch lehnte er die Abfassung der Einführung ab. An seine Stelle trat der Schriftsteller, Literaturhistoriker und Journalist Paul Fechter (1880–1958), der bei Piper 1914 das Buch »Der Expressionismus« herausgebracht hatte, das 1920 in vierter Auflage erschienen war.

Zunächst blieb der Band »Zeichnungen« unbehelligt, doch sein Erscheinen fiel in eine Zeit der zunehmenden Repression auf kulturellem Gebiet. Nach fünf Monaten, im März 1936, wurde das Buch beschlagnahmt. Dies geschah auf der Grundlage der »Verordnung des Reichspräsidenten zum Schutze des deutschen Volkes«, in der es hieß: »Druckschriften, deren Inhalt geeignet ist, die öffentliche Sicherheit und Ordnung zu gefährden, können polizeilich beschlagnahmt und eingezogen werden.« Wenig später wurde auch das ältere Buch von Carl Dietrich Carls über Barlach beschlagnahmt, das noch im Vorjahr nachgedruckt worden war (Nr. 136). Auch der Künstler Franz Marc war von einem Verbot betroffen (Nr. 114, 121, 135).

Im Zuge der »Entjudungsmaßnahmen« wurde der Ariernachweis für Mitglieder der Reichskulturkammer zur Pflicht (Nr. 125, 138, 144). Das gesamte Klima verschärfte sich deutlich (Nr. 126, 137),

Nikolaus Barlach, Reinhard Piper und Ernst Barlach, 1919

die Kunstkritik wurde von Goebbels verboten und durch die Kunstbetrachtung ersetzt[33] (Nr. 140), die sich herabsetzender Wertungen zu enthalten hatte; ähnliches galt für die »geordnete Buchbesprechung«[34]. Der Höhepunkt, auf den alle Bestrebungen zuliefen, waren die »Große Deutsche Kunstausstellung« im neuerbauten Münchner »Haus der Deutschen Kunst«, über dessen Eingang die Worte Hitlers standen: »Kunst ist eine erhabene und zum Fanatismus verpflichtende Mission«[35], und die zur Abschreckung gedachte Ausstellung »Entartete Kunst« (Nr. 146, 149–151, 153, 156, 163, 183–185). Generalprobe für die erstere war die Ausstellung »Große Deutsche in Bildnissen unserer Zeit«, die werbewirksam während der Olympischen Spiele in Berlin gezeigt worden war[36]. Auch die Gegenausstellung hatte Vorläufer, die bis 1933 zurückreichten. Doch die Schreckenskammer des Jahres 1937 stellte alles Bisherige weit in den Schatten und beraubte die deutschen Museen in einem Bildersturm ohnegleichen der bedeutendsten Werke der Kunst des 20. Jahrhunderts.

Zur gleichen Zeit wurde auch die Preußische Akademie der Künste einer sogenannten Neuordnung unterzogen, nachdem es 1933 bereits eine Reihe von Austritten gegeben hatte (Nr. 147, 148, 152, 155). Die meisten der angeschriebenen Mitglieder entsprachen dem Austrittsersuchen sofort, manche mit Bedauern, einige aber konnten nicht verstehen, daß es Leute gab, die deutscher sein wollten als sie. In dem Antwortschreiben Ernst Ludwig Kirchners auf die Austrittsforderung hieß es: »Ich wünsche von Herzen, daß Deutschland eine neue, schöne und gesunde Kunst erwachse. Ich und mancher andere ältere haben ehrlich und treu daran gearbeitet, das wird man früher oder später einsehen.«[37] Dennoch war Kirchner in der Ausstellung »Entartete Kunst« mit 32 Werken vertreten; darüber schrieb er am 12. August 1937: »Ich hoffte immer, daß Hitler für alle Deutschen wäre, und nun hat er so viele und wirklich ernsthafte und gute Künstler deutschen Blutes diffamiert.«[38] Am schwerwiegendsten aber ist der Fall Nolde[39]. Nolde war nach der sogenannten Machtergreifung sogar Mitglied der nationalsozialistischen Partei geworden. Sein Aufnahmeantrag in den »Kampfbund« dagegen wurde abgelehnt[40], woraufhin Schreiber den »Kampfbund« als »Organisation übellauniger Pinselschwinger« bezeichnete, was ihm die zitierte Kritik Rosenbergs eintrug. Nolde sah sich, wie er am 2. Juli 1938 an Goebbels schrieb, »als fast einzigster deutscher Künstler im offenen Kampf gegen die Überfremdung der deutschen Kunst«[41]; um so mehr mußte es ihn schmerzen, daß sein Werk den Mittelpunkt der Ausstellung »Entartete Kunst« bildete. Andererseits hatte Goebbels Werke Noldes – wie Barlachs – in seiner Privatwohnung, mußte sie allerdings nach einer Intervention Hitlers entfernen[42].
Wenige Wochen nach dem Ausschluß aus der Preußischen Akademie verfaßte Barlach zum letzten Mal einen Text, in dem er sich mit den Umständen seiner Existenz auseinandersetzte: »Als ich vom Verbot der Berufsausübung bedroht war« (Nr. 154). (Publiziert wurde dieser Text erstmals 1949.) Barlach beklagt die Preisgabe aller Rechtsgrundsätze, sieht sich einer »Ausgestoßenheit, die der Preisgabe an Vernichtung gleichkommt«, konfrontiert. Von Emigration will er dennoch nichts wissen, hätte wohl auch

nicht mehr die Kraft dazu gehabt. Dieser Essay ist das erschütternde Dokument einer Künstlerexistenz in den Jahren des organisierten Unrechts. Nur vier Wochen später wurde – nach den Arbeiten in Magdeburg, Lübeck und Kiel – der Güstrower Domengel entfernt, was Barlach mehr als alles andere traf. Er trug sich nun ernsthaft mit dem Gedanken, Güstrow zu verlassen, doch es kam nicht mehr dazu. Am 24. Oktober starb Ernst Barlach; er wurde seinem Wunsch entsprechend in Ratzeburg begraben (Nr. 164–182, 186, 187). 1939 erschienen aus dem Nachlaß die etwa um die Jahrhundertwende entstandenen Prosastücke »Fragmente aus sehr früher Zeit« im Berliner Verlag Ulrich Riemerschmidt[43].

Im Windschatten des 1939 beginnenden Krieges steigerten sich die Unterdrückungs- und Verfolgungsmaßnahmen des Naziregimes bis ins Unermeßliche. Ein gütiges Geschick hatte dafür Sorge getragen, daß Barlach das nicht mehr miterleben mußte. Marga Böhmer, die erst 1962 starb, und ein sich bildendes Gremium, das neben dem Geschäftsführer Bernhard Böhmer aus Karl Barlach, Friedrich Droß, Hugo Körtzinger, Gerhard Marcks, Hermann Reemtsma und Hugo Sieker bestand, sorgten für die Sicherung des Nachlasses. Nachdem die Rote Armee vorübergehend Unruhe gestiftet hatte (Nr. 193, 194), befindet sich heute in Güstrow die zentrale Barlach-Gedenkstätte der DDR.

Nach dem Ende des Krieges und der Befreiung durch die Alliierten ging man daran, das Werk des vormals Verfemten zu sammeln, zu sichten, zu rekonstruieren, wo es möglich war (Nr. 189–192, 195 bis 200, 202, 204, 209, 210, 216–218). In Lübeck, Magdeburg, Hamburg, Güstrow und Kiel wurden Barlachs Werke, die wunderbarerweise alle durch die Zeit des Infernos gerettet worden waren, wieder aufgestellt. Bemerkenswert ist, daß sich so kurze Jahre nach dem Ende der Diktatur schon wieder Stimmen des Unverstands gegen Barlachs Arbeiten erhoben, die aber nicht ohne Widerspruch blieben (Nr. 201, 203, 205–208). Auch in der DDR löste die erste große Barlach-Ausstellung 1951 große Kontroversen aus, da man sich noch nicht sicher war, ob man den Künstler dem »humanistischen Erbe« zuschlagen sollte (Nr. 211

bis 215). Auch in dieser Debatte entstand wieder das Bedürfnis, sich durch den Verweis auf das Gotische an Barlach abzusichern[44] (vgl. Nr. 106). Die positive Bewertung Barlachs durch Bertolt Brecht trug sicher wesentlich zum Sieg der Befürworter Barlachs bei, so daß die noch sehr viel größere Ostberliner Ausstellung des Jahres 1981 unwidersprochen blieb. (Brechts eingeschränktes Votum für Barlach findet sich im Katalog zu dieser Ausstellung.)
Heute gehört Barlach, im Westen wie im Osten, unumstritten zum Kanon der Meister der klassischen Moderne. Dennoch kann man sich des Eindrucks nicht erwehren, daß auch heute nur wenige Menschen einen wirklichen Zugang zu seinem Werk finden. Barlach ist niemals ein »populärer« Künstler geworden. Um so wichtiger sind Verurteilung und Abwehr jener jahrtausendealten Intoleranz gegen das Fremde, das Neue, das Unbekannte, deren verhängnisvolle Wirkungen die vorliegende Dokumentation zeigt.

Heute, in einer Zeit, in der die potentielle Vernichtung der Menschheit mit größerer Perfektion denn je geplant wird, sollten wir uns vor allem der ergreifenden Gefallenendenkmäler von Ernst Barlach erinnern.

Dokumentation

Vorbemerkung: Alle Dokumente sind, abgesehen von Kürzungen, die durch [. . .] gekennzeichnet sind, unverändert wiedergegeben. Fehler in Orthographie und Interpunktion sowie in der Wiedergabe von Eigennamen sind beibehalten. In zwei Fällen sind Irrtümer durch [sic!] gekennzeichnet.

1

Das neue Denkmal im Güstrower Dom

Als vor einem Jahr über den Plan verhandelt wurde, für die Gefallenen des Weltkrieges im Güstrower Dom ein Denkmal zu errichten, schrieb der Direktor des Museums für Kunst in Lübeck Heise in einem Brief: »Ganz außerordentlich erfreut bin ich über Ihre Nachricht, daß Ernst Barlach voraussichtlich das Kriegsgedächtnismal für den Dom machen wird . . . da man in diesem besonderen Falle mit größter Wahrscheinlichkeit voraussehen kann, daß ein ganz großes Werk norddeutschen Geistes entstehen wird, das dem Werk des Klaus Berg ebenbürtig werden könnte.« (Klaus Berg werden, wie bekannt ist, die hölzernen Domapostel zugeschrieben.) Bei einem großen Kunstwerk war es fast stets so, daß es an die Beschauer zunächst Anforderungen stellte und nicht auf den ersten Blick verstanden wurde. Man denke daran, daß über die Domapostel noch vor hundert Jahren geschrieben wurde, sie seien »sehr schlecht gemeißelt, man würde sie nicht vermissen, wären sie verloren gegangen.« Und wie werden sie heute gewertet! Man muß dem Kunstwerk gegenüber bereit sein, still auf die Sprache des Meisters zu hören, und nicht von vornherein etwas erwarten, was man täglich auf der Straße sieht und sich auch selbst ausdenken könnte.

[. . .]

Dieses Symbol hat eine doppelte Bedeutung, wie sie auch der Weltkrieg für uns besitzt. Neben dem Grauenvollen, was die Welt erlitten hat, steht das Erleben eines heiligen höheren Willens, der Kraft gab zum Ertragen. Es ist mit Recht gesagt worden, daß alles seelische Erleben, das Barlach gestaltet, für ihn zu einem religiösen wird, und so kann man wohl, um die Doppeltheit dieses Denkmals zu erfassen, zwei Bibelworte nebeneinanderstellen: »Siehe, wir preisen selig, die erduldet haben« und »Meine Seele ist stille zu Gott, der mir hilft.« Die Figur redet auch von Ueberwinderkraft. Man achte auf die Straffheit und Kraft der Gestalt, besonders die geraden starken Linien, die von der Schulter aus strahlenförmig über das ganze Gewand sich ziehen, weiter auf den Gesichtsausdruck, die überkreuz gelegten Hände, ihre Innigkeit und ruhige Ergebung, auf die ausgestreckten Füße: das Schicksal hat die Gestalt, als es zermalmend niederging, zu sich erhoben; sie fühlt sich getragen von einer Kraft, die in alles Weh einen verborgenen Sinn legte und auch auf alle Schuld einen Segen.

[. . .]

Nicht nur die Domgemeinde, auch alle Kunstfreunde der Stadt werden dem Künstler danken, von dem der jetzt in Leipzig (damals in Rostock) tätige Professor für neue Kunstgeschichte Bruhns aus Anlaß der Denkmalsverhandlungen schrieb: »Barlach ist wirklich einer der ganz wenigen eigenen, echten, innerlichen und starken Gestalten der Gegenwart; kein zweiter zur Zeit in Deutschland lebender Bildhauer genießt bei allen Kennern ein so gefestigtes und allgemeines Ansehen wie er. Nur der ganz besondere Umstand, daß er den Güstrower Dom liebt, kann Mecklenburg das Glück verschaffen, von dem bedeutendsten Bildhauer, der seit Jahrhunderten in seinen Grenzen lebt, ein Werk zu erhalten.«

(Mecklenburgische Tageszeitung, 1. Juni 1927; Verfasser ist Schw.)

Der schwebende Engel im Dom zu Güstrow

Das Denkmal im Dom zu Güstrow war das zweite in der Reihe der Denkmäler zu Ehren der Gefallenen des Ersten Weltkriegs. Das Gesicht des schwebenden Engels trägt die Züge von Käthe Kollwitz. Der zitierte Carl Georg Heise war einer der wärmsten Förde-

rer von Barlachs Werk, er wurde später von den Nazis seines Amtes enthoben (vgl. Nr. 60).
1928 wurde als drittes der Ehrenmale der »Geistkämpfer« vor der Universitätskirche in Kiel aufgestellt.

2

Brief an Hans Barlach, 22. Januar 1929

[. . .] Ich mußte endlich nach Kiel, um nach dem Rechten zu sehen. Die Aufnahme der Gruppe ist, wie die des Engels im Dom, frostig und ablehnend. Man hatte zwei Tage vorher sogar das Schwert abgebogen in der Nacht, alle Rechtsparteien ziehen gegen mich vom Leder. Jede Art Dummheit wird laut und mit Behagen austrompetet. Schlimmer ist die Hetze gegen mich von seiten der vaterländischen Vereine, speziell Stahlhelm, hier. Meine Entwürfe für ein Ehrenmal in Malchin sind dadurch zu Fall gebracht, daß man mich als Juden denunzierte, als auch, daß man behauptet, ich hätte das kommunistische Volksbegehren gegen den Panzerkreuzer unterschrieben. Jeder Hund, der beißt, sich derart hündisch beträgt, riskiert einen Steinwurf, aber diese Herrn operieren anonym, aus dem Unterstand der Verantwortungslosigkeit, und riskieren nicht mal so viel wie ein Hund, welches Betragen man also nicht hündisch nennen kann, sondern noch um ein gutes schäbiger. Ich fahnde nach Beweisen »schwarz auf weiß« und werde ganz gegen meine Neigung genötigt sein, vorzugehen mit Klagen, denn der Stahlhelm ist zahlreich, also quantitativ übermächtig, und seine Hetze greift polypenarmig weit im Lande herum. Die Direktiven geschehen vertraulich, niemand will's gewesen sein.
[. . .]

(Ernst Barlach, Die Briefe II. 1925–1938, herausgegeben von Friedrich Droß, München 1969, S. 147)

Der »Geistkämpfer« vor der Universitätskirche in Kiel

Eines der Gerüchte, die von der antisemitischen Rechten immer wieder gegen Barlach ausgestreut wurden, wollte wissen, er habe jüdische Vorfahren und sein Name stamme von Baruch her. Ein anderes Gerücht besagte, Barlach habe ein nach der Reichstagswahl vom Mai 1928 von der KPD eingeleitetes Volksbegehren gegen den Bau des Panzerkreuzers A unterstützt[1].

3
Wider den Ungeist *(1929)*

Das Organ des Königin-Luise-Bundes macht sich am 24. November 1928 über angebliche Unterzeichner des kommunistischen Volksbegehrens in der Panzerkreuzerfrage her, so gut es eben geht. 600 Namen von Künstlern waren zu Propagandazwecken in der Zeitung Klassenkampf vom ... Oktober 1928 aufgeführt, darunter auch der meine, und so sitzt man denn zu peinlicher Befragung unschuldig angeschuldigt da und muß auf sich mit Fingern deuten lassen. Der schrille Ton des Organs schreckt mich, ich bekenne, wo Ausdrücke knallen, wie »Gipfel der Selbstentmannung« (Gipfel?), »Bankerotterklärung des Nationalgefühls«, »Künstler, die sich als Führer des Volkes aufspielen«, »Geistesführer«, »Russisch asiatischer Brei«, »Abtötung des deutschen Nationalgefühls« und ähnlich klappernde Hergebrachtheiten – da muß ich mich taub stellen, da ist eine Vernunft am Werke, vor deren Äußerungen ich das Hasenpanier entrolle und um Schonung signalisiere. Ich bitte die geehrten Damen, mich feiglings flüchten zu dürfen, das Hohngelächter vom Gipfel, wo der Luisenbund sich aufgebaut hat, nehme ich in Kauf.
[...] Was meiner Mißliebigmachung noch ein bißchen förderlicher wurde, indem man mich als jüdischen und von Juden »gemachten« Bildhauer stigmatisierte, war ein Hilfsapparat, der zwar auf einem Nebengeleise in Schwung gebracht wurde, aber auf den gleichen Zielpunkt meiner Verfemung hinwirkte. Die antisemitischen Artgenossen zwinkerten den mit ebenso falschen

Tatsachen bedienten zu, und sie machen dabei gewiß auf monopolisierte Rassetugenden Anspruch, vermutlich unter den zahllosen andern auf exemplarische Lauterkeit des Gemüts, Gradheit und, wie sich von selbst versteht, auf Mut und völkisch angeborene Treuherzigkeit, lauter vermeintliche Einzigkeiten. Aber warum stehen die dergestalt von mir Abrückenden, indem sie von fern auf mich hindeuten, mit ihren Signalpfeifen an einem schimpflichen Ort? Denn wer aus anonymer Verantwortungslosigkeit heraus agiert, dessen Standort ist der einer schäbigen Verborgenheit. Gehören Gradheit, Mut, Treuherzigkeit an einen schimpflichen Ort? Wer bringt sie dahin? Sie, die antisemitischen Artgenossen! Und wie gedenken sie mir in der Meinung der Leute zu schaden? Eben dadurch, weil Rassenstolz kein Werk eines Juden bei einem Anlaß wie der Errichtung eines Ehrenmals erträgt. Hier muß ich der Versuchung widerstehen, breiter auszuführen, wie ich mich dieses reinen Rassegenossen schäme. Als Nichtjude gerate ich auf den Holzweg des Nichtverstehens, denn ich habe jüdische Freunde und nehme an ihnen die Eigenschaften der Gradheit, der exemplarischen Lauterkeit, des Mutes und angeborener Treuherzigkeit wahr, lauter Einzigkeiten, auf die sie nicht einmal stolz sind, weil sie ihnen als selbstverständlich eigentümlich sind. Mir will aber scheinen, daß ein Artgenosse, und sei er noch so antisemitisch, solange er sein schäbiges Geschäft mit der Signalpfeife an einem schimpflichen Ort betreibt, bei allem inbrünstigen Stolz wohl im Ernst auf Gradheit, Lauterkeit, Mut und die andern exemplarischen Rassetugenden nicht Anspruch erheben kann. [. . .]
Eine freimütige Widerrede an mich könnte so lauten: Allerdings, aufgeregter Herr, rechtfertigt Weltanschauung und so auch uns die unsre, wir lassen uns nichts Fremdes aufdrängen, Jude hin, Jude her, Kommunist oder nicht, das ist alles Geschmus drumrum. Munkelei oder nicht, laut geworden gegen Sie, geltend gemacht in öffentlichem Abtun Ihrer Sache, ist nichts dergleichen. Man kann es bei Seite schieben, und was dann bleibt, ist das, worum es geht. Und es geht darum, daß Sie in Ihren Entwürfen dem verderbenden Walten des Geschicks zuvörderst, vielleicht nicht ohne Gelingen, ein Wahrzeichen errichten wollen. Die Idee

des Opfers, die Sie sodann hervorheben, selbst wenn Seelenstärke um Unterliegen aufstrahlt, gründet nicht den Bau unsres Trostes. Uns geht es um Aufrichtung, wir sind »kampffrohe Christen«, und unser ist das Reich und die Herrlichkeit der flammenden Zuversicht. Auf dem Grunde der Ungebrochenheit stillt sich der unsterbliche Glaube an das Heil der germanischen Weltordnung . . . Darum stillgestanden im Gehorsam gegen den Führergedanken, und keinen Platz in unsrer Weltanschauung haben Leute, die hinter den Bergen in der Welt wohnen sollen.

Darauf erbiete ich mich zu antworten: Meine Aufgabe war, ein Erinnerungszeichen zu schaffen, die Toten wären vielleicht berechtigt zu fordern, daß man nicht um Sinn oder Unsinn ihres Sterbens zankt, die Zeit, die über Trauer und Schmerz hinschreitet, wird im Hineilen durch ein Mal gehemmt, ihr Schritt hält an, sie soll im fortfahrenden Hasten, Weiterwerden und Neugestalten die Spur des Augenblicks in sich fassen – Nichtvergessenwerden sei als Ehre ohne Vorbehalt gewertet, aber durch keinerlei Dialektik darf den Toten, die nicht zustimmen oder ablehnen können, eine Teilnahme an den Zwecken der Überlebenden aufgedrängt werden. Unter den Hunderten Gefallener in der Nachbarstadt sind vielleicht einige Juden und Kommunisten, deren Tod rechthaberisch gegen sie ausgenutzt werden würde, wenn man sie mir nichts, dir nichts zu Eideshelfern einer fremden Anschauung machen wollte. Das ist ja nicht der Sinn des Wortes von der freien Meinung, daß sie nach freiem Belieben geknechtet wird, und dies wäre grade das Ergebnis, wenn man ein Gedenkendürfen als Gelegenheit zum Vorschreiben und Unterstellen einer strammen Gesinnung ersähe, wie sie sich aus spezieller Weltanschauung ergibt. Die Toten sind politischen Notwendigkeiten entronnen, und sollte die Frage nach dem Fortleben im Reich des Geistes bejaht werden, so würden sie sich gewiß verbitten, in unsrer Vorstellung als Geistesgruppen verschiedener Nationalitäten oder als Parteimitglieder in absentia fortzuleben. [. . .]

[. . .] Die Zeitläufte haben lange Beine, und dem bißchen Gerede über mich mag vielleicht bald der Atem ausgehen. Doch in den Köpfen spukt der schonungslos eingehämmerte Rhythmus, der den wilden Tanz von in Unfreiheit dressierten Vorstellungen zum Wüten und Wirbeln bringt. Wie heute mir, kann es morgen Andern ergehen, wie Andern morgen kann es bald ganzen Reihen und Schichten gehen, denn das Schlagwort hat einen furchtbaren Schwanz, und seine Schwünge treffen nicht nur in die Nachbarstädte, und der Vollzugswille der kameradschaftlich organisierten Artgenossen mag einmal wie im Kleinen gegen den Kurs *meines* Schiffleins machtfreudig gegen die »janze« nicht passende Richtung strömen.

Wie steht der Künstler im elementaren Geschehen derart aufmarschierender Massenurteile da? Als ein Spänlein und verkrümeltes Nichts zwischen brechenden Erdschollen und Lavastürzen. [. . .]

»Unser der Sieg« ist euer Leitmotiv. Ein bißchen Nachspüren dem wehen Hauchen, das über Gräber zieht? Der »kampffrohe Christ« brüllt Racheschwüre, und der Hauch, der wie leichtes Seufzen sang, schauert in sich zusammen. Ein bißchen unverzagtes Hinblicken auf die Härte des Geschehens? Oh, nein, nur nichts Trauriges, beileibe kein andres Gefühl, als die hackenklappende Gesinnungsordre vorschreibt.

Nicht viel ist anders geworden im geistigen Reglement, der weite Wald, der zu Kreuzen geworden, ist umsonst gefallen, der Schiffe, die im vergossenen Blut schwimmen könnten, ist eine gewaltige Flotte, aber: »Unser der Sieg«. Als ob es mit dem Niedertrampeln der Andern getan wäre, als ginge es ohne siegende Vernunft, ohne Sieg über sich selbst, ohne Verständnis für die Besiegten, worin ihr es unsern Feinden genau so ausgiebig hättet fehlen lassen wie diese uns. Gewalt wird gelobt, solange sie Andern gilt, aber von den Andern gegen uns gerichtet, heißt sie nicht »die in Herrlichkeit gerechtwaltende Gewalt«, sondern »barbarischer Vernichtungswille«.

[. . .]

Wollt ihr die Toten ehren, so laßt sie in ihrem Bereich der Ruhe. Spickt nicht die Tragik ihres Schicksals mit fetter Pietät, gebt zu, daß sie waren, aber nicht sind, indem ihr das Andenken vom Zweckschwall säubert, und gönnt ihnen die Vollendung, deren sie teilhaftig wurden durch Letztgültigkeit, durch Eingehen ins

Unwiederbringliche, in zeitlich geordnete Ewigkeit. Ehrt vergangenes Sein, wie es am höchsten war, als Wertsetzung des Selbst trotz dem Erlöschen. [. . .]
Das Lange und Breite von dem Allen ist, daß ihr Siegesdenkmäler haben wollt hinten herum, wenn es von vorn ohne Umschweife nicht angeht, also Eitelkeitsbefriedigung, da ja die Toten nichts davon haben, bei dem sich selbst einsetzenden Erben ihrer Taten. Mit Unterschätzung der Andern fängt es an, und mit Selbstbetäubung hört es nimmer auf. Nur immer unverzagt Jene beschuldigen und nie um die eigene Beschaffenheit gesorgt! Der ist schon ein schlechter Kerl, in dem sich einmal Selbstbesinnung aufraffen will. [. . .]
Man versage es sich doch endlich, Selbstiges in solchem Kreise, der im Segen ewiger Stille ruht, laut werden zu lassen, und trete in den Schatten schweigender Bescheidung zurück. Mit allem Zutun erweist ihr doch nur euch selbst einen Gefallen und macht euch peinlich wichtig mit rauschenden Bannerreden, die so ewigkeitsfern sind von der Erhebung zur lächelnden Weisheit der Toten, die im Symbol der Zeitlosigkeit Gerechtigkeit sucht.

(Ernst Barlach, Die Prosa II, herausgegeben von Friedrich Droß, München/Zürich ²1976, S. 397–405)

Der »Stahlhelm« war der führende Verband innerhalb der sogenannten vaterländischen Kräfte, die Barlach wegen seiner Gefallenendenkmäler angriffen. Dieser »Bund der Frontsoldaten« war 1918 von Franz Seldte (später einer der Führer der Harzburger Front, 1933–45 Reichsarbeitsminister) gegründet worden. Seit 1924 nahm er auch Nichtfrontsoldaten auf und wurde so mehr und mehr zu einer politischen Organisation. Die Agitation des »Stahlhelm« gegen Barlach führte dazu, daß der Auftrag für ein weiteres Ehrenmal in Malchin wieder zurückgezogen wurde.

4
Kurze Aufzählung der wichtigsten Daten, Güstrow, März 1929

Vom Kreisführer und Gauführer im hiesigen Stahlhelmbund wird bestritten, daß offiziell oder durch private Einwirkung eine mich schädigende Beeinflussung bei der Entscheidung über ein Ehrenmal in Malchin stattgefunden habe.
Ich selbst muß aus Gründen, die folgen, annehmen, daß nationalsozialistische Vorurteile, im Einvernehmen geschlossener Verbände aufgebracht, einer Annahme meiner Entwürfe zur Ausführung im Wege gewesen sind, sowie daß antisemitische Vorstellungen gegen mich mit dem Zweck der gleichen Wirkung erregt sind. Und zwar sind Mitglieder des Stahlhelmbundes diejenigen, deren Äußerungen in beiden Hinsichten bemerklich geworden sind.
Im November 1928 reichte ich in Malchin auf Anregung Entwürfe ein; Anfang Dezember sagte mir Herr Probst Leo von dort als Geschäftsführer des Ausschusses, daß die vaterländischen Verbände gegen meine Vorschläge stimmen würden. Bald darauf berichtete mir Herr Pastor Schwartzkopff von hier, der in Malchin über mich gesprochen, daß diese vaterländischen Verbände aus dem Vortrag geschlossen ferngeblieben seien, auch hieße es in Malchin, daß ich Jude sei, und zugleich würde meine Verbindung mit dem Verlag Cassirer zur Stimmungsmache gegen mich ausgenützt. Noch im Dezember wurden meine Entwürfe abgelehnt.
Im Januar 1929 hatte Herr Böhmer mit dem hiesigen Herrn Schwesinger vom Stahlhelmbund eine Unterhaltung, in der ihm dieser sagte, da ich die kommunistische Liste des Volksbegehrens in der Panzerkreuzerfrage unterschrieben habe, so sei unter Kameraden meine Bewerbung um ein Ehrenmal für Gefallene in Malchin getadelt worden. Ich stellte nun fest, daß gleiches Gerede an verschiedenen Orten gefallen war; ich ersuchte den Herrn Bürgermeister Dr. Heydemann, hier, um Vermittlung und wurde nach längerer Zeit wie folgt von Stahlhelmseite aufgeklärt: Der

›Klassenkampf‹, Halle, vom ... Okt. 28, brachte 600 Namen von Künstlern usw. als angeblichen Unterzeichnern der kommunistischen Liste, darunter auch meinen. Das Organ des Königin Luisenbundes (man gab nur an: eine andere Zeitung) griff meinen und einige andere Namen heraus und ›geißelte‹ (so charakterisierte mans) die unnationale Gesinnung. Aber keinerlei offizielle Wirkung sei in der Denkmalssache in Malchin vom Stahlhelm versucht, meine Annahme sei Konstruktion. Alle Gegensätzlichkeit gegen mich wird verneint, meine übertriebene Bewertung des Geredes sei an allem schuld, und, als Schlußtrumpf, seltsam unlogisch abstechend gegen das Vorangegangene, werden in der Mitteilung des Herrn Dr. Elfeld als Gauführer, hier, an den Kreisführer Hinweise von Gauangehörigen auf den Umstand angeführt, daß mein Impresario Paul Cassirer sei, über den Mitteilungen im Handbuch der Judenfrage, Seite ..., ständen.

Diese Daten in diesem Zusammenhang mit dem verstorbenen Cassirer sind zu meiner Mißliebigmachung herangezogen. Haben sie überhaupt einen Sinn, so können sie nur als Rechtfertigung der vorher abgestrittenen, mich schädigenden Wirkungen dienen.

Ich ließ nun durch einen Anwalt eine Aufforderung an den Gauführer um Stellungnahme zu dieser antisemitischen Wendung richten, durch die nach meinem Gefühl wie in Verhöhnung indirekt die fraglichen Einwendungen gegen mich bekräftigt wurden. Ich bat um unverhohlene Darlegung von Sinn und Zweck einer Formel, die nur beitragen konnte, mich einer gewissen Schicht zu verdächtigen, und erinnerte an den auffallenden Gleichklang der in Malchin herumgesprochenen Sätze von meiner Eigenschaft als Jude und von Juden ›gemachter‹ Künstler, nachdem ich die gegen Cassirer vorgebrachten, gleichsam als notorische Ausgemachtheit behandelten, mir natürlich unbekannt gebliebenen Möglichkeiten als ›schonungslose und schäbige Verleumdung‹ bezeichnet. Es ist ja ziemlich deutlich erkennbar, was gemeint ist: kann man mich nicht als Kommunisten denunzieren, so macht mans auf approbierte antisemitische Manier.

Nachdem ich sodann längere Zeit gewartet, traf eine allerdings nicht unverhohlene Antwort ein, ein paar Nebensächlichkeiten wurden dahergebrockt, aber die gestellte Frage zu beantworten als unnötig bezeichnet.

(Nachlaß Güstrow, abgedruckt in: Barlach, Prosa II, S. 710f.)

1929 wurde als drittes und bedeutendstes Ehrenmal die Figurengruppe im Dom zu Magdeburg aufgestellt. Sie ging auf eine Schenkung der (sozialdemokratisch geführten) Regierung des Landes Preußen zurück und sollte von allen Denkmälern den heftigsten Widerspruch hervorrufen.

5
Barlachs Gefallenenmal im Magdeburger Dom

[...]
Als drittes Monumentalwerk von sakraler Bedeutung reiht sich diese jüngste Schöpfung Barlachs an die schwebende Bronzefigur im Güstrower Dom (1927) und den »Geistkämpfer« an der Kieler Universitätskirche (1928). Wer das Schaffen dieses holsteinischen Pastorenenkels in den letzten drei Jahrzehnten begleitet hat, weiß, daß hier ein ganz Großer am Werke ist, wie er nicht jeder Generation beschert wird, ein Begnadeter, den sich die Gottesflamme des Genies als Fackel wählte, um zu leuchten. Die unerschütterliche Festgefügtheit der Welt, in der dieser Einsame lebt und die seinem Werke uralten Wurzelboden als durch nichts bestreitbare Voraussetzung bietet, ist doppelt zu bewundern in einer Zeit klaffender Zerrissenheiten. Durch Mode und sogenannten Zeitgeist unbeirrbar und nicht erreicht von Tadel oder Lob, wird diese Hand geführt von Selbstzucht, Wahrheitszwang und atemanhaltendem Lauschen auf das »unaussprechliche Seufzen« aller Kreatur. Aus der Qualwonne des Schaffens entstehen so Gebilde von letzter Sparsamkeit der Formen, in denen doch äußerste Seelenspannungen ein unerhört lebendiges Leben leben, Gebilde, die zeitlos sind in ihrer Einmaligkeit, und immer wiederkeh-

rend wie ein Mythos, den jedes Geschlecht sich neu entdecken muß.

[. . .]

(Deutsche Allgemeine Zeitung, 17. November 1929; Verfasser ist Friedrich Droß)

Friedrich Droß, der nachmalige Herausgeber der Barlach-Werkausgabe, lebte damals in Güstrow. Er gehörte, wie Ernst von Niebelschütz, zu den engagierten Befürwortern des Barlachschen Werks. Der folgende kurze Ausschnitt stammt aus einem fast ganzseitigen Artikel in Magdeburgs führender liberaler Tageszeitung[2].

6

Ernst Barlachs Totenmal im Magdeburger Dom

[. . .] Wir sehen: der Strenge der Form entspricht eine Strenge der Gesinnung. Es ist keins der Heldenmale, wie sie heute zu Tausenden auf den Gassen und Märkten stehen – den Toten oft mehr eine Verlegenheit als wirkliche Ehrung. Kein Fanfarenstoß tönt uns schmetternd aus ihm entgegen, und auch der Uniform- und Waffenkundige wird sich achselzuckend von ihm abwenden. In ihm weht der Geist der Stille – unter allen Geistern, die heute zu uns reden, gewiß derjenige, der am wenigsten Aussicht hat, sofort und allgemein verstanden zu werden. [. . .]

(Magdeburgische Zeitung, 24. November 1929; Verfasser ist Ernst von Niebelschütz)

7

Ernst Barlachs Gefallenendenkmal

[. . .] Barlach, der demnächst sein 60. Lebensjahr vollendet, hat der einprägsamen Folge seiner plastischen Arbeiten mit diesem

Das Magdeburger Gefallenendenkmal

Magdeburger Totenmal ein neues, abermals tief aus dem religiösen Urgrund kommendes Werk hinzugefügt, das in mancher Hinsicht als die Krönung seines ganzen bisherigen Schaffens bezeichnet werden kann.

(Berliner Börsen-Courier, 27. November 1929; Verfasser ist Ernst von Niebelschütz)

8

Leserbriefe

Das Gefallenen-Denkmal im Dom.

In einer Zusammenstellung von Bildern aus der englischen, französischen und belgischen Kriegspresse, welche die sogenannten Greueltaten der deutschen Truppen der Welt zeigen sollte, überraschten neben diesem Lügengewebe besonders die grauenhaften Fratzen, mit welchen unsere Offiziere und Mannschaften dargestellt waren. Dies war ein Machwerk der Feinde.

Aber gleiche Fratzen widerlichster Art zeigten im Jahre 1928 die Figuren an einem Kriegerdenkmal, das in Düsseldorf dem Infanterie-Regiment Nr. 39 gewidmet war und trotz der Entrüstung, die damals durch die nationale Presse ging, erleben wir jetzt in Magdeburg etwas ähnliches.

Im Dom ist probeweise ein Ehrenmal für unsere deutschen Krieger als Geschenk der preußischen Regierung aufgestellt. Es ist eine große Holzplastik, welche um ein niedriges Grabkreuz drei stehende Krieger und unten herum drei Halbfiguren gruppiert. Das Ganze wirkt von weiten gesehen wunderbar edel und harmonisch und fügt sich vorzüglich der Umgebung an. Tritt man aber näher heran, um sich an den Einzelheiten zu erbauen, so erblickt man wiederum die abscheuliche, wie ein Hohn auf unser deutsches Empfinden wirkende Darstellung unserer Helden; alles Erhebende, Edle fehlt. Es wirkt wie ein Schlag ins Gesicht, wenn man bedenkt, daß dies dem Gedächtnis unserer herrlichen Armee bestimmt ist, die jahrelang einer Welt von Feinden standgehalten hat.

Was sollen Witwen und Waisen empfinden, wenn sie hier Trost und Erhebung suchen wollen, in Gedanken an ihre lieben Toten, was soll die Nachwelt von unserer Generation denken, die in *dieser Art* höchste Taten ihrer Helden dem späteren Gedächtnis überliefert?

Nationalverband Deutscher Offiziere.

An den Gemeindekirchenrat der Domgemeinde.

Die preußische Staatsregierung hat der hiesigen Domgemeinde ein Erinnerungsdenkmal an die Gefallenen, welches in unserem Dom seine Aufstellung finden soll bzw. schon gefunden hat, zum Geschenk angeboten.

Ich habe vor wenigen Tagen das Denkmal besichtigt und möchte, *gerade in meiner Stellung als Elternbeirat* dringend bitten, die Annahme des Geschenkes abzulehnen. Wenn ich diesen Wunsch ausspreche, so glaube ich das in Uebereinstimmung mit sehr vielen Bürgern der Stadt und auch im Interesse der heranwachsenden Jugend tun zu müssen. Es mag sein, daß das Denkmal im einzelnen eine künstlerische Bedeutung besitzt und daß tatsächlich in mancher Beziehung eine ernste und künstlerische Durcharbeitung zu erkennen ist. Das Denkmal entspricht aber keineswegs der Auffassung, die wir, welche die Zeit des Weltkrieges und des heldenmütigen Ringens unserer gefallenen Brüder und Väter mit erlebt haben, in Erinnerung bewahren. Ein Frontkämpfer von 1914 bis 1918 sieht nicht so aus, wie er auf dem Denkmal dargestellt ist; der tapfere und opferfreudige Mut unserer braven Soldaten fehlt in dem Werk vollständig, an seine Stelle ist eine dumpfe Resignation getreten, die vielleicht leider manchen Deutschen heutzutage beherrscht, aber keineswegs das Symbol eines Mannes ist, der für die Ehre und die Freiheit des Vaterlandes in den Krieg zog. Das Denkmal wirkt nach meiner Auffassung abstoßend und ist besonders geeignet, auf unsere Jugend niederdrückend zu wirken. Ein Gefallenendenkmal soll selbstverständlich ernst sein; es soll aber auch noch bei dem sterbenden Soldaten die Hoffnung auf den endgültigen Sieg tröstend durchblicken lassen und so eine Verklärung der heimgegangenen Gestalten dem Beschauer vor Augen führen.

In dem geschenkten Denkmal ist nichts als dumpfe, brütende Verzweiflung; es soll offenbar pazifistisch wirken, tut aber auch das nicht, denn selbst eine vaterländische Friedensliebe muß mit einer Hoffnung auf eine bessere Zeit verknüpft sein und auch in einem Denkmal darstellen, daß der Tod so vielen Helden für Deutschland nicht vergeblich gewesen ist. Das fehlt vollkommen.
Man wird mir vorwerfen, daß ich nicht kunstverständig genug bin, um das Werk zu verstehen. Dann würden aber auch Tausende von Bürgern ebenso wenig kunstverständig sein und besonders wird unsere Jugend, die begeistert von den heimgegangenen Brüdern und Vätern denkt, beim Anblick des Denkmals von dieser Begeisterung für das Edle und Hohe der Vaterlandsliebe zurückgestoßen werden.
Das Denkmal hat auf mich einen Eindruck gemacht, der mich zu diesem Schreiben veranlaßt. Ob ein Denkmal, wie das vorliegende, überhaupt in den herrlichen gotischen Bau des Domes paßt, gebe ich Ihrer Erwägung noch besonders anheim.

Pistorius, Justizrat.

(Magdeburgische Tageszeitung, 11. Dezember 1929)

9

Kritik am Barlach-Denkmal. Museumsdirektor Dr. Greischel fordert die Beseitigung des Kunstwerks

Daß in Magdeburg die Ansichten über Barlachs Totenmal im Dom geteilt sind, und eine vom Domprediger *Martin* geführte Gruppe, die sich in der Hauptsache aus den vaterländischen Verbänden zusammensetzt, sogar die Wiederentfernung der Holzskulptur aus dem Dome verlangt, wußte man. Dieses Werk steht so außerhalb des Gewohnten, daß es seltsam gewesen wäre, wenn sich kein Widerspruch dagegen erhoben hätte. Ueberraschend aber wird es für viele doch sein, daß sich nun auch der städtische *Museumsdirektor* der protestierenden Bewegung angeschlossen und in einer von Pastor Martin im Namen eines Teiles des Domgemein-

de-Kirchenrats einberufenen Versammlung, die vornehmlich von den Vertretern der ehemaligen Magdeburger Truppenteile beschickt war, *gegen* das Denkmal und dessen Schöpfer votiert hat. [. . .]
Was soll nun werden? Der Gemeindekirchenrat wird möglicherweise gegen den weiteren Verbleib des Denkmals im Dom protestieren, und es bleibt abzuwarten, wie sich die Regierung dazu stellen wird. Jedenfalls muß man damit rechnen, daß der Widerspruch Erfolg hat. Wir würden das im eigensten Interesse Magdeburgs, das an ernst zu nehmenden Denkmälern bettelarm ist, aufrichtig bedauern.

(Magdeburgische Zeitung, 13. Dezember 1929; Verfasser ist Ernst von Niebelschütz)

10
Kampf um Barlach

[. . .]
Hier spricht ein protestantischer Künstler, wie es heute keinen zweiten gibt. Er tritt hinter seinem Werk zurück in dem Bewußtsein innerer Kraft, die er aus einer starken Gläubigkeit bezieht. Wenn es heute einen Meister gibt, der es wagen darf, in einem Dom, der das Grabmal Ottos des Großen birgt, neben die Heiligen der großen gothischen Bildhauer ein Werk zu stellen, das von ihm nicht erdrückt wird, so ist es Barlach.
Wir können nicht glauben, daß sich die Stadt Magdeburg diesen Erkenntnissen entziehen kann. Es ist immer so gewesen, daß ein neues eigenwilliges Kunstwerk zunächst einen Meinungskampf erregte, und daß es sogar bekämpft wurde. Dies mag sogar in vielen Fällen ein Beweis dafür sein, daß der Künstler eine starke, eigene Sprache redet, die bisher nicht vernommen worden ist. Man sollte daher warten, mit dem Respekt, den man einem ernst bemühten Menschen schuldet. Vielleicht wird es dann geschehen, daß eines Tages selbst denjenigen, die sich heute noch gegen

das Denkmal erklären, in einer stillen Stunde etwas von der Größe und gläubigen Kraft aufgeht, die hinter diesem Werk steht.

(Deutsche Allgemeine Zeitung, 19. Dezember 1929; Verfasser ist Bruno E. Werner)

Bruno E. Werner (1896–1964; 1962 Präsident des PEN-Zentrums der Bundesrepublik Deutschland) war Kritiker und Schriftsteller und schrieb regelmäßig im Feuilleton der Deutschen Allgemeinen Zeitung.

11

Leserbrief: An den Gemeindekirchenrat der Domgemeinde

In unserem Magdeburger Dom hat versuchsweise ein von Professor Barlach geschaffenes Kunstwerk Aufstellung gefunden, das eine Ehrung unserer im Weltkriege gefallenen Helden darstellen soll. Wir wollen uns nicht ein Urteil über dieses sicher bedeutende Werk erlauben, weil wir als Laien dazu vom Standpunkt des Kunstkritikers nicht imstande sind. Aber das ist auch unserer Ansicht nach nicht das Wichtigste, sondern es kommt darauf an: Welchen Eindruck macht dieses Totenmal auf die große Masse der Dombesucher und wie werden späteren Generationen unsere Helden des Weltkrieges dargestellt?
Und da ist das am meisten Auffallende, daß die beiden Kämpfer nicht die Merkmale der germanischen Rasse, sondern eines stumpfen slawisch-mongolischen Typs, oder doch wenigstens eines ausgesprochen osteuropäischen Typs darstellen, die nach dem Gesichtsausdruck auf einer niedrigen Kulturstufe stehen müssen. Den drei Figuren unten, Tod, Not und Entsetzen, die einen sehr düsteren Eindruck machen, gegenüber fehlt als Gegenwirkung ein in die Zukunft weisendes, hoffnungsfreudiges Moment des Führers in der Mitte, dessen Gesichtsausdruck ein durchaus starrer, nichtssagender ist. Der Gesamteindruck ist

dadurch ein niederdrückender und läßt jede Aussicht auf eine frohe Zukunft vermissen. Der christliche Gedanke mit der Hoffnung auf ein besseres Jenseits kommt in diesem ganz negativ eingestellten Werk nicht zur Geltung.
Ob diese Holzplastik in einem der bedeutendsten deutschen Dome hier an der richtigen Stelle ist, möchten wir sehr stark bezweifeln. Unser Gesamteindruck läßt sich dahin zusammenfassen, daß wir den Magdeburger Dom nicht als geeigneten Aufstellungsort für das Barlach-Denkmal ansehen können und daher darum bitten, von einer dauernden Aufstellung im Dom Abstand zu nehmen.
Der Vorstand der Deutschnationalen Volkspartei, Kreisverein Magdeburg.

Meyer, Vorsitzender. *Jahn*, Schatzmeister.

(Magdeburgische Tageszeitung, 18. Dezember 1929)

12
Barlachs Gefallenendenkmal

[. . .] Es ist das Denkmal für das Innere einer gotischen Kirche, nicht großsprecherisch in Haltung und Gebärde der Figuren, sondern ernst. Nicht im eigentlichen Sinne kämpferisch, sondern schlicht und tragisch. Es wird unter den Beschauern viele geben, die sich mit der Form der Darstellung nicht abfinden können. Man darf deswegen nicht sagen, das Denkmal ist schlecht. Es ist ein ernstzunehmender und gutgelungener Versuch, das Gefallenendenkmal eines in Versailles, Revolution und Inflation gestürzten Volkes für das Innere einer gotischen Kirche anzupassen. Und dies ist das Wesentliche dieses Denkmals.

(Der Stahlhelm, 22. Dezember 1929)

13

Leserbrief: Das Barlachdenkmal im Dom

Im »Scherenfernrohr«, der Bilderbeilage des »Stahlhelm«, vom 22. Dezb. Nr. 51/52, sowie in derselben Nummer ist ein Bild und ein Artikel des im Magdeburger Dom probeweise aufgestellten Denkmals von Barlach gebracht. Bild und Artikel sind ohne Wissen des Bundesamtes aufgenommen. Sie vertreten nur die Ansicht eines Einzelnen.
Das Bundesamt des Stahlhelm, Bund der Frontsoldaten, steht hinter den das Denkmal ablehnenden Stimmen.

Stahlhelm-Bundesamt.

(Magdeburgische Tageszeitung, 23. Dezember 1929)

14

Feuilletonredaktion der »Magdeburgischen Zeitung«, Brief an Friedrich Droß, 24. Dezember 1929

[. . .]
Haben Sie Dank für Ihr Schreiben vom 21. d. M. Die in ihm angesprochenen Wünsche werde ich nach Möglichkeit zu erfüllen suchen. Die Denkmalsgegner haben sich bisher nur in Zuschriften an die Magdeburger Tageszeitung (deutschnational) geäußert. Die hiesige Presse (mit Ausnahme der sozialdemokratischen »Volksstimme«, die schweigt) hat sich durchweg für das Kunstwerk ausgesprochen, wenn auch die Anerkennung verschieden nuanciert ist.
Wollen Sie sich also bitte keine übertriebenen Vorstellungen von dem Kampf um Barlach und die Ausmaße der »Magdeburger Kulturschande« machen. Ich sehe im Gegenteil, daß die Opposition entschieden kleinlauter wird und bin mit meinem Verlage der Ansicht, daß es zZt taktisch falsch wäre, sie durch neue Artikel zu reizen und damit dazu beizutragen, daß sich die bereits arg gelokkerten Reihen erneut schließen. Mit der Möglichkeit, das Denk-

mal könnte wieder entfernt werden, wird hier ernstlich nicht mehr gerechnet.

[. . .]

(Archiv des Ernst-Barlach-Hauses, Hamburg)

15

Leserbrief: Das »Barlach-Denkmal« im Dom zu Magdeburg

[. . .] Wir überlebenden Kameraden und auch die Hinterbliebenen legen absolut keinen Wert darauf, den sogenannten Künstler Barlach zu verstehen, sondern wir legen ausdrücklich Wert darauf, daß, wenn wir vor einem Gefallenen-Ehrenmal stehen, es uns das bietet, was wir von ihm erwarten, nämlich das Fronterleben angesichts des Todes, das uns mit diesen Helden verbindet, immer wieder aufs neue lebendig werden zu lassen, diesen Kitt, der uns auch über das Heldengrab hinaus bis an unser Ende mit unseren toten Kameraden verbunden hält.

Was wir Frontkämpfer unter Fronterleben verstehen und fühlen, und was das Barlach-Ehrenmal mit seinen vertierten Bolschewikenfratzen uns zeigt, das sind zwei Welten, die trotz aller Artikelschreiberei nicht zu überbrücken sind. Noch viel weniger, wenn man ausgerechnet unseren heiligen Dom als geeigneten Raum dafür in Anspruch nimmt.

An die Stellen, die es zugelassen haben, daß dieses »Ehrenmal« auch nur versuchsweise im Dom zur Aufstellung gelangen konnte, möchte ich die höfliche Bitte richten, den begangenen Irrtum an unseren Helden wenigstens dadurch wieder einigermaßen gutzumachen, daß sie veranlassen, daß dieses »Ehrenmal« baldmöglichst aus dem Dom verschwindet. Es wird sicher nicht schwerfallen, in Kreisen, die uns die Typen dieses »Ehrenmals« ziemlich deutlich anzeigen, reißenden Absatz für derartige »Denkmäler« zu finden.

Karl Jordan.

(Magdeburgische Tageszeitung, 1. Januar 1930)

16

Ein Meister deutscher Seele

Auf den ersten Blick manches nicht nordischem Geist entsprungen, sich dann aber doch als tief und wuchtig weisend, von deutscher Seele sprechend, dem Beschauer verratend, daß da einer schwer mit sich und dem Stoff und dem rang, was er sagen wollte, sagen mußte. Sicher viel Mystik dabei, aber eben deutsche Seele.
[. . .]
Aus diesem Glauben, ja Wissen, heraus, grüßen wir Barlach, auch wenn er nicht zu uns zählt, denn seine Kunst läßt ihn heute doch schon zu uns gehören, ob er das wahrhaben will oder nicht. Weil wir der deutschen Seele den Weg frei machen wollen und die verschlossenen Brunnen unseres Volkstums öffnen, darum haben gerade wir das Recht zu kühner Anmaßung, die Erfüllung werden wird.
(Wir bringen diese Ausführungen eines Begeisterten gerne, ohne uns in allem mit ihnen einverstanden zu erklären. Siehe hierzu das mißglückte Denkmal im Magdeburger Dom. A. R.)

(Völkischer Beobachter, 24. Januar 1930; Verfasser ist Karl Martin Friedrich, Verfasser der Nachbemerkung Alfred Rosenberg)

Barlach äußerte sich nur selten und zögernd zu seinen Werken. Das Magdeburger Ehrenmal ist eines der wenigen, zu dem er mehrfach Stellung genommen hat[3]*, so auch in dem folgenden Brief. Karl von Seeger brachte in seinem Buch »Das Denkmal des Weltkriegs« (1930) vier Denkmäler Barlachs in Abbildungen, darunter auch das Magdeburger.*

17

Brief an Karl von Seeger, 6. Februar 1930

[. . .] Hervorgegangen ist die Arbeit aus einer sehr realistischen Vorstellung. Ein zusammengedrängtes Häuflein Kämpfer über

einem Gräberfeld. Da sind Tote, Niedergebrochene und Standhaltende. Das Ganze ist in Anpassung an die Konche als Aufstellungsort geordnet. Es fügt sich mit der abschließenden Bogenform dem Verlauf der Umrahmung an, zugleich ist die Gliederung eines dreiteiligen Bogenfensters angestrebt. Im Verlaufe der Arbeit steigerten sich die unteren Gestalten ins Symbolhafte, die oberen wurden zu Typen. Zuerst als zwischen die Kämpfer gestelltes Grabkreuz gedacht, wurde das Kreuz das Zeichen der Opferwilligkeit, des Haltes an Begriffe, die zur Hingabe an überpersönliche Zwecke mahnen. Ob christlich-dogmatisch, ob nur allgemein als Vertrauen ins Walten des Geschicks gebend, seine Form ist mir als Künstler höchst bedeutend, ohne einseitige Deutung zu beanspruchen. Es gibt der Gruppe Zusammenschluß, eine innerliche Haltgebung resultiert nach der Verschiedenartigkeit der Persönlichkeiten verschiedenartig.
Ich glaube nicht, daß es einen Vorwurf gegen ein Kunstwerk bedeutet, wenn es vielfache Deutung zuläßt, vorausgesetzt daß eine verhöhnende Kennzeichnung des Dargestellten ausgeschlossen ist, die hier wohl auch nur vage nicht vermutet werden kann. Glaube und Vertrauen sind mir menschliche Werte von höchster Qualität, sie erstehen auf dem Grunde wesentlicher Lauterkeit und sind darum ehrwürdig. [. . .]

(Barlach, Briefe II, S. 206f.)

18
Tradition als Waffe

[. . .]
Wir wiesen an anderer Stelle kürzlich darauf hin, welches gefährliche Mißverständnis daraus spricht, daß man in Magdeburg gegen die Aufstellung von Barlachs »Gefallenendenkmal« im Dom protestierte. Zu anderen Zeiten könnte man über eine solche Kritik zur Tagesordnung schreiten. Das schöpferische Werk stößt stets auf Widerstand. Heute jedoch ist es notwendig, daß man

erkennt, welche bedeutsamen nationalen Kräfte in einem seltenen Menschen wie Barlach Gestalt geworden sind. Heute ist es notwendig, einmal respektvoll zu schweigen, selbst dann, wenn einem das Werk nicht zugänglich ist. So wie die Menschen um 1500 von den Gestalten des Adams und der Eva auf dem Genfer [sic!] Altar tief angerührt wurden und nicht gewagt hätten, zu tadeln, daß die Gesichter und Köpfe eigentlich häßlich sind, so steht glücklicherweise auch das unverbildete Volk noch heute dem Kunstwerk gegenüber, was man an den Gesprächen der Männer, die im letzten November das Barlachsche Bildwerk im Dom aufstellten, mit Freude erleben konnte.

Es gibt in Magdeburg hinreichend verständige Leute, die eine Entfernung dieses Denkmals verhindern wollen. Aber wichtiger wäre es gewesen, wenn sich die gesamte Geistlichkeit und alle ihres Volkstums bewußten Menschen klar geworden wären, wen Deutschland in Barlach besitzt. Wenn grade die national betonten Menschen für Barlach als einen der wesentlichsten Exponenten der Nation eingetreten wären.

[. . .]

(Deutsche Allgemeine Zeitung, 2. März 1930; Verfasser ist Bruno E. Werner)

19

Besuch des Doms zu Magdeburg

[. . .] Im Herbst 1930 aber fuhr ich einmal nach Magdeburg und erlebte nun an einem Sonntagmittag, wie sehr dieser Kampf um das Ehrenmal Sache der Wirklichkeit, eine Angelegenheit war, die weit über die kleinen Bereiche der Kunst hinausgriff. Ich kam unmittelbar nach Beendigung des Gottesdienstes in den Dom, stand bei dem Werke Barlachs und sah und hörte die Reaktionen der Leute, die vorüberkamen. Ein gut Teil von ihnen machte im Vorbeigehen halt, warf dem Ehrenmal ein paar Blicke und den Angehörigen wie den Nachbarn ein paar Worte zu: diese Worte waren durchweg negativ, und zwar um so schroffer, je besser die

Menschen gekleidet waren. Das einfache Publikum ging entweder teilnahmlos vorüber – Derartiges gehörte nicht in seine Welt – oder es begnügte sich damit, zu lachen. Die anderen aber mußten ihrem Zorn Luft machen; sie empfanden offenbar etwas an dem Werk als feindlich, fühlten sich verneint, angegriffen und setzten sich zur Wehr. Es war die Auflehnung der alten, gewohnten Romantik des Krieges gegen seine Wirklichkeit, der Protest des Barockmenschen gegen diese harte Klassik. [...]

(Paul Fechter, Menschen und Zeiten. Begegnungen aus fünf Jahrzehnten, Gütersloh 1948, S. 263)

20
Briefkasten

Kunstkritiker. In der Diskussion um die »Vertrauenskrise der Kunstkritik« wird gefordert, gewiß mit Recht gefordet, die Kritik müsse das künstlerische Werden auch in das gesellschaftliche Geschehen ins Weltanschauliche und Politische einordnen. Wobei wir uns aber auch der Gefahren bewußt sein müssen. Was dabei herauskommt bei Menschen, die politisch ein Brett vor dem Kopf haben und künstlerisch gar einen ganzen Zementbetonblock, beweist die »Kunstkritik« eines Dr. Karl Zimmermann in Zwikkau, wo man bekanntlich dabei ist den Direktor des Museums: Hildebrand Gurlitt abzusägen. Es heißt da: »Nun entscheidet aber über die Wertungen von Kunstwerken keineswegs nur der kunstgeschichtlich und dialektisch geschulte Intellekt, sondern immer noch die ganze Seele des Menschen, deren erlebendes Urteil in Blut, Rasse, Volkstum und Heimat gründet. Mithin kann das innere Ergriffensein eines einfachen Menschen vor einer Schöpfung von, sagen wir, um bei Gegenwärtigem zu bleiben, Egger-Lienz, Schiestl, Scheibe, Sieck, der ästhetischen Wahrheit ungleich näher kommen als alle gelehrten Erklärungen, die sich abmühen, den unsicher verdutzten Zeitgenossen die Nolde, Heckel, Klee, Chagall usw. schmackhaft zu machen. Wir sehen *Bolschewismus* in der Art des Kultes mit dem Untermenschentume der Kollwitz, Zille, Barlach. Das ist eine verwirrende Verfälschung des Typs des deutschen Arbeiters, das ist lediglich ein winziger niederrassischer Bruchteil von der Peripherie unseres Volkstums, der in Groß-Berlin zugesiedelt ist und im ostbaltisch-mongoliden Osten seine rassischen Wurzeln und seine Heimat hat. Wir sehen Bolschewismus in dem Kulte der technischen Stümper, der Klee, Nolde, Schmidt-Rottluff, Chagall und – mit Einschränkung – der Kokoschka und Pechstein . . . Wir sehen *Bolschewismus* in dem Kulte des ethischen Nihilismus, wie er uns in den Machwerken der Dix, Hofer und Grosz entgegengrinst. Das sind auch keine Gesellschaftssatiren – Goya, Hogarth, Daumier und Gavarni würden sich bei dieser Behauptung im Grabe herumdrehen – das ist nackte Freude am Gemeinen und ethisch Negativen, das nur ekelt. Und vor *diese gezeichneten Zoten, diese ›Gräfin‹ von Dix,* vor diese Bordelltypen von Grosz, vor diese Schmierereien vom Kokoschka, vor diese läppischen Krikel-Krakel von Klee sollen Lehrer ihre Schulklassen zur Einleitung in das Kunstverständnis führen!« Und so weiter.

(Das Kunstblatt 14, 1930, Heft 4, S. 128)

Bei den Wahlen zum thüringischen Landtag am 8. Dezember 1929 gelang der NSDAP ihr erster großer Erfolg auf Landesebene. Sie bekam 11,3 Prozent der Stimmen und wurde zweitstärkste Partei in einer bürgerlich-bäuerlichen Koalition. Wilhelm Frick, später unter Adolf Hitler Reichsinnenminister, wurde Innen- und Volksbildungsminister; als solcher war er auch für den Bereich der Kultur zuständig. Frick berief Paul Schultze-Naumburg[4] zum neuen Direktor der Vereinigten Weimarer Kunstlehranstalten, wo alsbald 29 Lehrer entlassen wurden. Oskar Schlemmers Ausgestaltung der ehemaligen Bauhaus-Räume wurde übermalt. (Das Bauhaus selbst war bereits 1925 in das liberalere Dessau abgewandert[5].) Im November 1930 verfügte Frick die vollständige Räumung der sechs modernen Säle des Weimarer Schloß-Museums. Betroffen waren davon unter anderem Barlach, Dix, Feininger, Heckel, Kandinsky, Klee, Kokoschka, Marc, Nolde und Schmidt-Rottluff. Die Bilder und Plastiken dieser Künstler waren großenteils von Walter Gropius erworben worden, der 1918 Direktor der Kunstakademie in Weimar geworden war und ein Jahr später das Bauhaus gegründet hatte. Nun wurden in den ehemals modernen Sälen Zeichnungen aus dem frühen 19. Jahrhundert aufgehängt.

21
Weimar gegen Barlach-Richtung in der Kunst. Kampf gegen das ostische und minderrassige Untermenschentum

Wie erinnerlich, hatte kürzlich das thüringische Volksbildungsministerium die Entfernung der in den sechs modernen Sälen des Weimarer Schloß-Museums als Leihgaben hängenden modernen Gemälde sowie einer Plastik aus der gleichen Zeit angeordnet. Es handelt sich im wesentlichen um Werke einer Kunstrichtung, die der Ära Gropius nahesteht. Unter anderen sind darunter Namen wie Kandinski, Kokoschka, Barlach, Dix. [. . .]
Die in Frage stehende Anordnung des thüringischen Volksbildungsministeriums ist auf Grund sehr eingehender Besprechungen des Ministeriums mit Professor Schultze (Naumburg) und anderen Kunstreferenten erfolgt. An Stelle der magazinierten Werke sind im wesentlichen Zeichnungen aus den Anfängen des 19. Jahrhunderts ausgestellt worden [. . .]
Minister Frick vertritt die Anschauung, daß die ausgeschalteten Künstler in ihrer Kunst »nichts gemeinsam hätten mit nordisch-deutschem Wesen, sondern sich darauf beschränkten, das ostische oder sonstige minderrassige Untermenschentum darzustellen«. [. . .]

(Rostocker Anzeiger, 29. November 1930)

22
Der Weimarer Kunstskandal

[. . .] Gegen diese verworrene Ahnungslosigkeit wird die ganze deutsche Kunstwelt, soweit sie überhaupt ein Gefühl für künstlerische Entwicklung besitzt, lauten Protest erheben. Wir kennen ja derartige, von keiner Kenntnis getrübte reaktionäre Kunstanschauungen zur Genüge aus der Kaiserzeit. Wie wunderlich, daß die völkisch eingestellten Kreise nicht begreifen, aus welch tiefen Urquellen deutschen Wesens die Kunst der jetzt verfehmten Männer hervorgewachsen ist. Sie erkennen nicht, daß grade das Starke, Derbe, Ringende, Innerliche, Metaphysisch-Versonnene, ja auch das Problematische dieser Maler und Bildhauer deutscher Sonderart seinen Ursprung dankt. Spotten ihrer selbst und wissen nicht wie.

(Vossische Zeitung, 2. Dezember 1930)

23
Brief an Friedrich Düsel, 20. Januar 1931

[. . .] sei allerbestens bedankt für Deine teilnehmenden Darlegungen, für die Zeichen freundschaftlichen Aufruhrs Deines Gemüts über die Weimarer Beschämung. Es war nicht eigentlich die Sache, die mich kränkte, denn soviel ich übersehe, sind Schultze-Naumburg und Meister Frick die eigentlichen Ausgepfiffenen – sondern die Anwendung und Ausnutzung im ›Rostocker Anzeiger‹ zwecks persönlicher Diskreditierung hier am Ort. Eine Schlagwortüberschrift: Kampf gegen Barlach. Kunst mit Untertiteln in den berühmt gewordenen Formulierungen. Na, schon lange vorbei – vergessen vor viel schlimmeren Dingen, ausgehend von Stahlhelmern, die es denn wohl ernstlich auf Vernichtung und Unmöglichmachung anlegen. [. . .]

(Barlach, Briefe II, S. 253)

24
Über die Magdeburger Figurengruppe

[...]
Nur blinder Unverstand bringt es fertig, in den Gesichtern dieser Figurengruppe slawische Züge zu entdecken und daraufhin von minderrassig ostischen Elementen in der Kunst Barlachs zu sprechen. Es ist eine Binsenwahrheit, daß das Gegenständliche – und dazu gehört auch das Aussehen dargestellter Menschen, hier also der angeblich slawische Typ, nicht unbedingt auf den Geist eines Kunstwerkes zu schließen gestattet, sondern daß vor allem Formgebung und Ausdruckswille, zwei weniger grobschlächtige Faktoren, befragt werden müssen. Barlachs vergeistigte Form aber und sein unnachgiebiger Ausdruck sind tief deutsch. Wer in einem Ehrenmal eine idealisierende Sprache vernehmen und Uniform- und Waffenkunde bewährt sehen möchte, kommt bei Barlachs Magdeburger Figurengruppe nicht auf seine Kosten. Wer aber diese falschen Voraussetzungen beiseite läßt, wird sich der Gewalt ihrer harten Sprache und ihrem monumentalen Symbolgehalt nicht verschließen können.
[...]

(Carl Dietrich Carls, Ernst Barlach. Das plastische, graphische und dichterische Werk, Berlin 1931, S. 60f.)

Das Buch von Carl Dietrich Carls (geb. 1905) war damals die wichtigste Monographie über Barlach (vgl. Nr. 136).
Als letztes der Gefallenendenkmäler schuf Barlach das Relief für das Denkmal von Klaus Hoffmann in Hamburg[6].

25
Ein Hamburger Denkmal. Barlachs Bildschmuck

Aus Hamburg schreibt unser Korrespondent: Künftig wird jeder im Geist den Hut ziehen, wenn er vom Hamburger Rathausmarkt

einbiegt zu jener wundervollen alten Treppe, die an den Alsterarkaden zum Wasser führt: denn eben hier ragt, nunmehr von allem Gerüst und aller Verkleidung befreit, das einzigartige Erinnerungsmal für Hamburgs Kriegsgefallene mit dem Bildschmuck Ernst Barlachs. Ringsumher knattert und stampft der Verkehr, flutet der Menschenstrom; plötzlich gleichsam aus dem dunklen Grunde des Wassers reckt sich der mächtige Obelisk mahnend zum Himmel, eine steinerne Geste des Todes von vierzigtausend Söhnen der Stadt, die »ihr Leben liessen für Euch«, damit nun wir Lebenden, aus der Erinnerung an sie, ihre ernste Mahnung aufnehmen und verteidigen: niemals, niemals wieder!
Ernst Barlachs Bildschmuck, jene ihr Kind tröstende Mutter, einfachste, gerade in ihrer herben Schlichtheit ins Herz dringende Plastik der Trauer und des Trostes, erzwingt den allgemeinen Eindruck: Hamburg hat hier ein Denkmal vollendet, das seiner toten Söhne im tiefsten würdig war. Schlichte Feldblumen, die man schon bald nach der Enthüllung unter dem riesigen Ehrenkranz des Senats fand, zeugen stärker als anderes dafür. Denn aus ihnen spricht das gleiche schlichte Gefühl der Liebe und der Treue, das auch das Symbol des Denkmals selbst mahnend verkündet.

(Berliner Tageblatt, August 1931; Verfasser ist Alfred Frankenfeld)

Um dem auch diesmal zu erwartenden Geschrei von rechts von vornherein zu begegnen, erschien gleichzeitig mit der Fertigstellung des Denkmals das Buch »Das Hamburger Ehrenmal«, das Beiträge von Paul Fechter, Hermann Giesau, Hildebrand Gurlitt, Ludwig Justi, Georg Kolbe, Thomas Mann, Hans Poelzig und Wilhelm Waetzoldt enthielt.

Das Hamburger Gefallenendenkmal

26
Das Hamburger Ehrenmal, 1931

Thomas Mann:
Ich bin seit langem ein aufrichtiger Bewunderer Barlachs, und zwar des dramatischen Dichters sowohl wie des Bildners, und bin also vielleicht ein wenig voreingenommen. Es wird aber kaum Voreingenommenheit genannt werden können, wenn diese Sympathie sich auch in diesem Fall, und gerade in ihm, bewährt. Ich bin tief ergriffen von dem, was die vollkommen anschaulichen Blätter mir zeigen: von Barlachs eigenstem Beitrag sowohl, dessen Strenge und große Linien eine Welt von Gefühl umschließen [...]
Georg Kolbe:
Ich war seinerzeit Mitglied der Jury im Denkmalwettbewerb und gab gern meine Stimme der schlichten Steinwand des jungen Architekten Klaus Hoffmann. Und vernünftig fand ich auch den späteren Hamburger Beschluß, in diese Wand noch eine Bilddarstellung meißeln zu lassen. Die auf Barlach gefallene Wahl gab volle Gewähr einer angemessenen Lösung. Er schmückte die allzu schlichte Wand mit einem starken, tiefempfundenen Menschenbild. Ein würdevolles Mal ist entstanden – Hamburg soll dankbar sein.

(Ernst Barlach – Werk und Wirkung. Berichte – Gespräche – Erinnerungen, gesammelt und herausgegeben von Elmar Jansen, Berlin (Ost) ²1975, S. 343, 345)

27
Brief an Hans Oberländer, 24. Juni 1932

[...]
Herrn Dr. Dr. h. c. Schultze-N. beneide ich um seine Selbstzufriedenheit. Zieht er im Ernst die Vererbung an? Wohl, so bin ich mir schuldig, mich als geistigen Sproß mittelalterlicher

Menschenart zu bekennen, die Form ist anders, zwangsmäßig geworden im Laufe von zwanzigjährigem Kampf in einer Zeit, die mir unter den Lebenden nicht *einen* Meister gönnte, an dessen Werk ich mich schulen konnte. Ich stand absolut allein, preisgegeben tausend Versuchungen, es mir bequem zu machen im Raum der geltenden Zeitgemäßheit. Ich bitte Sie, den Schultze-Humbugschen Artikel einmal auf sein Deutsch hin anzusehen: »Nebelwind, der durch die dürren Blätter säuselt«. Ich habe leider einige Male, um nicht den Eindruck zu erzeugen, ich stelle mich feigerweise tot, Anstalten gemacht und mich gewehrt, und – seltsam – ich mußte fast immer erleben, daß ich gegen eine in eingefrorenes Deutsch gezwängte Unsachlichkeit angehen mußte. Da ist so oft eine todernste und dabei behagliche Beckmesserei am Werke. Man hobelt und mißt mit toten Begriffen und hat sein Recht für sich in den Augen einer schlagwortbedürftigen Genossenschaft.
[. . .]
Meinem toten Freund, dem Juden Paul Cassirer, behagte an mir ein allzu »deutsches« Wesen, speziell das Nord- und Niederdeutsche, sehr wenig. Dennoch blieben wir Freunde, er nahm manches hin, bei mir wie ich bei ihm. Nun plötzlich geht es an ein Denunzieren, daß ich meinen Augen nicht traue. [. . .]

(Barlach, Briefe II, S. 313f.)

28
Zur Kunst Ernst Barlachs

[. . .] Immer und immer wieder wird uns Barlach als *der* nordische, *der* mecklenburgische, *der* christliche Plastiker und Graphiker unserer Zeit angepriesen. [. . .]
Zu dieser merkwürdigen Ansicht, die erstaunlicherweise noch manche andere Vertreter gefunden hat, kann es nur ein deutliches Nein geben. Das eine sieht man doch auf den ersten Blick: den ostischen Typ in allen Schöpfungen Barlachs in einer Ausprägung, wie sie gar nicht deutlicher sein kann. Barlach bildet den

russischen Menschen, manchmal auch den Untermenschen, in seiner ganzen Erdgebundenheit und Dumpfheit. Seine Menschen, selbst wenn sie schweben oder eilen oder sich hastig bewegen, sind alle so entsetzlich schwer, sie kleben am Boden, am Alltag, sie sind überhaupt nicht fähig, sich einmal darüber zu erheben.
[...]
Barlach als christlicher Künstler – um das kontrollieren zu können, müssen wir die religiösen Bildwerke ansehen, die er geschaffen hat. Da ist z. B. ein Apostel von 1925 – man weiß wirklich nicht, ob man weinen oder lachen soll –, dieser »Apostel« ist nicht voll des Geistes, sondern voll des süßen Weines. [...]
Das Wichtigste ist natürlich das Gottesbild – es ist sehr bezeichnend, daß Christus in Barlachs Kunst ganz zurücktritt! –, besonders in den Graphiken »Die Wandlungen Gottes« – schon diese Ueberschrift reizt zum Protest. Da schwebt jemand (nach B. Gott) in der vertrackten Haltung der über der Brust gekreuzten Arme, in ziemlicher Passivität – ein kräftiger mächtiger Jude, mit einem brutalen und sinnlichen Zug um den Mund [...]

(Beilage zum Völkischen Beobachter, 23. September 1932; Verfasser ist Heinrich Stoll)

29

Brief an Karl Barlach, 14. November 1932

[...] Kann man diese Röhm-Jünglinge ohne Bedauern ihre Fahnenjunkeraufgeblähtheit zur Schau tragen sehen? Ist diese Uniformherrlichkeit was anders als bengalische Feuerwerkerei? Ich will zugeben, daß das alles Außenkram ist, Mätzchen, Mittelchen, ich bin eben aus Natur nicht zugängig, von vorneherein bösartig und giftgeschwollen, wenn ich in den Dunstkreis der braunen Leute gerate und Gefahr laufe, weil ich den römischen Gruß nicht auf mich beziehe, angelümmelt zu werden. Sie haben alle ihre Abzeichen, Symbole, Schwimmblasen absinkender Gemüter, Valodolfläschchen für Augenblicke des Versagens, Amulette und

Stempel der Groß- und Wichtigtuerei, aber der Nazi-Rummel macht's denn doch über Gebühr bös. [...]

(Barlach, Briefe II, S. 332)

Der Deutschlandsender hatte eine Sendereihe »Künstler zur Zeit«. Der Zufall wollte es, daß Barlach als letzter Beiträger vor Hitlers Reichskanzlerschaft zu Wort kam. Der folgende Artikel wollte auf die Sendung aufmerksam machen.

30
Barlach der Niederdeutsche

Der Kampf hat sehr lange unentschieden und verworren hin und her geschwankt. Verdächtigungen, Vermutungen, erschrecktes Erstaunen und Unverständnis – das waren die Mittel des Kampfes gegen Barlach. Die Statuen und Gedenksteine erregten vollends die Empörung der völkischen Gemüter, die ihre eigene Unbekümmertheit als »deutsch« ansehen und alles Fremde, Abweichende als »ostrassisch«, »asiatisch« entwerteten. Trotz aller Angriffe blieb Barlach im Verborgenen, in der Einsamkeit seiner mecklenburgischen Kleinstadt. Nicht einmal der letzte große Streit um die Mahnsäule zu Ehren des Hamburger Gefallenen, entfacht durch einen mißgünstigen deutsch-nationalen Architekten, beendet durch den Sieg des gesunden Kunstgefühls bei den jüngeren Kreisen der Rechten, konnte ihn zu öffentlicher Polemik und Verteidigung veranlassen, obwohl nahezu eine hochpolitische Angelegenheit aus dem Streit entstanden war.
Wortlos ist der Streit zugunsten von Barlach entschieden worden. Auch dem Verstocktesten blieb nicht länger verborgen, daß der Name Barlach friesischen Ursprungs ist und durchaus zu einem Manne paßt, der im Januar 1870 in dem holsteinischen Elbstädtchen Wedel geboren ist und Zeit seines Lebens Niederdeutscher von Art und Gesinnung war. [...]

(Unterhaltungsbeilage der Täglichen Rundschau, 21. Januar 1933)

31

Rundfunkrede in der Reihe »Künstler zur Zeit«, 23. Januar 1933

[. . .] Die Empörung eines Menschenbruders gegen den andern schreit zum Himmel. Des einen Sittlichkeit ist des andern Verworfenheit, Tausende schwören auf ein Recht, das Millionen Unrecht nennen, – und in den Grenzenlosigkeiten menschlicher Bereiche wimmelt es von Ungläubigen in Bezug auf die Gutgläubigkeit der andern. [. . .]

Für Gedeihen und Verderben verflossener Jahrtausende, für Hexenverbrennung und Folter, Massenmord und den Wahn monopolisierter Schlächter, die, den Milliardensegen im Kopfe, Millionen von Mitmenschen meisterlich auf Opfersteinen und in Knochenmühlen handhabten, läßt sich eine für alle Zeiten lückenlose Widerlegung ihrer Gegnerschaft beibringen. Die Täter ihrer Taten überboten sich in Vorwänden und Grundfindungen, aber ihr Tun geschah aus der Notwendigkeit ihrer Natur, ihre Gutgläubigkeit war gegeben, nichts hinderte sie am Vollzug ihrer von Sucht und Unbedenklichkeit diktierten Handlungen, und nichts wird sie ferner daran hindern. Ihr Lohn folgte ihnen nach, sie wurden feist vom wohlberechtigten Menschenfraß und genossen das Glück ihres Erfolges. [. . .]

Es steckt verborgen unter der Maske des Dogmas, in Glaubensfragen oder nationalen und wirtschaftlichen Notwendigkeiten wie nicht minder hinter Gesetz und Beglaubigtheit jeder gültigen Moral der geheime Tod in jedem Menschen, der lauernde Vernichter der andern. Die Unentrinnbarkeit vor dem Verderben ist mit dem Anderssein als alle jene, die das Gesetz für sich haben, zugleich gegeben. Wen wir auch zum Vorwand nehmen, eine Kette von Jahrhunderten, von der Länge der Zeit geschmiedet, die von der Gewohnheit die Gewalt eines ehrfurchterweckenden Namens ausliehen und so ein fürchterliches Aburteil für andre in den Mund bekamen, – allen Nutznießern solcher Vorwände folgte der Segen in Gestalt ihres Seelenfriedens nach: keiner war versucht, dem Selbstlob eine Hand auf den Mund zu legen, und sein

Tun war ihm teuer als Herbeiführer der ausbündigsten Selbstgerechtigkeit.

[. . .] Daß die Gegenwirkung der Kontinente zueinander und auf den Kontinenten der Völkergruppen, daß die Über- und Minderwertungen von hier und dort, von Rasse zu Rasse, von Staat zu Staat einmal so verwünscht werden wie »Leid und Geschrei und Schmerzen« in der Apokalypse und daß der anscheinend ewig verhängte Kampf, das Vollstrecken des geheimen Todes in Jedem und an Allen, mit dem Erfolg des unentrinnbaren Verderbens der Andersartigen, zwischen den nunmehr zwei einzigen unversöhnbaren Gewalten ausgetragen wird, zwischen den Einen, den Geistigen, und den Andern, den Ungeistigen. Und selbst wenn es dabei bleiben muß, daß die Millionen der Geistigen volksmäßig gebunden sind, staatlich verhaftet, national umfaßt, religiös begrenzt, so ist dennoch der Segen der Ablehnung alles dessen, was gläubig ohne Nachprüfung hinzunehmen ist, weil es als allgültig ausgeschrien wird, unermeßlich. Die Einen wie die Andern werden sich nichts mehr weismachen lassen, da sie wissen werden, daß der Grund aller Übel im Nichtwissen um den Menschen liegt, daß die Rechtfertigung Aller gegeben ist durch die nunmehr nicht zu bezweifelnde Lauterkeit auch des Fremden und Feindlichen.

[. . .]

Erniedrigend ist Beides, das Schweigen sowie die Erzwingung des Schweigens. Wenn ein Künstler etwa nicht gestalten darf, weil die Verwirklichung seines glühendsten Wunsches von dem weltanschaulichen Katechismus der Entscheidungsinstanzen im weit und breiten Feld nicht zugelassen wird, muß das nebenbei erniedrigend heißen, da keinerlei Gültigkeit seines Wahns vom Wert seiner Leistung aus Selbstverstand besteht.

Aber die in sonstigen Dingen äußerst versierte Zeit ergibt sich einer hahnebüchenen Ausschweifung im Erdrosseln des Atems, dessen Laute ihrer eigenen Formulierung nicht gleichen. Die Legende von der Gedankenfreiheit, die einmal immerhin kniefällig erbeten werden durfte, ist eine umstürzlerische, ja landesverräterische Ehemaligkeit geworden, von der man besser nicht spricht. Von den mancherlei Registern unsrer Orgel sind die meisten plombiert oder verstopft.

[...]

(Barlach, Prosa II, S. 414, 419–421)

32

Brief an Hugo Sieker, 26. Januar 1933

[...] Der ›Blaue Boll‹ wird nicht gespielt, das Schauspielhaus wünschte Prolongierung des Vertrages bis 31. Dez. Grund?! »dadurch daß die polit. Situation das Interesse des Publikums absorbiert, hat sich die Notwendigkeit ergeben etc.«, und weiter: »im Interesse des Dichters«. Ich kenne den Vers, und die Meinung der Nazi ist, wo nicht gegen Boll, so doch gegen Barlach. Ich habe dem Verlag zugeredet, die Prolongierung nicht zu geben, sie können ja jeden Augenblick einen neuen Vertrag machen, aber nicht auf so weite Sicht. [...]

Wir fühlen uns hier alle wie auf dem Vulkan sitzen. Was bisher nur heran plätscherte von draußen, spürbar, aber leidlich auszuhalten, ohne Schrecken zu bringen, kommt jetzt mit aller Gewalt und droht den Bau des »Glückes«? zu unterspülen. Das Radio schleudert Wut, Haß und Rachetöne, schnaubt Mord, und man flüchtet ins Ausland, um nicht immer militärisch angeschnauzt zu werden. Wir hörten uns die Gewalthaber an und riechen Lunte.

[...] Der nationalistische Terror wird wohl länger dauern, als ich abwarten kann. Die Köpfe, in die ohnehin nicht leicht etwas Vernünftiges zu bringen ist, sind vollgestopft mit der billigsten Unvernunft. Jeder Kopf ein Augiasstall, ich fürchte, dem Herkules, der da Luft schaffen will, wird die Luft ausgehn. Mist von Rindern ist ja gewissermaßen kein Mist in Vergleich mit weltanschaulicher Verranntheit.

[...]

(Barlach, Briefe II, S. 346–348)

33
Nationalsozialistische Kunst

[. . .]
Ist es wirklich Hitler und seiner Idee abträglich, wenn er mit seinen SA-Leuten als Zinnfiguren in die Hände Tausender von spielenden Kindern gerät. Muß ein Hitler-Bild wirklich immer allen hochgespannten künstlerischen Anforderungen genügen? Ist es nicht viel wichtiger, daß es, ganz gleich wie häßlich bunt für einen geläuterten Geschmack, überhaupt in der Arbeiter- oder Bauernstube hängt? Machen wir uns doch von der lächerlichen Idee frei, daß es unsere Pflicht sei, das Volk zum hohen Kunstverständnis zu erziehen. Wenn wir der SA ein textlich und gesanglich gutes, mitreißendes Marschlied schenken und dadurch einen seichten oder gemeinen Schlager aus ihren Reihen verdrängen, haben wir tausendmal mehr für die deutsche Kunst getan, als wenn wir versuchen, einer naturgemäß kleinen Anzahl von SA-Leuten das Violinkonzert von Beethoven nahezubringen. Die blödesten und albernsten Bildungsphilister sind meist die nachdrücklichsten Prediger über die Würde der deutschen Kunst, von der sie selbst meist keinen Hauch verspürt haben. Durch nichts könnten die Künste mehr gefördert werden als – wenn das möglich wäre – durch ein Verbot des Wortes Kunst für 10 Jahre.
[. . .]

(Deutsche Kultur-Wacht. Blätter des Kampfbundes für deutsche Kultur, 1933, Heft 1, S. 6; Verfasser ist Max Kutschmann)

34
Lob der Bodenständigkeit *(1933)*

Mir wird das Wort »artfremd« zugeworfen – ich ergreife es und prüfe es am Lichte. Und siehe, es ist ein häßliches Wort, möge man es getrost einen Mißklang heißen! Wer möchte artfremde

Kunst zwischen seinen vier Wänden gewahren, sie in den Kirchen, auf Plätzen, in repräsentativen Räumen dulden ...
Ohne Umschweif aber bekenne ich, nicht zu wissen, was artgemäß oder artfremd ist. Von welchem Jahrhundert, welcher Vergangenheit soll man sich belehren lassen, etwa vom letztvergangenen? Da galten herzlich wenig diejenigen, die wir, einmütig, wie es scheint, zur Zeit als ganz besonders prägnant deutsch berufen. Dem arglos-artgemäßen Geist jener Zeit beliebte das Gedeihen der großen Dekorateure, und er belegte niemanden mit dem Schimpf als »Welscher«, der in Italien ausstudiert, seine Falten bei Michelangelo, seine Hände bei Donatello, seine Raumorganisation bei Piero della Francesca und Raffael ausgeborgt hatte. [...]
Eine wahrhaft überwältigende Verlegenheit! Nur unumgänglich, gleichzeitig festzustellen, daß es immerhin nicht Wenige gibt, die der Übergewalt dieser Verlegenheit auszuweichen verstehen, einen Triumph des Aus- und Unterlegens feiern und denen es vor den aufgetanen Weiten schwindelt, über die sich Goethe mit den Worten ausließ: »Der Dichter wird als Bürger und Mensch sein Vaterland lieben, aber das Vaterland seiner poetischen Kräfte und seines poetischen Wirkens ist das Gute, Edle und Schöne, das an keine besondere Provinz und an kein besonderes Land gebunden ist und das er ergreift und bildet, wo er es findet. Er ist darin dem Adler gleich, der mit freiem Blick über Länder schwebt und dem es gleichviel ist, ob der Hase, auf den er hinabschießt, in Preußen oder in Sachsen läuft.« [...]
Ich bekenne mich zur Schülerschaft von unbekannten Meistern, wie etwa des Christus am Kreuz, als oberdeutscher Herkunft bezeichnet, 13. Jahrhundert, zu sehen im Germanischen Museum in Nürnberg, oder eines anderen Christus schwäbischer Herkunft, 12. Jahrhundert, ebenda – und Ungarnkreuz von St. Severin in Andernach, von einem Kölner Meister des 13. Jahrhunderts. Oder der Jesus am Kreuz der Gruppe eines Tiroler Meisters in Innichen, Südtirol, offenbar aus Willen zum Grotesken mit rauh hackendem Beil gestaltet und mit einem regelrechten Schifferbart – heute würde man dieses Antlitz aus eingebildeter Rassenkunde als negroid bespeien – unsre unbekannten Meister, falls sie derglei-

chen zur Zeit riskierten, wer gäbe ihnen Brot und Aufträge? Aber weiter, der weltberühmte und gewiß nicht artfremde Thorwaldsen mit *seinem* Christus, er wäre um Anno – höchstens bei der Zuckerbäckerinnung Meister geworden. Wenn vor solchen Werken wie den vorher genannten heute die meisten gebildeten Zeitgenossen aus artechter Empörung zu Bilderstürmerei übergingen – schon gut, ihre Elle ist eine Art von Wünschelrute in der Hand suggestionsbesessener Leute, die finden, was sie wollen, und das Besserwissen um so fleißiger ausüben, je weniger sie wissen.

[. . .]

(Barlach, Prosa II, S. 423–425)

35

Besuch bei Barlach, 1933

[. . .]

Ernst Barlach hatte sich verändert seit dem Abend im Ratskeller, der doch kaum drei Jahre zurücklag. Er sah nicht heiter aus, dicke Säcke unter den Augen, die diese, an sich schon groß, noch größer erscheinen ließen, gaben dem Antlitz, mitsamt der gefurchten Stirn und den abwärts gezogenen Mundwinkeln, einen Ausdruck tiefen Grams, der uns beim ersten Anblick erschreckte. Eine gewisse Fahrigkeit seines Wesens, nervöse Zuckungen der Schultern deuteten auf innere Unruhe. Er rutschte auf seinem Sitz umher, nahm dies, nahm das, rauchte reichlich Zigaretten und sprach, noch auffälliger als damals im Ratskeller, stockend, stolpernd, nach Worten suchend, setzte einen Satz mehrmals an, ehe er ihn glücklich zum Ende brachte, ließ ihn auch manchmal unvollendet.

[. . .] Neue Aufträge blieben aus oder würden, falls sie noch kommen sollten, vermutlich Aufgaben sein, »die ich nicht lösen kann«, so sagte Barlach. Das Gefühl der erbitterten Ohnmacht, das all das Durchgrübeln und Bereden der Dinge erzeugte, war schöpferischer Arbeit auch nicht dienlich. »Wir drehen uns im Kreise!« rief unser Gastgeber einmal und suchte auszubrechen, blieb aber drin im Verzwickten, und es war wohl vor allem sein guter Wille, der ihn hielt, seine Geneigtheit, unter dem offensichtlich Unabwendbaren das Notwendige zu suchen, das Gute, der Unterstützung Werte, und so blieb er, bei aller Kritik, immer noch milde. [. . .]

(Paul Schurek, Begegnungen mit Ernst Barlach, München 1959, S. 88f.)

36
Neuordnung im Kronprinzenpalast

[. . .]
In den oberen Räumen hat Justi einen *Beckmann- und Barlach-Saal* neu geschaffen und um Neuerwerbungen vermehrt. Neu eingegliedert wurden Werke von Schmidt-Rottluff, Heckel, Nolde, Kaus, Herbig, Bartning, Georg Schrimpf, Scholz und Nägele.
Auch die Dilettantenmalerei hat mit Arbeiten von Ringelnatz und Dietrich Einzug in die Nationalgalerie gehalten. Zu dieser Kategorie gehören auch die leihweise ausgestellten, riesigen Landschaften des Autodidakten Pilartz, der, ein deutscher Rousseau, in sehr sentimental gestimmten Bildern, Pedanterie der Ausführung für Gesinnung anbietet. Das mag originell sein, gehört aber, wie so vieles andere, nicht in die Nationalgalerie.
[. . .]
Die ewige Umräumerei beweist nur, daß der Galerie der wirkliche Kern fehlt. Sicher muß eine moderne Galerie in gewisser Bewegung bleiben, wenn sie der Entwicklung Rechnung tragen will, aber diese Bewegung dürfte sich nur an der Peripherie vollziehen, während der Kern fest bleiben müßte. Und deshalb kann diese Umordnung nicht befriedigen.

(Steglitzer Anzeiger, 15. Februar 1933; Verfasser ist Robert Scholz)

Robert Scholz war einer der unangenehmsten Heckenschützen unter den nationalsozialistischen Journalisten[7]*; er gehörte zu dem Kreis um Alfred Rosenberg und leitete später im besetzten Frankreich dessen Einsatzstab. Ludwig Justi (1876–1957), der seit 1909 Direktor der Berliner Nationalgalerie gewesen war, wurde am 1. Juli 1933, zusammen mit Wilhelm Waetzoldt, seines Amtes enthoben. Das Kronprinzenpalais wurde geschlossen und Justis Nachfolger Alois Schardt mit einer Neuordnung beauftragt, die allerdings dergestalt ausfiel, daß Schardt als Direktor nicht bestätigt und Eberhard Hanfstaengl an seiner Stelle berufen wurde*[8]*. Dieser wurde 1937 ebenfalls abgelöst und wurde 1945 Direktor der Bayerischen Staatsgemäldesammlungen.*
Vor den letzten Reichstagswahlen am 5. März 1933 unterzeichneten Käthe Kollwitz und Heinrich Mann den Wahlaufruf des Internationalen Sozialistischen Kampfbundes. Reichskommissar Bernhard Rust wollte daraufhin die Sektion für Dichtkunst der Preußischen Akademie der Künste, der beide angehörten, auflösen. Um dies zu verhindern, erklärten beide ihren Austritt[9]*.*

37

Brief an Max von Schillings, 23. Februar 1933

[. . .] trotzdem ich mangels anderer Information die Freiwilligkeit des Austritts von Heinrich Mann und der Frau Professor Käthe Kollwitz aus dem Verband der preuß. Akademie der Künste annehme, ist mir dennoch nicht ganz wohl dabei, und ich unterbreite Ihnen, sehr verehrter Herr Professor, somit die Bitte, mir gütigst Klarheit darüber zukommen zu lassen, ob mit dem Verbleib in der Akademie der Künste ein irgendwie politisch gefärbtes Gesinnungsbekenntnis verbunden oder nur vorausgesetzt wird.
Obgleich ich keiner der momentan mißliebigen Parteien als Mitglied angehöre, so ist die Unterschiedlichkeit zweier Rechte, desje-

nigen der freien Meinungsäußerung als Künstler und desjenigen als Staatsbürger, für mich nicht annehmbar.

[. . .]

(Barlach, Briefe II, S. 354)

38

Max von Schillings, Brief an Barlach, 28. Februar 1933

[. . .] In Ihrem Briefe vom 23. 2. stellen Sie die Frage an mich, »ob mit dem Verbleib in der Akademie der Künste ein irgendwie politisch gefärbtes Gesinnungsbekenntnis verbunden oder nur vorausgesetzt wird«. Das ist selbstverständlich nicht der Fall. Niemals wird von einem Mitglied der Akademie das Bekenntnis zu irgend einer politischen Partei gefordert oder wird ihnen das Bekenntnis zu einer bestimmten Partei verwehrt. Das Recht der freien Meinungsäußerung, das er als Staatsbürger hat, wird ihm »als Künstler« (– so schrieben Sie –) von niemandem verwehrt. Dagegen stehe ich auf dem Standpunkt, daß ein Künstler, der die Ehrung, Mitglied der Akademie zu sein, annimmt, nicht nur die Satzung, die geschriebene und paragraphierte, als bindend für sich anerkennt, sondern darüber hinaus auch Pflichten des höheren Taktes, die man nicht in Paragraphen fassen kann, empfindet und anerkennt. Zu dieser Art von Pflichten gehört die, sich eine gewisse Zurückhaltung in der Ausübung des Rechtes der freien Meinungsäußerung aufzuerlegen, und das ganz besonders in Zeiten heftiger politischer Leidenschaftlichkeit, wo es vollkommen unangebracht und untunlich erscheinen muß, daß man durch Unterzeichnung eines, die nationale Regierung aufs heftigste angreifenden sozialistisch-kommunistischen Wahlaufrufs, die Interessen der Akademie aufs schwerste schädigt. Die beiden von Ihnen genannten bisherigen Mitglieder waren in besonders gehobenen Ehrenstellungen, vom Staat dafür honoriert, tätig. – Ich brauche wohl kaum darauf hinzuweisen, daß es auch unter einer früheren politisch anders gerichteten Regierung zu schwersten

Konflikten geführt haben würde, wenn Mitglieder der Akademie in ähnlicher Weise zum Niederringen dieser Regierung (– »da sie die Barbarei herbeizuführen droht« –) öffentlich aufgefordert hätten. Die beiden Mitglieder haben freiwillig auf ihre Mitgliedschaft verzichtet; Frau Käthe Kollwitz wurde aber das Amt und die Bezüge eines Vorstehers des akademischen Meisterateliers für Graphik belassen.

[. . .]

(Hildegard Brenner, Ende einer bürgerlichen Kunst-Institution. Die politische Formierung der Preußischen Akademie der Künste ab 1933, Stuttgart 1972, Dok. Nr. 16; vgl. In letzter Stunde, 1964, S. 32)

39

Brief an Hugo Sieker, 5. März 1933

[. . .] Mit dem Präses der Akademie habe ich einen Disput wegen meines Verbleibs in der Akademie angefangen. Ich denke an Weimar und begehre nicht, Ähnliches zu erleben: bloßer Egoismus. Nun, zur Not von dort beschwichtigend informiert, bin ich entschlossen, meinen Austritt auf eine Gelegenheit, die sicher bald eintritt, zu verschieben. Es juckt mich, nicht schlicht und etwa bloß aus Solidarität zu weichen, sondern mit Krach und Eklat. Wir brauchen nunmehr eine ganz frisch zu formierende Secession, aber es wird sehr schwer sein, sie zusammenzubringen.

(Barlach, Briefe II, S. 358)

40

Was die deutschen Künstler von der Regierung erwarten!

[. . .]

5. daß die vom Volksempfinden abgelehnten Standbilder oder Bildhauerwerke, die öffentliche Plätze und Gärten verunzieren,

schleunigst verschwinden, seien die Urheber auch so »geniale« Leute wie Lehmbruck oder Barlach, um den dutzendfach vorhandenen Deutsch-Schaffender Platz machen.

[. . .]

(Deutscher Kunstbericht, Folge 69, Lenzing [d. i. März] 1933)

Im Februar 1933 wurde Barlach in den »Orden Pour le mérite für Wissenschaften und Künste« aufgenommen. Die Nazis erwogen, das Ordenskapitel zu schließen, entschieden sich dann aber für den unauffälligeren Weg, weitere Neuaufnahmen zu verbieten.

41

Brief an Karl Barlach, 14. März 1933

[. . .] Du hast recht zu vermuten, daß ich durch die neue Ordnung im Lande nur noch weiter linkshin gedrängt werde, mehr gestoßen. Mit einem Schlag sind eine ganze Reihe von Abmachungen, Ausstellungen, Aufführungen abgesagt. Das Abenteuer von Weimar wird jetzt im großen Maßstab wieder aufleben, mir wird das Wasser abgegraben, und wenn kein Wunder geschieht, und zwar in den nächsten drei Monaten, so sackt mein Kahn. Das Wunder? Ich habe viel Pomadigkeit und halte mich in meiner Burg bis zuletzt. Nun will ich Dir nur sagen, wie es mit der Verleihung des Mérite war. Ausgerechnet Liebermann und Käthe Kollwitz (die auch den P. l. m. hat!) haben für mich gestimmt, außerdem eine Anzahl Naturwissenschaftler, die sich von den zweien gut beraten glaubten, von Künstlern verlautet nichts. Der Staat hat nichts damit zu schaffen, sonst wäre bestimmt nichts daraus geworden. In der Wahlnacht und Nacht vorher sind wir hier von der Stadt aus bewacht, man wollte sogar eine Wache ins Haus legen, was ich ablehnte, man braucht nicht auf alle Drohungen zu reagieren, ich wäre auch ohne Bewachung nicht gewichen, wie man mir von »Freundesseite« angeraten hatte.

[. . .] Von der Politik schweigt man wohl am besten – Postzensur! Basta! Man dankt dem Gott, der seine Hand übers Radio gestreckt hält, daß das Ausland auch noch da ist. [. . .]
Klaus ist nach 2tem Semesterschluß wieder hier, auch bei ihm ist Haussuchung gewesen, ein Freund von ihm seit einer Woche in

DAS KUNSTBLATT

GEGENWARTSFRAGEN DER MALEREI UND PLASTIK

17. JAHRGANG   HERAUSGEBER PAUL WESTHEIM   MÄRZ 1933

ERNST BARLACH: PROPHET. KOHLEZEICHNUNG.   Gen. A. Flechtheim, Berlin

Titelblatt der letzten Ausgabe der Zeitschrift »Das Kunstblatt«

»Schutzhaft«. Warum? Ein paar period. Zeitschriften, die bei mir stapelweise liegen, wären gefunden, falls Klaus sie noch gehabt hätte, so wäre ihm die Schutzhaft zugefallen, nun sitzt der Freund für ihn. Ich meinerseits lese, was mir beliebt, wie lange wird das noch möglich sein? Sogar die fromme DAZ verliert die Puste. Na ja, nur weiter so!

[...]

(Barlach, Briefe II, S. 359f.)

Der folgende Text ist ein Beitrag zur Rundfrage »Die Gemeinschaft der geistig Schaffenden Deutschlands«; unter anderem antworteten Richard Billinger, Edwin Erich Dwinger, Herbert Eulenberg, Manfred Hausmann, Erich Kästner, Walter von Molo, Alfons Paquet, Wilhelm von Scholz, Jakob Wassermann und Arnold Zweig.

42

Beitrag Barlachs zur Rundfrage zum Tag des Buchs

[...] Wie groß ist die Welt, und wie spärlich, bis zur Belanglosigkeit verdünnt, schweben in ihr verstreut die duftig-zarten, leicht zerronnenen geistigen Wesentlichkeiten, von jedem robusten Meinungsstrudel, der hurre, hurre, hopp, hopp, hopp sausenden Galopps dahinstürmt, zerfetzt und auseinandergerissen. – Wer wollte nicht zugehörig sein den Bezirken, wo der gute Geist des ritterlichen Austrags aller Gegenteiligkeiten den Abwägungen und Entscheidungen sein Siegel als Ehrenversicherung des Verhaltens gemäß den Satzungen der erhabensten Meisterzunft verleiht? Wer zöge ernstlich vor, mit dem anderen Signum gekennzeichnet, durch die Öde und Weite der Welt zu stolzieren, zum Mahl, das der andere Macht-Geber und -Haber als Kennzeichen der seinen untereinander austeilt, wer könnte es ertragen, mit dem Brandmal des Ungeistes an der Stirn einer Wahlverwandtschaft mit den nichtverschämten Armen bezichtigt zu werden, die in den Seligpreisungen gewiß nicht versehentlich übergangen sind?

(Die literarische Welt, 17. März 1933)

Bald nach der sogenannten Machtergreifung regten sich auch die reaktionären Kreise Magdeburgs um den Domprediger Ernst Martin erneut. Die neuen Machthaber folgten dem Wunsch nach Entfernung des Ehrenmals nur zu gern. Es wurde in die Berliner Nationalgalerie überführt.

43

Domgemeindekirchenrat, An die Preußische Regierung, Ministerium für Wissenschaft, Kunst und Volksbildung, 18. März 1933

Betrifft Barlach-Denkmal im Dom zu Magdeburg.
Die Kirchlichen Körperschaften der Domgemeinde haben in der Sitzung vom 15. März d. Js. mit überwältigender Mehrheit den Beschluß gefaßt, die Preußische Regierung zu bitten, das der Domgemeinde von der damaligen Preußischen Regierung geschenkte Ehrenmal für die Gefallenen von Ernst Barlach einem Museum zu überweisen.
In diesem Beschluß soll zum Ausdruck kommen, daß wir uns eines Urteils über die künstlerischen Qualitäten des Denkmals enthalten, daß wir dem Denkmal aber den Charakter eines Ehrenmals für unsere Gefallenen absprechen. Besonders die rechts stehende Gestalt, die den Kriegsfreiwilligen symbolisieren soll, erregt bei allen vaterländisch denkenden Menschen berechtigten Anstoß und erscheint wie eine Verhöhnung unserer Kriegsfreiwilligen.

Die Kirchlichen Körperschaften der Domgemeinde
Im Auftrage (gez.) Martin, Domprediger.

(Barlach – Werk und Wirkung, S. 417f.)

44

Brief an Hugo Sieker, 18. März 1933

[...] Ich habe heute meine Bewerbung um das Stralsunder Ehrenmal zurückgezogen, nicht ohne stichhaltige Gründe. Diese dem Tragischen sich annähernde Geschichte hat mich rund ½ Jahr gekostet; in einer Epoche, wo man nicht riskiert, Mörder Mörder zu nennen, wo man selbst in sonst nicht maulfaulen Blättern nur von »Tätern« zu lispeln wagt, unterdrückt unsereiner treffende Bezeichnungen und sagt vielleicht das Wort Nervenraub, denkt aber dabei schon an die Notverordnung vom 28. Februar und an die Beschränkung, unter anderem des Brief-, Post-, Telegraphen- und Fernsprechgeheimnisses.

[...]

(Barlach, Briefe II, S. 362)

45

Leserbrief: Das Barlach-Denkmal im Dom

»Wer den Künstler will verstehn,
Muß in Künstlers Lande gehn.«

Durch die Zeitungen geht die Nachricht, daß die kirchliche Vertretung der Domgemeinde mit Mehrheit die Entfernung des Barlach-Denkmals im Dom beschlossen habe. Dieser Entschluß wird sehr viele Magdeburger mit schmerzlichem Bedauern erfüllen. Nun ist der Dom nicht bloß eine Angelegenheit der Domgemeinde, sondern der stolze Besitz ganz Magdeburgs. Und wie die kirchlichen Körperschaften das ihnen anvertraute Gut betreuen, dafür tragen sie die Verantwortung vor der Allgemeinheit; deshalb hat jeder Magdeburger das Recht, in dieser Sache die Stimme zu erheben.

[...]

Und trotzdem diese Ablehnung?! Auch sie ist begreiflich. Sie entspringt nicht ethischen, künstlerischen oder religiösen, sondern nationalen Bedenken. Denn gewiß findet man hier keine Betonung der freiwilligen jubelnden Hingabe an das Vaterland, diesem einzig großen Auftakte des gewaltigen Ringens im Jahre 1914. Aber man vergesse nicht: Es ist kein *Sieges*denkmal eines mit malerischen Schlachtbildern und ritterlichen Kampfszenen erfüllten Krieges, sondern das Totenmal eines von der Mordmaschine beherrschten, grauenhaft blutigen, *verlorenen* Krieges. Man vergesse ferner nicht, daß es nicht ein in die Oeffentlichkeit gestelltes Kriegerdenkmal ist, sondern bestimmt für eine stille Kirchennische. Sowenig es mit seiner seelischen Innerlichkeit und seiner religiösen Grundnote auf einen freien Platz gehörte, sowenig würden die schönen heroischen Denkmäler des 26. und des 66. Regimentes, der gewaltige Löwe und der nackte Krieger mit dem blanken Schwerte, sich für den gedämpften Kirchenraum eignen. Jedes an seine Stelle!

Vor allem erregen die beiden flankierenden Soldaten bei vielen Mißfallen, weil sie mit ihren breiten Gesichtern nicht als die würdigen Vertreter unseres deutschen Heeres erscheinen. Gewiß war die Mehrzahl unserer tapferen Krieger nach Gesichtsschnitt und Ausdruck aus edlerem Holze geschnitten. Sie finden ihre Widerspiegelung in der Mittelfigur. Aber unwahr sind auch jene Typen nicht; denn ein volles Drittel des deutschen Volkes gehört der ostischen Rasse an. Wenn sie der Künstler wählte, gewinnt er dadurch Gegensatzfiguren zu der edlen Mittelgestalt, auf die nun als Träger der aufwärts weisenden Idee alles Licht fällt. Auch Schreiber dieser Zeilen hatte zunächst an den beiden Soldaten Anstoß genommen; aber mehr und mehr hat ihn die Gesamtheit des Werkes in seiner inneren Einheit, seelischen Tiefe und künstlerischen Stärke überwältigt. So ist es auch vielen anderen ergangen; und es war vorauszusehen, daß die Gemeinde der von seiner stillen Größe und Wahrheit ergriffenen Beschauer immer mehr wachsen werde. Zweifellos ist das Barlach-Denkmal eine der bedeutendsten Kunstschöpfungen, die der Dom besitzt.

[...]

Dr. A. *Schmidt*,
Geheimer Regierungsrat.

(Magdeburgische Zeitung, 31. März 1933)

46
Leserbriefe: Barlachs Magdeburger Totenmal

[...]
Ob das Denkmal im Dom künstlerisch ist oder nicht, spielt hier keine Rolle; es kommt darauf an, zu welchem *Zwecke* es gesetzt ist. Und das sollte doch ohne Frage der sein, den gefallenen Helden ein *ehrendes* Denkmal zu setzen. Das geschieht aber nicht, wenn man ihnen – leider Gottes sei es gesagt – einige traurige Gestalten hinsetzt. Das sind keine Helden! Sehen so die deutschen Jünglinge aus, die bei Ypern mit dem Deutschland-Lied auf den Lippen in den Tod gingen? Sahen so die tapferen Wehrmänner aus, die auf den Schnee- und Eisgefilden Rußlands unser Deutschland vom Feinde frei hielten? Nein und abermals nein! Ein Künstlertum besteht doch darin, zu *verherrlichen,* aber nicht das Erhabene in den Staub zu ziehen, und das geschieht hier. Sehen Sie sich doch mal unsere Vorbilder der Kunst in der Antike an. Hat je ein griechischer Künstler es gewagt – er hatte auch wohl zu sehr wirklich künstlerisches Empfinden, es zu tun –, auch nur annähernd an die Wirklichkeit heranzugehen. Sehen Sie den Läufer von Marathon – falls er wirklich historisch ist –: dem hat ganz gewiß die Zunge zum Halse herausgehangen, als er in Athen ankam, aber der Künstler stellt ihn ideal dar, den Lorbeer hoch erhoben. Ich könnte noch viele Beispiele anführen.
Und wir wollen auch unseren Helden stolz sehen, nicht solche traurigen Gestalten. Also verschone man uns mit den Versuchen, uns dieses Denkmal schmackhaft zu machen.

v. Malachowski, General der Artillerie a. D.

[...]
Sie haben vor kurzem in der »DAZ« berichtet, daß die Magdeburger gegen das Denkmal protestiert haben, welches der Bildhauer Ernst *Barlach* im dortigen Dom errichtet hat. Mehrere frühere Regimentskameraden von mir und ich haben uns darüber gefreut, daß Sie den Bildhauer verteidigt haben. Wir haben das Denkmal bei Gelegenheit einer Harzreise gesehen und können nur sagen: so wie der Bildhauer es gemacht hat, *so war der Krieg.* So haben

wir ausgesehen, als wir draußen lagen und so ist uns oft zu Mute gewesen. Ich glaube, man braucht nichts von Kunst zu verstehen, um zu fühlen, daß hier ein Denkmal für die Landser entstanden ist, wie sie waren. Vielleicht ist es nichts für die feinen Leute; für uns ist es aber richtig. Und wir glauben auch, daß unser Kultusminister jetzt für unser Denkmal sein wird; denn es ist ein Frontdenkmal und nicht eins aus der Etappe.

[. . .] *Heinrich Mattern*

(Deutsche Allgemeine Zeitung, 14. April 1933)

Nicht unerhebliche Kräfte innerhalb der NSDAP, insbesondere unter der Studentenschaft, bemühten sich um eine Anerkennung des Expressionismus, vor allem von Barlach und Nolde. Wichtige Vertreter waren Fritz Hippler, Leiter des Nationalsozialistischen Deutschen Studentenbundes (Kreis Brandenburg), und der Maler Otto Andreas Schreiber, der unter Eugen Hönig auch Abteilungsleiter in der Reichskammer der bildenden Künste war. Auf der anderen Seite standen diejenigen, die nichts außer der traditionell-akademischen Malerei gelten lassen wollten. Zu ihnen gehörte Alfred Rosenberg mit seinem »Kampfbund für deutsche Kultur«[10].

47

Brief an Alfred Kubin, 12. Juni 1933

[. . .] Sie werden als Mitglied einer Ausstellungsgemeinschaft ›Ring deutscher Künstler‹ aufgeführt, die nach Anregung des Nationalsozialistischen Deutschen Studentenbundes, Berlin, sich zusammengeschlossen und deren Präsident ich werden soll. Zweck: gegen französisches Ästhetentum – für bodenständige deutsche Kunst.

Ein Vorstand wird genannt: Degner, Jeckel, Marcks, Rohlfs, Otto Andreas Schreiber. Ich weiß nicht, von wem gewählt oder bestimmt. 25 Mitglieder, ich weiß nicht, von wem ausgewählt. Ich

weiß auch nicht, [was der] Begriff »französisches Ästhetentum« umschreibt.
Wissen Sie davon, oder sind Sie bereits Mitglied geworden?
Ich bitte Sie dringend um ein paar aufklärende Worte, da ich völlig im Dunkeln tappe, indem ich von dem allen erst seit gestern weiß.
Möchte auch, wie Sie verstehen werden, nicht voreilig handeln.
[...]
(Barlach, Briefe II, S. 380)

Das einzige bei Machtantritt von den Nazis neugeschaffene Reichsministerium war das für Volksaufklärung und Propaganda. Mit diesem Ministerium erhielt Joseph Goebbels eine äußerst einflußreiche Position. Zugleich war er durch dieses Amt automatisch Präsident der Reichskulturkammer. Alfred Rosenberg wurde dafür Führerbeauftragter für die geistige und weltanschauliche Schulung, was, machtpolitisch gesehen, nur eine schwache Kompensation war.

48
Verordnung des Reichskanzlers über die Aufgaben
des Reichsministers für Volksaufklärung und Propaganda,
30. Juni 1933

[...]
Der Reichsminister für Volksaufklärung und Propaganda ist zuständig für alle Aufgaben der geistigen Einwirkung auf die Nation, der Werbung für Staat, Kultur und Wirtschaft, der Unterrichtung der in- und ausländischen Öffentlichkeit über sie und der Verwaltung aller diesen Zwecken dienenden Einrichtungen.
Demzufolge gehen auf den Geschäftsbereich des Reichsministers für Volksaufklärung und Propaganda über:

1. Aus dem Geschäftsbereich des Auswärtigen Amts: Nachrichtenwesen und Aufklärung im Auslande, Kunst, Kunstausstellungen, Film- und Sportwesen im Auslande.
2. Aus dem Geschäftsbereich des Reichsministeriums des Innern: Allgemeine innerpolitische Aufklärung, Hochschule für Politik, Einführung und Begehung von nationalen Feiertagen und Staatsfeiern unter Beteiligung des Reichsministers des Innern, Presse (mit dem Institut für Zeitungswissenschaft), Rundfunk, Nationalhymne, Deutsche Bücherei in Leipzig, Kunst, Musikpflege, einschließlich des Philharmonischen Orchesters, Theaterangelegenheiten, Lichtspielwesen, Bekämpfung von Schund und Schmutz.

[...]

(Joseph Wulf, Die Bildenden Künste im Dritten Reich. Eine Dokumentation, Gütersloh 1963, S. 93f.)

49

Revolution in der bildenden Kunst

[...] Aber um Männer etwa wie Nolde und Barlach entbrennt eine temperamentvolle Auseinandersetzung. Eine Gruppe nationalsozialistischer Künstler will diese beiden aus unserem Vorstellungsbild einer kommenden Kunst ausgeschieden wissen, eine andere, die sich revolutionär nennt, hebt sie aufs Schild.

Versuchen wir uns über allen Subjektivismus hinaus ein Urteil zu bilden, das dem Stil des nationalsozialistischen Gesamtdenkens entspricht, so werden wir festzustellen haben, daß trotz aller Verschiedenheiten der Moden und Trachten, trotz aller Jahrtausende, trotz aller politischen Erschütterungen ein ausgeprägtes Schönheitsideal die Künstler nordischer Prägung beherrscht hat. Nirgends schöner als in Hellas tritt uns dies machtvolle, naturnahe Ideal entgegen, aber es beherrscht Tizian ebenso, wie Palma Vecchio, Giorgione und Botticelli, der geradezu gretchenhafte Gestalten malte. Dies Ideal tritt bei Holbein ebenso zutage wie in der

Schilderung der Gudrun und Goethes Dorothea. Es beherrscht das Gesicht des Perikles wie den Bamberger Reiter.
Ganz abgesehen davon, ob nun der einzelne diesem Ideal ganz entspricht, solange die Sehnsucht zu ihm lebendig ist, ist die Nation artnahe, artverbunden. Dieses Instinktive ist es, das sich hier mit Gestalt und Form verbindet, um etwa auf dem Gebiet der Malerei und Plastik die Wege zur Zukunft vorzubereiten. Fragt man sich von dieser Schau aus nun, wie die Stellung zu Nolde und Barlach sein müsse, so wird man, so glaube ich wenigstens für meine Person, sagen können, daß zweifellos beide Künstler eine ausgesprochene Begabung aufweisen, eine Seelandschaft von Nolde z. B. im Kronprinzenpalais ist stark und wuchtig gemalt. Daneben hängen aber einige Bildnisversuche: negroid, pietätlos, roh und bar jeder echten inneren Formkraft. Barlach seinerseits beherrscht sein Material virtuos und seiner Schnitzkunst wird niemand Monumentalität absprechen. Aber was er an Menschen gestaltet, das ist fremd, ganz fremd: erdversklavte Massigkeit und Freude an der Wucht der Schwere und Materie. Das sind keine »mecklenburgischen Bauern«, oh nein, diese schreiten ganz anders über die Erde als jenes Barlachsche Menschentum! Schließlich, man schaue doch Barlachs Magdeburger »Kriegerdenkmal« an, das er für die dortige Kirche anfertigte: kleine, halbidiotisch dreinschauende Mixovariationen undefinierbarer Menschensorten mit Sowjethelmen sollen deutsche Landsturmmänner versinnbildlichen! Ich glaube: jeder gesunde SA-Mann wird hier das gleiche Urteil fällen wie bewußte Künstler.

(Völkischer Beobachter, 7. Juli 1933; Verfasser ist Alfred Rosenberg)

50

Brief an Arthur Eloesser, 8. August 1933

[. . .] Die Ausstellung der 30 deutschen Künstler* hat eine Vorgeschichte, man wollte mich als »Präsidenten«, nachdem ein Vorstand bereits vollzählig vorhanden war. Ich schrieb an einige der aufgezählten Genossen und konstatierte, daß sie zum Teil von dem ganzen Arrangement nichts wußten, teils schwere Bedenken hatten. Natürlich war ich von vornherein entschlossen, keinen Popanz abzugeben, weigerte mich auch, die Anstalt zu beschicken, schließlich haben sie sich von Flechtheim zwei Bronzen geholt. Das Ganze war vom Bund nationalsozialistischer Studenten unternommen. Immerhin muß ich zugeben, daß die Auswahl der Künstler nicht schlecht war.

[. . .]

* bei Möller

(Barlach, Briefe II, S. 392f.)

51

Brief an Johannes Schwartzkopff, 14. August 1933

[. . .] leider [. . .] hat man in Magdeburg einen frischen Trick, ein Giftreislein gesät und sprießen lassen. Von sicherer Seite höre ich . . . »Herr Martin behauptet also, Sie selbst hätten die pazifistische Grundgesinnung Ihrer Schöpfung zugegeben. Das wisse er von dem Pfarrer Schwartzkopff« – weiter: »Vielleicht fragen Sie Herrn Schwartzkopff mal, was er eigentlich dem Domprediger Martin geschrieben hat.«

Nun, lieber Herr Pastor, – was nun! Mir fehlt, offengestanden, die Puste – ein christlicher Pfarrer wirft mir Pazifismus vor? Es ist bloßstellend in christlichen Augen, nicht bellikos zu sein? [. . .] Ob ich Ihnen gegenüber den Ausdruck Pazifismus gebraucht, weiß ich nicht mehr, auf keinen Fall will ich kriegerische Furiosität anpreisen, das ist schon recht. Ich habe an die Toten gedacht; das ist meine hauptsächlichste Frage gewesen: wie wird ein Gedächtnismal für Tote würdig gestaltet? An politischer Einstellung habe ich freilich scharf vorbei gedacht, parteipolitischen Einstellungen gar kehre ich entschieden den Rücken – was würden die Toten wohl denken, wenn sie dies wüßten – vielleicht war unter den Gefallenen einer oder gar mehrere Kommunisten und *sicher* viele Sozialdemokraten – hm (womit muß man seine Zeit verderben!).

Nehmen Sie mir's bitte nicht übel, daß ich noch weiter schreibe – übrigens lasse ich diesen Brief persönlich bestellen, da ich bemerke, daß meine Post kontrolliert wird – man erzählt sich (wie ich höre, ich weiß auch den Namen des Nachsagers), daß ich schon im Konzentrationslager sitze, und die Schwester von Horst Wessel hat in Heiligendamm zu Böhmer gesagt (wörtlich): man höre, daß ich kommunistische Propaganda triebe.

Ich glaube, ich muß doch wohl nach Gehlsheim – da sitzen vermutlich vernünftigere Leute, als die sind, unter denen wir uns bewegen müssen. –

Übrigens: man redet so viel und so laut vom »Führerprinzip« – könnte man nicht grade in meinem Magdeburger Mal einen prägnanten Ausdruck dieses mehr herausgebrüllten als verstandenen »Prinzips« sehen, wenn die Frage wegen meiner politischen Stubenreinheit doch gestellt wird? Der unerschütterte Führer, um den sich Vertrauen schart trotz – na: Not, Tod und Verzweiflung?

[...] Ich erinnere mich nur an das Eine: daß Sie mich fragten, ob das Kreuz ein christliches Symbol oder ein Grabkreuz bedeute. Ich sagte: Grabkreuz, denn ich habe immer an eine Kampfszene auf einem Gräberfeld gedacht, daher die Halbversunkenen und Toten.

Daß in einen christlichen Dom eine Kriegverherrlichung oder auch nur Bejahung gehöre, – – nun, nun – genug, ich möchte Ausfälle machen, die nicht wieder gut gemacht werden können – – ich bin eben doch kein Pazifist, fürchte, daß ich mich eines Tages um meinen Kopf rede, da ich mich nicht gleichschalten kann.

[...]

(Barlach, Briefe II, S. 393–395)

52

Erste Verordnung zur Durchführung des Reichskulturkammergesetzes vom 1. November 1933

[. . .]

§ 4 Wer bei der Erzeugung, der Wiedergabe, der geistigen oder technischen Verarbeitung, der Verbreitung, der Erhaltung, dem Absatz oder der Vermittlung des Absatzes von Kulturgut mitwirkt, muß Mitglied der Einzelkammer sein, die für seine Tätigkeit zuständig ist.

Verbreitung ist auch die Erzeugung und der Absatz technischer Verbreitungsmittel.

[. . .]

(Reichsgesetzblatt, 3. November 1933, S. 797)

Wichtiger als das Reichskulturkammergesetz vom 22. September 1933 selbst war die erste Durchführungsverordnung, die alle Einzelheiten regelte. Die hier zitierte Bestimmung bedeutete Berufsverbot für alle diejenigen, die nicht in die jeweilige Einzelkammer aufgenommen worden waren oder aber später ausgeschlossen wurden. Es gab insgesamt sieben Einzelkammern. Barlach mußte sich in zweien davon organisieren, der Reichskammer der bildenden Künste und der Reichsschrifttumskammer.

53

Brief an August Hoff, 26. September 1933

[. . .] es tut mir außerordentlich leid, daß Sie von Ihrem schönen Amt, von den Zeugnissen Ihres Werkes Abschied nehmen müssen. Wie weit ich »in Ruhe«, wie Sie schreiben, meinem Tun und Treiben nachgehen kann, darüber schweige ich mich aus, es gehen viele Briefe verloren, von deren Verbleib man nichts erfährt.

Ich hatte mich schon ganz an die Vorstellung gewöhnt, daß das Modell des Domengels am Städtischen Kunstmuseum verbleiben würde, so bin ich also durch Ihre Mitteilung schmerzlich überrascht. [. . .]

(Barlach, Briefe II, S. 402)

August Hoff war Direktor des Städtischen Museums Duisburg und wurde zum 30. September 1933 entlassen. Er hatte ein Gipsmodell des schwebenden Engels verwahrt, das er nun dem Künstler zurückschickte, da er es dort für sicherer hielt.
Zum selben Termin wie Hoff mußte auch Carl Georg Heise seinen Platz in Lübeck räumen. Er war ein lebhafter Förderer Barlachs und Initiator für die Füllung der Nischen der Katharinenkirche mit Barlach-Figuren. Barlach schuf drei Figuren, sah aber angesichts der Ungewißheit über ihre Aufstellung von einer Weiterarbeit an dem Auftrag ab. 1934 wurden die ausgeführten Nischenfiguren aufgestellt, 1936 wieder entfernt, um 1947 erneut aufgestellt zu werden.

54

Carl Georg Heise, Der Lübecker Barlach-Plan, *Herbst 1933*

Heute ist die Weiterführung des Planes ernstlich gefährdet. Zu den wirtschaftlichen Schwierigkeiten kam die öffentliche Verfemung Barlach'scher Kunst hinzu, die ab Frühling 1933 so heftig einsetzte, dass es manchen deutschen Museumsverwaltungen schon aus diesem Grunde unmöglich erschien, eine größere Arbeit Barlachs zu erwerben und auch die Privatsammler, die sich interessiert hatten, kopfscheu wurden.
Es kommt erschwerend hinzu, daß auch in Lübeck selbst mit einer heftigen Opposition gegen den Plan zu rechnen ist, die sich allerdings weniger gegen Barlach als vor allem gegen die angebliche Verunzierung des alten Bauwerks durch moderne Figuren wendet . . . Das lange Warten hat den Künstler selbst außerordentlich beunruhigt und entmutigt. Die grossen Monumentalfiguren auf eigene Rechnung und Gefahr weiter fortzuführen, ist ihm aus

äusseren und inneren Gründen ganz unmöglich: das finanzielle Risiko wäre zu gross und das Arbeiten ins Ungewisse gäbe gerade bei einer solchen Aufgabe nicht die rechte innere Triebkraft. Es kommt das bedrückende Gefühl hinzu, dass Barlach bei zuneh-

Die Nischenfiguren an der Katharinenkirche in Lübeck

menden Jahren und abnehmenden Kräften die Gefahr voraussieht, dass diese so gross begonnene Krönung seines Lebenswerks für immer ein Torso bleiben müsste. Er hat es kürzlich auch mir gegenüber abgelehnt, den Auftrag auf etwa nur eine einzige Figur anzunehmen, da damit das Ganze ja noch nicht gesichert sei und der Arbeitsaufwand sich nicht lohne. Er möchte, dass ihm die noch fehlenden fünf Figuren insgesamt in Auftrag gegeben werden und wäre dann – wenn ich ihn recht verstanden habe – auch zu einem entgegenkommenden Pauschalpreis bereit.

(Ernst Barlach – Gerhard Marcks. Der Lübecker Figurenfries. Eine Dokumentation, bearbeitet von Martina Rudloff, Bremen 1978, S. 42f.)

55
Nationalsozialistische Kunstpolitik im neuen Preußen

[...]
Die Kunstpolitik des Preußen von 1918 bis 1933 ist gekennzeichnet durch jene unglückselige Herrschaft blutleerer Literaten und Dogmatiker im Geiste Glasers, Osborns, Deris u. a. m., die als Knechte eines internationalen Kunsthandels nur die Aufgabe von Reklamechefs hatten, die den Anreißer bilden mußten für das Geschäft. Die Aera Simon und Seelig im Preußischen Kultusministerium, der die von Hübner folgte, eine so unglücklich wie die andere, sind in noch deutlicher Erinnerung, hatte sie doch Ankläger genug gefunden. Unter dieser Aera, unter der Kaesbach Direktor der Akademie in Düsseldorf wurde und die Männer wie Moll in Breslau, den Formalismus und Snobbismus auf den Schild erhob, ist nicht nur eine gesunde Fortentwicklung künstlerischen Lebens unterbrochen, sondern der Nachwuchs stark zersetzt worden.
Dieser Aera wurde mit einem Schlage ein Ende bereitet, als der Führer dem damaligen Gauleiter der N.S.D.A.P., Bernhard *Rust*, in Hannover das Reichskommissariat für das Preußische Kultusministerium übertrug.

Was der Vorgänger seinerzeit in langen Wochen nicht fertiggebracht hatte, wurde nun zur Tat. Unter die Aera der Zersetzung wurde der Schlußstrich gezogen. Nachdem die entsprechenden Maßnahmen auf dem Gebiet der Unterrichtsverwaltung getroffen waren, begann nach systematischer Vorbereitung der Minister die Säuberung der Kunstverwaltung. An den Staatlichen Kunstschulen begann die Reinigung. In Berlin wurde eine Reihe berüchtigter Lehrer an den Vereinigten Staatsschulen für freie und angewandte Kunst beurlaubt, u. a. der bekannte Kunstbolschewist Karl Hofer, dann Weiß, Oskar Schlemmer, an der Staatlichen Kunstschule der Professor Lahs.
[. . .] Der neue Aufbau aber muß alle Jungen und Alten umfassen und muß ihnen die Stelle zuweisen, die ihnen zukommt im künstlerischen Leben des Volkes. Er muß vor allem sorgsam die neuen Anfänge behüten, die sich wirklich ergeben, und muß die Männer repräsentativ herausstellen, die durch ihre Leistungen dem Volk in der Kunst Führer sind. Das ist mit der Berufung des alten Pg. *Kanoldt* zum Direktor in Berlin geschehen, er sowohl wie Radziwill, der nach Düsseldorf kam, sind nicht nur Künstler von Können, sondern haben als alte Parteigenossen manches erdulden müssen. – Wir wissen, daß Minister Rust nicht nur ein großes Verständnis für die Fragen der Kunst hat, sondern auch ein ganz sicheres Gefühl für das, was auf dem Gebiete der Kunst wesentlich ist, und das, was unecht ist. Die Zielklarheit des Ministers, die keine Uebereilungen auf diesem so schwierigen Gebiet zuläßt, ist aber auch eine Gewähr dafür, daß wirkliches Wachstum gefördert wird. Auf diesem Wege werden wir zu *der* deutschen Kunst kommen, die wir alle erhoffen. Dazu steht der Minister Rust als Führer in erster Reihe.
[. . .]

(Münchner Neueste Nachrichten, 27. September 1933; Verfasser ist Winfried Wendland)

56
Die Reichskulturkammer. Feierliche Eröffnung –
Die Rede des Reichsministers Dr. Goebbels

Im großen Saale der Berliner Philharmonie fand heute mittag die *feierliche Eröffnung der Reichskulturkammer* statt. Die Bedeutung des Tages wurde unterstrichen durch die Anwesenheit des *Reichskanzlers,* der Mitglieder der *Reichsregierung* und des *gesamten Diplomatischen Korps;* weiter sah man u. a. den bayerischen Kultusminister *Schemm,* Prinz *August Wilhelm* von Preußen, *Gerhart Hauptmann,* den Oberbürgermeister von Berlin Dr. *Sahm,* die Berliner Bürgermeister. Unter den Vertretern der schönen Künste bemerkte man noch Käthe *Dorsch,* Paul *Wegener,* Heinrich *George,* Werner *Krauß,* Karl Friedrich *Blunk,* Hermann *Stehr,* Hans *Johst,* Werner *Bäumelburg* und Hans *Grimm.*
Unter lautloser Stille betrat Reichskanzler Hitler mit den Mitgliedern der Reichsregierung den Saal, während alles von den Plätzen sich erhob und den Arm zum deutschen Gruß reckte. Er begrüßte zunächst die Mitglieder des Kabinetts und dann den Dichter Gerhart Hauptmann.
Auf ein Zeichen von Generalmusikdirektor *Furtwängler* setzte das Berliner Philharmonische Orchester mit der Ouvertüre zu »Egmont« ein. Rauschender Beifall folgte; dann brachte Friedrich *Kayßler* »Ueber das Erhabene« von Schiller zum Vortrag. Kammersänger Heinrich *Schlusnus* sang, begleitet von Franz *Rupp,* »An die Musik« von Franz Schubert und »Heimweh« von Hugo Wolf. Auf Wunsch des Führers sang er als Einlage noch »Zueignung« von Richard Strauß; sowohl ihm, als auch dem Komponisten dankte der Führer persönlich. Zum Schluß spielte das Philharmonische Orchester unter der Leitung von *Richard Strauß* das »Festliche Präludium« von Richard Strauß.
Mit starkem Beifall begrüßt, ergriff nunmehr der *Reichspropagandaminister Dr. Goebbels das Wort:*

Totale Revolution.

Mein Führer! Meine Damen und Herren! Die Revolution, die wir

gemacht haben, ist eine totale. Sie hat *alle* Gebiete des öffentlichen Lebens erfaßt und von Grund auf umgestaltet. Sie hat die Beziehungen der Menschen untereinander, die Beziehung der Menschen zum Staat und zu den Fragen des Daseins vollkommen geändert und neu geformt. Es war in der Tat der Durchbruch einer *jungen Weltanschauung,* die 14 Jahre lang in der Opposition um die Macht gekämpft hatte, um dann unter ihrer Zuhilfenahme dem deutschen Volk ein neues Staatsgebilde zu geben. Das, was sich seit dem 30. Januar abgespielt, ist nur der sichtbare Ausdruck dieses revolutionären Prozesses. [...]
Der neue Staat hat seine eigenen Gesetze. Ihm unterliegen alle, vom ersten bis zum letzten. Auch der *Künstler* hat die Pflicht, sie anzuerkennen und zur Richtschnur seines schöpferischen Handelns zu machen. *Darüber hinaus aber ist er frei und ungebunden.* Das beste ist gerade gut genug, dem deutschen Volke in seiner Not und Bedrängnis Speise der Seele zu geben. Der Staat hat hier nur die Pflicht zu fördern zu pflegen und dem Neuen die Wege freizumachen.

> Im Rahmen der Reichskulturkammer soll jede Konjunkturhascherei von vornherein ausgeschlossen sein. Wir wollen einen deutschen Künstlertyp züchten, der bewußt und offen, mit Stolz und Eigenart den Aufgaben dient, die die Zeit uns gegeben hat. Niemand fürchte, daß hier die Gesinnungshudelei eine Heimstätte finden könnte.

[...]
Die Feier schloß mit dem »Wacht auf«-Chor aus den Meistersingern von Richard Wagner, ausgeführt vom *Bruno-Kittelschen-Chor,* mit dem Philharmonischen Orchester.
Die feierliche Eröffnung der Reichskulturkammer wurde über alle deutschen Sender übertragen.

(Frankfurter Zeitung, 16. November 1933)

57

Brief an Paul Schurek, 28. November 1933

[...] am Sonntag sollte eine Morgenfeier (Motto: Barlach) im Schweriner Staatstheater sein. Zwei Tage vorher gab es eine schlichte Notiz (schlicht heißt: unbegründet, kraß, ohne Verbrämung): »abgesetzt«. Nun glauben Sie nur nicht, daß ich erschüttert war – ich bedaure nur den Herrn Professor G[ehrig], der seinen Vortrag ausgearbeitet hatte und nun ohne Verwendung dafür ist. Überhaupt, bislang kam das Theater zu mir, nicht ich zum Theater – und so werde ich es auf jede Gefahr weiter halten, so sehr ich Ihre Mühen und Sohlenverschleiße mit herzlichem Dank erkenne – laß fahren dahin!

[...]

(Barlach, Briefe II, S. 417)

58

Barlach. Ein deutscher Künstler lebt und wirkt

[...] Nach dem Krieg ist Barlach als Dichter und Bildhauer von einer jüngeren Generation etwas lärmend entdeckt worden; man hat versucht, ihn in den Streit der Weltanschauungen hineinzuziehen. Aber auch hier hat die Güstrower Einsiedelei gute Dienste geleistet. Als die Rostocker Universität den berühmt Gewordenen zum Ehrendoktor machen wollte, hat er abgelehnt. Er hat immer nur getan, was er wollte und innerlich mußte. [...]

Barlach ist einer der merkwürdigsten Köpfe, die Deutschland heute besitzt. Ein Original in dem Sinne, daß diese Mischung der Kräfte wirklich nur einmal da ist. Darum gehört er auch zu jenen deutschen Künstlern, von denen einzelne Werke im Ausland geschätzt werden mögen, die als Gesamtpersönlichkeit außerhalb der Grenzen aber unverstanden bleiben. In allem, was er macht, ist etwas Mundartliches, etwas Niederdeutsches. Es ließe sich von plattdeutscher Skulptur sprechen, wenn die strenge Form der Pla-

Ernst Barlach

am 2. Januar 65 Jahre alt!

Das plastische, graphische und dichterische Werk

Herausgegeben von

Carl Dietrich Carls

gibt uns einen Überblick und Einblick in das Gesamtschaffen dieses großen Künstlers unserer Zeit

Mit 85 Abbildungen, Kartoniert RM 4.20
Halbleinen RM 6.—, Ganzleinen RM 6.50

Aus den zahlreichen Presse-Urteilen der zweiten Auflage:

Wer diesen Bildhauer und Dichter liebt, dem wird diese Veröffentlichung von Carls eine besondere Freude bedeuten. Berliner Lokal-Anzeiger.

Es ist das unbestreitbare Verdienst Carls, daß er in diesem Buch den Künstler in seiner Totalität erfaßt. Die Kunst für Alle.

Über dieses schöne und wertvolle Werk sei vermerkt, daß es mit seltener Prägnanz und Eindringlichkeit die Grundzüge und daneben einige feinere Schwingungen der Barlachschen Persönlichkeit einfängt, festhält und lebendig werden läßt. Magdeburger Zeitung.

Man wird es als ein besonderes Verdienst des Verfassers würdigen müssen, daß er mit größter Klarheit und Sachlichkeit vorgegangen ist und eine Reihe von Mißverständnissen aus dem Wege geräumt hat. Deutsche Allgem. Zeitung.

Ein Muster kluger und starker Einfühlung. Die innere und äußere Entwicklung dieser Natur mit den zugehörigen Bilddokumenten vor sich ausgebreitet zu sehen, gewährt einen nicht alltäglichen Genuß. Der Bund, Bern.

Z

Rembrandt-Verlag G. m. b. H., Berlin

Anzeige des Rembrandt-Verlages im »Börsenblatt für den deutschen Buchhandel« vom 20. Dezember 1934

stik den Vergleich mit etwas Dialekthaftem nicht grundsätzlich verböte. [...]
Wenigen bin ich im Leben begegnet, die so frei sind von Zweckgesinnung. Darum paßt auch die stürmische Verherrlichung gewisser Bewunderer nicht zu seinem Wesen. Dieses Wesen ist erfüllt vom Geist gestaltenvoller Einsamkeit und hat darum etwas Zeitloses. Es kommt hinzu, daß Barlach aussieht, als sei er aus einem alten Bild, das die heilige Sippe darstellt, herabgestiegen und könne sich in dieser Welt nicht gleich zurechtfinden.

(Berliner Tageblatt, 24. Dezember 1933; Verfasser ist Karl Scheffler)

Karl Scheffler (1869–1951) war einer der bedeutendsten Kunstkritiker und, bis zu ihrer Einstellung im Juni 1933, Herausgeber der Zeitschrift »Kunst und Künstler«[11]. Dieser Artikel ist ein gutes Beispiel für die Sklavensprache, derer man sich im Dritten Reich bedienen mußte.

59

Brief an Carl Albert Lange, 25. Dezember 1933

[...] Zu Weihnachten bin ich in den Besitz einer großmächtigen Ahnentafel gelangt, die andere für mich mit saurem Schweiße gefüllt haben, ihr Anblick gibt mir Gram in den schon an sich gelegentlich grämlichen Busen, – zu denken, daß sowas nötig, ja fast unerläßlich ist! Ich möchte sie im Berserkerzorn lieber zerquetschen als verwahren – und was macht man mit der »Verbandsnadel« des Reichsverbandes deutscher Schriftsteller e. V. Reichsführung, für die ich eine Reichsmark zahlen soll? Meine Mitgliedsnummer ist 5865. Bisher war ich ein freier Mann, der die Feder wie den Meißel beliebig schwang, jetzt reguliert, katalogisiert, eingereiht und mit einer Nadel beglückt! Ob man das Ding anstecken muß? [...]

(Barlach, Briefe II, S. 425)

60

Die Entlassung von Carl Georg Heise

[. . .] Am 29. September wurde Dr. Carl Georg Heise, der seit Mai 1920 Direktor des Museums gewesen ist, nach § 6 des Gesetzes zur Wiederherstellung des Berufsbeamtentums in den Ruhestand versetzt. Hierfür waren, wie ein von der Kultusverwaltung ausgestelltes Zeugnis bestätigt, keine politischen Gründe maßgebend, sondern lediglich sein lebhaftes Eintreten für umstrittene neuere deutsche Kunst – Nolde, Barlach u. a. –, durch das er sich nicht in Übereinstimmung mit führenden Männern der neuen Regierung in Lübeck befand. Seiner Wiederverwendung an anderer Stelle steht nichts entgegen. [. . .]

(Rudolf Keibel, Vorwort, in: Lübecker Kunstpflege 1920–1930, herausgegeben von Carl Georg Heise, Lübeck 1934, S. XI)

61

Die Kunst Ernst Barlachs

[. . .] Die nächsten Verwandten der Barlachschen Holzfiguren sind vielmehr die Bildwerke des endenden fünfzehnten und beginnenden sechzehnten Jahrhunderts, die schweren und zugleich dramatisch bewegten Gestalten eines Adam Krafft oder – um Barlachs Heimat näher zu bleiben – eines Claus Berg.

(Alfred Hentzen, Deutsche Bildhauer der Gegenwart, Berlin 1934, S. 17)

Alfred Hentzen war damals Kustos an der Berliner Nationalgalerie und wurde 1958 Direktor der Hamburger Kunsthalle. Sein hier zitiertes Buch »Deutsche Bildhauer der Gegenwart» trat stark für die Moderne ein, acht von 110 Abbildungen zeigten Werke von Barlach. Neben ihm stellte er Wilhelm Lehmbruck und Georg Kolbe als die anderen großen Namen heraus. Später erschien als offiziöser Ersatz für Hentzens Darstellung: Bruno E. Werner, »Die Deutsche Plastik der Gegenwart«, Berlin 1940.

Aber auch dieses Buch fiel so wenig nach dem Geschmack der Machthaber aus, daß es bei Erscheinen sofort verboten wurde.

62
Ernst Barlach nationalsozialistisch gesehen

[. . .]

Niemand wird den Könner Ernst Barlach anzweifeln. Mit überragender Virtuosität weiß er Stoff und Linien zu formen. Aber seine Art ist nicht unsere Art, sein Blut nicht unser Blut.

Wenn die Weltanschauung des Nationalsozialismus eine heroische ist, so sucht man etwas Gleiches oder auch nur Verwandtes bei Barlach vergeblich. Nichts Gleichklingendes finden wir da. Da nützt auch ein krampfhaftes äußerliches »Gleichschalten« nichts, jene heute ja so beliebte geistige Lebensversicherung. [. . .] Fragt man sich von dieser Schau aus nun, wie die Stellung zu Nolde und Barlach sein müsse, so wird man, so glaube ich wenigstens für meine Person, sagen können, daß beide Künstler zweifellos eine ausgesprochene Begabung aufweisen, eine Seelandschaft von Nolde z. B. im Kronprinzenpalais ist stark und wuchtig gemalt. Daneben hängen aber einige Bildnisversuche: negroid, pietätlos, roh und bar jeder echten inneren Formkraft. Barlach seinerseits beherrscht sein Material virtuos, und seiner Schnitzkunst wird niemand Monumentalität absprechen. Aber was er an Menschen gestaltet, das ist *fremd*: erdversklavte Massigkeit und Freude an der Wucht, der Schwere der Materie. Das sind keine mecklenburgischen Bauern, oh nein, diese schreiten ganz anders über die Erde als jenes Barlachsche Menschentum! [. . .] Immer nur das Unheroische, das Leben Verneinende, Herabsinkende, Herabziehende, Deprimierende, Erdgefesselte. Und man vergleiche einmal damit einige der Figuren vom Bamberger Dom, Naumburger Dom, Straßburger Münster! Welch weltenweiter Unterschied! Und zwar Unterschied in der inneren Haltung. Und doch hat man vor kurzem erst einmal Gotik und Barlach gleichzusetzen versucht!

Der Apostel Andreas von Claus Berg im Güstrower Dom

Und noch ein Weiteres: Was sind das eigentlich für Menschen in rassischer Beziehung, die Barlach darstellt, darstellen muß aus seiner eigenen Art und eigenem Blut heraus? Sind das Menschen von unserer Art? Die Antwort ist eindeutig. Denn wir sind doch schon zu feinfühlig geworden, als daß uns diese Frage nicht sofort erwächst, feinfühlig in unserm Rasseinstinkt.
Alles über den Plastiker und Graphiker Barlach Gesagte paßt auch für den Dichter. Doch ist hier nicht mehr der Platz, darauf einzugehen.
Bei der wahren Kunst entscheidet nicht das Können, sondern der volksartverbundene, volksartentsprossene Gehalt eines Kunstwerks. Hier nützt auch alles äußere Gleichschalten nichts. Hier ist an uns, die Augen offen zu halten. Hier führt uns nur reinliche Scheidung ohne jede Rücksichtnahme zur Klarheit!
(Schweriner Zeitung, Januar 1934; Verfasser ist H. Lübeß)

Der Mittelteil des Artikels ist wörtlich von Alfred Rosenberg übernommen (Nr. 49).

63
Das Geltungsbedürfnis der Zwanzigtausend

[. . .]
Der Staat hat den Künstlern durch den Reichsminister Goebbels die größtmögliche Freiheit innerhalb der Staatsgesetze zugestanden. Wir müssen nun das Zeug dazu haben, innerhalb dieser Freiheit das Notwendige selbst zu tun. Der heutige Kunstbetrieb wird uns nie eine starke Wirkung auf das Volk ermöglichen. Die Maler selbst werden ihn daher faschistisch umgestalten. [. . .]
(Kunst der Nation, 1. Januar 1934; Verfasser ist Otto Andreas Schreiber)

Illustration für diesen großen Leitartikel war »Der Spaziergänger« von Barlach. »Kunst der Nation« war das Sprachrohr jener Nazis, die sich um die Anerkennung des Expressionismus bemüh-

ten. Die Zeitschrift, die immer wieder auch für Barlach eintrat, erschien seit Ende 1933 und wurde 1935 verboten; zu ihren Mitarbeitern gehörten auch Leute wie Werner Haftmann, Wilhelm Pinder und Bruno E. Werner.

64
Ernst Barlach, dem Niedersachsen, zum Geburtstage

[. . .] Ernst Barlachs Ahnentafel, soweit sie bisher vorliegt (eine vollständige Veröffentlichung wird folgen, sobald die Arbeit bis zur V. Generation hinauf fertiggestellt sein wird), gibt die Probe auf das Exempel: sie beweist, was schon die Enkeltafel nach dem Ururgroßvater, dem Schneidermeister Nicolaus Gottlieb in Eckernförde, vermuten ließ, ausnahmslos niederdeutsches Blut, schleswig-holsteinsche Heimat. [. . .] Alle diese Menschen wohnen ganz dicht, ganz unmittelbar am Leben. Das schwere Land mit seinen langen Wintern und den blühend bunten, kurzen Sommern, die blaue See und der Nordwest, der ewig über beide weht, sind ihre Heimat, und kein einziger ist darunter, der fremd wäre, der nicht dieser Heimat Blut in den Adern getragen und es an Kind und Enkel weitergegeben hätte. [. . .] Und ihrer aller Sohn, der Erbe all dieses adernreinen niedersächsischen Blutes, trägt dieses Vermächtnis zutiefst in seinem Wesen und kann nicht anders, als alle erdgebundene Schwere dieser Heimat und alles Wissen um den wuchtenden Schritt ihrer Menschen, um ihre schwielenharte Arbeit und ihr knorriges Grübeln, ihr Ringen mit dem Leben und ihren Jakobskampf mit Gott, die ganze heilige Last niederdeutschen Adernerbes, Gestalt werden zu lassen, zu Gestalten, denen er den lebenden Odem seiner Seele einhaucht. Diese Seele aber ist ganz angefüllt von Verstehen und von Liebe zu den Menschen, welch beides im reifenden Schweigen langer Einsamkeiten der Fruchtbarkeit entgegenwuchs.

(Mecklenburgische Monatshefte, Januar 1934, S. 24, 26; Verfasser ist Friedrich Droß)

Dieser umfangreiche Artikel, der den 64. Geburtstag des Künstlers zum Vorwand für sein Erscheinen nahm, sollte endlich die letzten Zweifel daran beseitigen, daß Barlach ausschließlich arische Vorfahren habe. Dies galt bereits als Widersetzlichkeit und hatte eine Rüge zur Folge.

65
Familienforschung beendigt den Streit um Barlach

[...] Dieser Artikel stellt nicht nur eine schöne Geburtstagsehrung für den Meister dar, sondern er wird die Diskussion des »Falles Barlach« endlich klären und dem Abschluß entgegenführen. [...] Hier setzte Professor *Rüdin* von der Vererbungsabteilung des Kaiser-Wilhelm-Instituts in München mit ergänzenden Forschungen ein; Rüdin ging dem auffallenden Vorkommen der Doppelbegabung für bildende Kunst und Dichtung in der Familie Barlach wissenschaftlich nach.
Aus den Ermittlungen beider Forscher ergibt sich, daß kein einziger Barlach fremden Stammes war. [...]
Wir freuen uns der von Droß und Rüdin ermittelten Tatsachen, weil sie geeignet sind, dem Meister endlich Raum und Ruhe zur Krönung seines großen Lebenswerkes wiederzugeben. Daß eine Diskussion pro und contra Barlach überhaupt entstehen konnte, ist lediglich darauf zurückzuführen, daß der Einfluß einer kurzen Rußlandreise des Künstlers auf sein Schaffen in verhängnisvoller Weise überschätzt wurde. Nach der Veröffentlichung Dr. Droß' muß man dieses schwerwiegende Argument gegen Barlachs Kunst als zurückgewiesen betrachten. Die intuitive Deutung P. F. *Schmidts* in einem der letzten Hefte des »Deutschen Volkstums« gilt heute als wissenschaftlich bestätigt: »So völlig nordische Erscheinungen wie Barlach, die bis ins Tiefste erschüttert werden von den Abgründen des Lebens, sind ganz undenkbar in Frankreich und Italien. Sie sind die Erben *des* Geistes, der romanische und spätgotische Säulenheilige und Gemarterte geschaffen

hat, Blut von ihrem Blute, so nahe der Identität, daß man oft und leicht ihre Werke gegeneinander austauschen und einem unbefangenen Betrachter vorlegen könnte zur vergeblichen Beantwortung der Frage: was gehört hier dem 14. oder 15. Jahrhundert an – und was dem 20. Jahrhundert? Die Antwort lautet schlechthin: dies ist zeitlos, nordisch, deutsch, germanischen Blutes«.

(Hamburger Anzeiger, 2. Januar 1934)

66

Brief an Hans Barlach, 4. Januar 1934

[. . .] Meine Situation läßt sich am besten so ausdrücken, wie ein Theaterdirektor sie formulierte: Barlach ist umstritten, und so wird in absehbarer Zeit nichts aufgeführt. So geht es überall – und selbst Private, die irgendwie bloßgestellt werden können, sei es auch nur, weil sie mir übelgesinnte Vorgesetzte haben, wagen nichts mit mir. Museen, wie ich schon schrieb, gleichfalls nicht. [. . .] In der Verborgenheit der Büsche stecken diejenigen, die mich Jude nennen, die ich aber nicht fassen kann, die mich für ostisch und minderwertig erklären. Das Wasserabgraben geschieht geräuschlos und *völlig* anonym. Daß viele hervorragende Nationalsozialisten für mich sind, nützt mir gar nichts. Es sind doch einzelne.

[. . .]

(Barlach, Briefe II, S. 433)

67

»Zwingende Atmosphären . . .«

[. . .]

Es bedeutet ein bewußtes Sich-Widersetzen gegen die werbendzwingenden neuen Ideen, die inneres Gesetz sein sollten, wenn die bekannten »Mecklenburgischen Monatshefte« sich weiter ganz entschieden für *Ernst Barlach* einsetzen, dessen Werk wir um unsres Volkes willen als fremd, als beinahe asiatisch, unbegreiflich, ja feindlich ablehnen müssen.

[. . .]

Man kann »tolerant« sein und zu all den ästhetischen Vergiftungsversuchen, die mit Vorliebe in die Farben und Stimmungen der Kirche gekleidet werden, schweigen und warten, bis vielleicht »von oben her« etwas geschieht. Aber das wäre pflichtvergessen und bequem. Das Volk selbst muß sich wehren und aufstehen gegen jeden neuen Vergiftungsversuch. Juda muß einmal endgültig ausgetrieben sein, wenn unsre Jugend einst sicher und stark in einem reinen, großen Deutschland leben und wirken soll. Wenn wir nicht wollen, daß wir eines Tages, und immer wieder . . ., »Scherben« sehen, dann müssen wir als ganze Nation jene »zwingende Atmosphäre« schaffen mit unsrer Begeisterung und reinem unerbittlichen Fanatismus, deren Kraft auch den Letzten im Volk in ihren Bann zwingt!

(Niederdeutscher Beobachter, 17. Januar 1934; Verfasser ist Friedrich Schmidt)

68

Die Rede des Gauleiters über die Aufgaben der Kunst

[. . .]

Ernst Barlach mag ein Künstler sein, aber er ist dem deutschen Wesen fremd. Der Künstlerstand hat die Pflicht, den deutschen Menschen zu verstehen in seiner einfachen Echtheit so, wie er von Gott geschaffen ist. Auch das laienhafte Empfinden muß ihn verstehen (Beifall). Der deutsche Mensch kennt nicht den Bauern als einen faul auf die Erde gestreckten Menschen, sondern als den harten, selbstbewußten Mann, der gewillt ist, alle Schwierigkeiten zu überwinden, der mit brutaler Faust, mit dem Schwert in der Hand sich den Weg bahnt. [. . .]

(Lübecker General-Anzeiger, 18. Februar 1934)

Friedrich Hildebrandt, Gauleiter und Reichsstatthalter für Mecklenburg und Lübeck, hatte die undankbare Aufgabe, die ablehnende Haltung seiner Partei zu exekutieren. Barlach, der in seinem Gaugebiet wohnte, schrieb einen ausführlichen Beschwerdebrief wegen seiner Behinderungen an Hildebrandt, den dieser auch beantwortete, ohne daß eine persönliche Meinung zu Barlachs Kunst erkennbar wird.

69
»Freie Kunstschau Berlin 1934«

Prof. *Sandkuhl* hat in rühriger Initiative eine sehr geordnete, sehr gesiebte Ausstellung in der Bellevuestraße 7 zusammengebracht. Seit langer Zeit bekommen wir hier *Barlach* in größerer Fülle zu sehen. Auch sonst herrscht die Ausdruckskunst vor (und viele werden das tadeln). [. . .]
Nun glaube keiner, es sei mit der Ausdruckskunst vorbei. Man erschaue sich vor den Plastiken Barlachs und einer Porträtbüste Marie M. von Gerhard Marcks das Gegenteil. Niederdeutsch bis in die Wurzeln und allein das Sehen der Ausstellung wert: die gefesselte Hexe von Barlach. [. . .]
(Berliner Nachrichten, 20. Februar 1934; Verfasser ist Erwin Kühl)

70
Künstler und Volk

Die Freie Kunstschau hat den Ehrgeiz, neue Kräfte zu zeigen, Kräfte, die sich noch nicht haben durchsetzen können. Diesmal bemüht sie sich jedoch mehr um einige Künstler, die beim Kampf um eine neue deutsche Kunst heftig umstritten worden sind.
Den Mittelpunkt nimmt *Ernst Barlach* ein. So gewiß Barlachs Kunst triebhaft und gefühlsmäßig bedrängte Menschen in einer

schweren ungefügen Form darstellt, die in keiner Weise ein Schönheitsideal erfüllt, so ist diese Kunst doch in ihrer erdhaft dumpfen Form echt und stark. Sie weist gewiß nach dem Osten, aber auch nach dem germanischen Norden. Sie verherrlicht zwar mehr, aber doch nicht ausschließlich den demütigen und den bedrängten Menschen. Darum ist Barlach eine Darstellung des Krieges und des Kriegers nicht gegeben. Denn auch dort, wo Barlachs Gestalten trotzig aufbegehren, bleiben sie in der Vereinzelung. Sie stehen für das Gefühl eines Einzelnen und nicht für den Willen einer Gesamtheit. So ist z. B. der Rächer, den die Ausstellung zeigt. So ist auch der Schwertzieher. Barlach typisiert individuelle Gefühle. Darauf ist wohl die Abneigung vieler heute zurückzuführen. Trotzdem bleibt er ein ringender deutscher Künstler. Keiner vermag den gequälten, leidenden, dabei aber in sein Schicksal demütig ergebenen Menschen so ergreifend darzustellen. Gerade diese Schicksalsgläubigkeit ist deutsch. In Barlach ist zwar nur selten ein sieghaft aufbegehrender, wohl aber ein leidenschaftlich sich bewahren Trotz. Damit bewahrte Barlach in den Jahren des mechanistischen Hexentanzes auf seine Weise ein Stück deutsche Seele, der mehr von der Versunkenheit des Mittelalters, als von der Helle und Aufgeschlossenheit der Gegenwart anhaftet, die aber gerade darum z. B. zu einer gotischen Fassade paßt. Es bestand bekanntlich der Plan, daß Barlach für die Fassade der Katharinenkirche in Lübeck 16 Figuren schaffen sollte? »Gemeinschaft der Heiligen« hat er sie genannt; Kämpfende, Leidende, Selige. Die Ausstellung zeigt die Zeichnungen. Es ist ein schöner geschlossener Zyklus. Es wäre schade, wenn er nicht zu Ende geführt würde, auch wenn die Kämpfenden vielleicht nicht so werden, wie wir sie uns heute vorstellen. [...]

(Berliner Börsenzeitung, 20. Februar 1934; Verfasser ist Wilhelm Westecker)

71

Brief an Friedrich Hildebrandt, 6. März 1934

[. . .]

Ich erlebe, neben manchem anderen, daß eine Morgenfeier für mich im Schweriner Staatstheater »abgesetzt« wird, kurz vor dem bestimmten Termin, ohne Benachrichtigung an mich, ohne Angabe der Gründe in der Presse. Diese derart unbegründete Absetzung hat natürlich allen möglichen, mir ungünstigen Vermutungen Tür und Tor geöffnet.

Für die Ausstellung von Porträts mecklenburgischer Persönlichkeiten und solcher, die als ausdrücklich für Mecklenburg in Betracht kommend bezeichnet wurden, gab ich an den Rostocker Kunstverein vier Arbeiten. Wohlverstanden: aufgefordert und ohne, daß ich mich darum bemüht hätte. Diese Arbeiten mußten entfernt werden, wiederum, ohne daß ich von einer solchen Maßnahme, die einer Maßregelung gleicht, unterrichtet oder daß Gründe dafür anzuführen für nötig gehalten wurde.

Ich bitte Sie nun, Herr Reichsstatthalter, sich zu vergegenwärtigen, welcher Ratlosigkeit ich in bezug auf Rechte, die ich als Bürger dieses Landes habe, anheimfallen muß. Hinsichtlich dieser Rechte drängt es mich, von Ihnen ein offenes Wort, eine Bestätigung und unmißverständliche Stellungnahme zu erfahren. Ich glaube, hierauf einen Anspruch zu haben, da ich für meine Person so fest im Lande verwurzelt bin, daß der Gedanke, fortzugehen, mein Heil als Emigrant zu suchen, mir himmelfern steht. Ich werde auf meinem Platze aushalten, wie es auch kommen möge – nur, daß ich eines sicheren Anhaltes dafür bedarf, wie ich mich in Anbetracht der Schädigung meines Rufes durch obengenannte und andere immerhin auch nachteilig wirkende Erfahrungen hinfort einzurichten habe und ob dergleichen bei künstlerischen Gelegenheiten ähnlicher Art weiter zu gewärtigen sei.

[. . .]

(Barlach, Briefe II, S. 448f.)

72

Brief an Hans Barlach, 26. April 1934

[. . .] Ich habe beim mecklenbg. Reichsstatthalter angefragt, welche Rechte ich als Künstler in diesem Lande habe, und um Schutz gegen geheime Machenschaften gebeten. Antwort: Belehrung über meine Arbeit, wie sie anders zu sein habe – sonst nichts. Von Schutz gegen Wühlmäuse keine Rede. Wasserabgrabung scheint ausdrücklich gestattet [. . .]

(Barlach, Briefe II, S. 464)

73

Ernst Barlachs dramatisches Werk

Ernst Barlach ist mit seinem gesamten dramatischen Werk in den »Neuen Bühnenverlag« im Verlag für Kulturpolitik übergegangen. Der große deutsche Dichter, Plastiker und Graphiker begeht in der kommenden Spielzeit seinen 65. Geburtstag. Führende deutsche Bühnen bereiten aus diesem Anlaß die Wiederaufnahme eines seiner Dramen in ihren Spielplan vor.

(Berliner Börsenzeitung, 9. März 1934)

74

Warnende Zeichen

[. . .] Auf dem Gebiet der *bildenden Kunst* erleben wir heute eine geradezu konzentrische Tätigkeit in der gleichgeschalteten Presse, die uns immer wieder Klee, Dix, Pechstein, Barlach und Nolde nebst ihren Vorgängern und Nachfolgern als die Künstler *unserer* Zeit aufzuschwatzen versucht. Dabei braucht man nur die neue Kunstschau der Juryfreien in der Bellevuestraße zu besuchen, um das glotzende Elend naturentfremdeter Antikünstler erschreckt

zu erleben. Was sich dort – und anderswo – an monströser Anmaßung, gepaart mit fürchterlichstem Unvermögen offenbart, ist genau das Gleiche, was wir 10 Jahre lang erlebt, durchlebt und *erbittert bekämpft haben*! Das ist – abgesehen von einzelnen Harmlosigkeiten – nicht eine Ausstellung deutscher Künstler, sondern ein Raritätenkabinett von Erzeugnissen kranker Hirne. Und daß sich *Barlach* in dieser Gesellschaft befindet, ist ebenso ein Fingerzeig für ihn wie charakteristisch für die seelischen Zusammenhänge seiner Anhänger. Daß Barlach rein technisch besser ist, als die anderen, steht außer Frage; aber daß hier von seinen Bewunderern Hingebung mit halber Idiotie verwechselt wird, bildet jene Scheidewand, die uns von seinen Verteidigern trennt.
[. . .]

(Völkischer Beobachter, 10. März 1934; Verfasser ist Alfred Rosenberg)

75

Brief an Paul Schurek, 30. März 1934

[. . .] Ihre schöne Schilderung des ›Boll‹-Abends sei gepriesen – ich lese sie noch öfters, können Sie glauben. Auch Dank für die Zeitung, die ich allerdings wohl nicht zweimal lesen werde – immerhin ist das Stück nicht verboten und das Blatt nicht gemaßregelt, das ist ein überwältigender Erfolg, geradezu ein Silberstreifen. Hier wagt man sowas nicht, die ›Mecklbg. Monatshefte‹ [wurden] wegen eines Aufsatzes, der mich (und »Familie«, lies: arische Abstammung) betraf, wegen »absichtlicher Widersetzlichkeit« gerüffelt.
[. . .]

(Barlach, Briefe II, S. 460)

»Der blaue Boll« wurde am 26. März 1934 im Stadttheater Altona aufgeführt; nach zwölf Vorstellungen wurde das Stück abgesetzt.

76
Fortsetzung des Expressionismus

[. . .] Wenn wir jungen Maler an der Wende des Jahrhunderts gelebt hätten und wir wären keine knochenweichen Jünglinge, sondern Kerle gewesen, dann hätten auch wir darauf verzichtet, Makart, Lenbach, von Werner, Feuerbach usw. weiterzuentwikkeln, wir hätten unser ganzes Temperament daran gesetzt, eine andere Sehweise als jene zu vertreten, ganz von neuem zu beginnen und der Zukunft künstlerisches Neuland zu erobern. – Der Expressionismus hat für die allgemeine Kunstanschauung unabsehbare Folgen gehabt, und es bleibt der Zukunft vorbehalten, ob diese Folgen nicht größer und bedeutender sein werden als der Anfang selbst. – In welchem Verhältnis stehen die heutigen jungen Maler zu den Expressionisten? Die Antwort ist ganz einfach: Die jungen Maler verstehen unter Tradition, die Werte der Vergangenheit zu erkennen, und verstehen unter Malerei, die eigene Persönlichkeit in Bildwerken zum Ausdruck zu bringen. Sie bauen daher sine ira et studio auf den künstlerischen Erfahrungen im Gebiet der Farbe und Form, die sie vorfinden, weiter. Durch diese organische Kontinuierlichkeit ist eine Höherentwicklung der deutschen Malerei zu erhoffen. [. . .]

(Kunst der Nation, 1. April 1934; Verfasser ist Otto Andreas Schreiber)

77
Der Fall Barlach

[. . .]

Am stärksten war Ablehnung und Auflehnung gegen Barlach aber wegen seines Magdeburger Gefallenendenkmals. Es ist gar nicht zu leugnen, daß dieses Werk tiefen Eindruck macht, alle Skalen von der Erschütterung bis zur Empörung durchlaufend. Wäre das ein Werk von einem anderen Stern oder wenigstens aus einem weitabliegenden Land primitiver Erdbewohner, so dürfte es unseres Beifalls gewiß sein. Im Ausdruck ist es auf seine Weise unerhört stark. Aber eben fremd, fremd und noch einmal fremd. Und da es nun immer fremd bleibt, auch wenn wir es wieder und wieder betrachten, muß es aus einem Geist sein, der nicht der unsere ist. Wäre es nur genial-befremdlich, also romantisch, so müßten wir ihm allmählich näher kommen und sagen: ja, das ist Fleisch von meinem Fleisch, Geist von meinem Geist. Doch das bleibt aus. Das sind keine deutschen Krieger, auch keine toten deutschen Krieger, das sind »ausgeblasene Irrwische der Mitternacht«. Das nun als Denkmal öffentlich aufzustellen, mußte provozierend wirken. Jeder deutsche Frontsoldat (außer einigen Verbildeten) hätte das vorhergesagt. So will ein großes, tapferes Volk seine Gefallenen nicht sehen. Denn es sieht sie im Geiste. Es sieht sie als Lebende.

[. . .]

(Der Reichsbote, 7. April 1934)

78

Reichskammer der bildenden Künste, Stellungnahme, 19. April 1934

Der Barlach-Plan des Herrn Dr. C. G. Heise ist ganz berechnet auf die Verwendung der 3 schon vorhandenen bezw. der noch zu erwerbenden Figuren zur Ausschmückung der gotischen Katharinen-Kirche in Lübeck. In erster Linie hätte also das Reichsinnenministerium (Heimatschutz und Denkmalpflege) zu entscheiden, ob dieses historische Bauwerk für die Aufstellung neuzeitlicher Bildwerke herangezogen werden kann. Die Betrauung nur eines Künstlers mit dieser Aufgabe erscheint jedoch vom Standpunkt der allgemeinen Arbeitsbeschaffung für die notleidenden deutschen Künstler bedenklich, zumal die grosse Zahl der jetzt leeren Nischen sehr wohl einer ganzen Reihe von lebenden Bildhauern Arbeit verschaffen könnte.

Die Genehmigung des Reichsinnenministeriums zur Verwendung der Katharinen-Kirche vorausgesetzt, könnte etwa durch einen für alle deutschen Bildhauer ausgeschriebenen Wettbewerb eine Sammlung neuzeitlicher kirchlicher Figurenplastik entstehen, die auf lange Zeit hinaus ein lebendiges Denkmal der deutschen Bildhauerei der jetzigen Generation bilden würde.

(Barlach – Marcks, S. 43)

79
Besuch bei Barlach

[. . .]

Im Juni 1934 hatte ich mich wieder einmal nach Güstrow aufgemacht. Barlach stand an der Sperre. Er war sichtlich ein gutes Stück älter und grauer geworden. Wir aßen gleich am Bahnhof zu Mittag. Dann bestellte er ein Auto. Seit meinem letzten Besuch im Oktober 1928 hatten sich die Zeiten gewaltig verschlimmert. »Ich fahre jetzt nur noch im geschlossenen Auto durch Güstrow. Ich will mich dort nicht mehr sehn lassen. Soll es etwa einen Streit auf offner Straße geben?« Man hat Drohungen gegen ihn ausgestoßen: »Die Nazis rufen: ›Das ganze Judenhaus – damit meinen sie mein Haus! – muß ausgeräumt werden!‹ Dabei ist weit und breit kein Jude. Nun, der Kreisleiter von Güstrow hat sich herbeigelassen, einstweilen jede Belästigung zu verbieten. Seit wann ist so etwas in Deutschland nötig?« –

[. . .]

(Reinhard Piper, Mein Leben als Verleger. Vormittag – Nachmittag, München 1964, S. 434)

80

Brief an Hans Barlach, 31. August 1934

[. . .]
Ich habe den Aufruf der »Kulturschaffenden« mitunterschrieben, bin also den Vorwurf, Kulturbolschewismus zu treiben, los, bis man ihn wieder aus der Kiste holt.
[. . .]
(Barlach, Briefe II, S. 490)

Der Aufruf unterstützte die Volksabstimmung vom 19. August 1934 zur Zusammenlegung der Ämter des Reichskanzlers und des Reichspräsidenten, nachdem Hindenburg gestorben war. Goebbels versuchte auch, möglichst viele nichtnationalsozialistische Intellektuelle für den Aufruf zu gewinnen, was ihm heftige Kritik von Rosenberg eintrug. Der Ministerialrat Otto von Keudell, der Barlachs Zustimmung eingeholt hatte, wurde wenig später entfernt[11a].

81

Alfred Rosenberg, Brief an Joseph Goebbels, 30. August 1934

[. . .]
Ihren Brief, in dem Sie über die Wahlaufrufe an die Kulturschaffenden schreiben, habe ich erhalten. Der Vergleich zwischen der Aufforderung der katholischen Bischöfe und der an Barlach, Nolde und Mies van der Rohe ist meiner Ansicht nach ein keiner Weise haltbar, denn die betreffenden katholischen Bischöfe hat die Partei persönlich und in ihrer Arbeit niemals angegriffen und deshalb war eine Aufforderung umsomehr verständlich, als der Führer stets das staatliche Prinzip religiöser Duldsamkeit auch ihnen gegenüber verkündet hatte. Im gegebenen Falle aber handelt es sich um klar umrissene Künstlerpersönlichkeiten, die vom

Führer persönlich eindeutig abgelehnt worden sind. Diese Ablehnung ist auch mehrfach mit grosser Eindeutigkeit öffentlich ausgesprochen worden und deshalb bleibt es nach wie vor bedauerlich, dass gerade diese angegriffenen Persönlichkeiten aufgefordert wurden, den veröffentlichten Aufsatz zu unterschreiben.
[...]
(Archiv des Instituts für Zeitgeschichte, Bestand MA-596)

82
Alfred Rosenberg, Brief an Bernhard Rust, 14. September 1934

[...] Infolge der mir vom Führer in bezug auf die weltanschauliche Schulung und Überwachung der Partei übertragenen Verantwortung sehe ich mich veranlasst, Ihre Aufmerksamkeit auf die im Falle des Barlachschen Magdeburger Ehrenmals getroffenen Massnahmen Ihres Ministeriums zu lenken.
Bereits die vor einiger Zeit durch die Presse gegangene offizielle Meldung, dass auf Drängen der Bevölkerung das Barlachsche Ehrenmal aus dem Magdeburger Dom entfernt und seine Ueberweisung an die Berliner Nationalgalerie veranlasst worden sei, hat in weitesten Kreisen des Volkes und vor allem der Parteigenossenschaft stärkste Bestürzung hervorgerufen. Es wird nicht verstanden, wenn bei einem zumindest sehr problematischen Bildwerk, gegen das wir protestiert haben, der Protest scheinbar dadurch unwirksam gemacht werden soll, dass es an einer wichtigen Stelle der Kunst- und Kulturrepräsentation aufgestellt wird. Diese Plazierung in der Nationalgalerie könnte im Sinne der grundsätzlichen Forderungen des Nationalsozialismus an die Museen, eine Stätte höchster künstlerischer Wertung und vorbildlicher Leistung zu sein, nur als Auszeichnung aufgefasst werden, wenn man nicht, was kulturpolitisch ebenso unverständlich wäre, auch im nationalsozialistischen Staate im Geist des vergangenen Kulturliberalismus die Museen als »Krankenhäuser der Kunst« ansehen will. [...]

Sollte hier tatsächlich von staatlicher Seite für eine Kunstanschauung und für ein Werk, das den Geist des Verfalls geradezu klassisch verkörpert, und gegen das ich als bevollmächtigter Wortführer der Partei öffentlich Stellung genommen habe, eingetreten werden, so müsste eine Kluft auf dem Gebiete der Kulturanschauung entstehen, die sich als Gefährdung der Kulturerziehungsarbeit der Bewegung auswirken müsste.
Wenn ich auch verstehen kann, dass man gewisse menschliche Rücksichten für Barlach sprechen lassen kann, so geht es doch keinesfalls an, dass man wegen einer Person, deren künstlerische Bedeutung zumindest umstritten ist, dem Volke den Ausdruck einer fremden Weltanschauung aufzwingt und das Kunstprogramm der Bewegung und die klare, besonders jetzt wieder in Nürnberg eindeutig zum Ausdruck gekommene Willensmeinung des Führers ausser acht lässt.
Ich bin überzeugt, dass die Verantwortung in dieser Angelegenheit untergeordnete Instanzen tragen und dass Sie meine Ansicht über diese völlig untragbare Lösung des Problems Barlach teilen.
Ich bitte Sie daher um Abhilfe dieses Missstandes, da sich dessen Fortbestehen bei der darüber herrschenden Erregung zu einem öffentlichen Skandal entwickeln würde.
Es wird sicher keine Schwierigkeiten bereiten, das erwähnte Streitobjekt, ohne deshalb die Leidenschaften erneut aufzurühren, möglichst unbemerkt zu entfernen. [. . .]

(wie Nr. 81)

Auf Rosenbergs Proteste hin wurde das Ehrenmal ins Magazin verbracht, wo es Besuchern auf Verlangen gezeigt wurde (zum Beispiel Käthe Kollwitz).
Der folgende Brief antwortet einem Kritiker der Unterzeichnung des »Aufrufs der Kulturschaffenden«.

83

Brief an Willy Katz, 15. September 1934

[. . .] Also: was ich geschrieben, habe ich geschrieben. Soviel kann ich Ihnen heute antworten. Sodann: seit längerem, sagen wir Jahresfrist, wo nicht noch länger, rate ich allen jüngeren und jungen Freunden, sich der NSDAP anzugliedern, das beste Blut, die besten Charaktereigenschaften sind für sie gerade gut genug, diese Haltung denke ich zu bewahren, wie mein Glaube an eine wünschbare und notwendig zu fordernde Entwicklung ausreicht. Ich selbst kann das gleiche nicht. Ich bin politisch Dilettant und kann mich auf dieser Seinsebene nicht mehr umtun –– aber die Freiheit, je nach dem Fall das eine oder andre zu wählen, muß ich behaupten [. . .]

(Barlach, Briefe II, S. 493f.)

84

Alfred Rosenberg, Brief an Joseph Goebbels, 20. Oktober 1934

[. . .] Ich habe mich in Ihr Arbeitsbereich nicht hineingemischt und erst dann entsprechend geantwortet, als dies umgekehrt nicht der Fall war. Meine Hinweise auf bestimmte Zustände oder Vorfälle hatten und haben auch nur den Zweck, der Bewegung zu dienen. Wenn Sie aber Ihre Antworten auch selbst als abschliessend bezeichnen, so kann ich das doch nicht tun. [. . .]
Die Baseler Nachrichten berichteten über die Angelegenheit des Aufrufes der Kulturschaffenden für die Volksabstimmung am 19. August folgendes:
Ein Regierungsrat aus Ihrem Ministerium habe die betreffenden Kulturbolschewisten, die ich Ihnen in meinem Brief nannte, und die von uns bekämpften Künstler Barlach und Nolde dringend gebeten, doch für den Führer einzutreten. Prof. Mies van der Rohe, der Schöpfer eines Denkmals für Liebknecht und Rosa

Luxenburg habe schliesslich zugestimmt, sich aber gleich darauf bei seinen Freunden entschuldigt. Barlach hätte den Charakter gehabt, die Aufforderung zunächst abzulehnen, aber nachdem er nochmals dringend telefonisch darauf hingewiesen worden war, dass die anderen unterschrieben hätten, hätte auch er schliesslich seine Unterschrift zum Aufruf gegeben. Ich weiss nicht, ob diese Dinge den Tatsachen entsprechen. Da die Einzelheiten aber offenbar aus den Kreisen um Barlach und Nolde herrühren, und einem Regierungsrat Ihres Ministeriums, namens Rhawen, so wäre ich Ihnen verbunden, wenn Sie die Angelegenheit überprüfen wollten, damit unter Umständen Anfragen in entsprechender Weise beantwortet werden können. Es bleibt aber nach wie vor bestehen, dass es depremierend ist, gleichsam um Unterschriften für den Führer bei jenen zu betteln, die wir seit Jahren kulturpolitisch aufs äusserste bekämpfen.

[. . .]

Was die Abteilung für bildende Kunst anbetrifft, so stelle ich fest, dass ich in meinem Brief ja keine Behauptungen über eine geplante Konkurrenzausstellung unter Heranziehung von Barlach Freunden aufgestellt hatte, sondern nur bei Ihnen anfragte, wie sich die Dinge verhielten. Wenn Sie erklären, dass Sie die Vertreter des Vereins für kirchliche Kunst in die Kulturkammer aufgenommen hätten, was doch mit den Barlachfreunden nichts zu tun hätte, so möchte ich Sie doch darauf hinweisen, dass dieser Verein doch gerade Barlach zum Ehrenpräsidenten gewählt hat und dass eine Hinzuziehung dieser Kreise also tatsächlich wieder eine Stärkung einer von uns bekämpften Kunstrichtung bedeutet und nicht etwa eine Förderung nationalsozialistischer Kulturhaltung. [. . .]

(wie Nr. 81)

In diesem Schreiben hat Rosenberg einmal alles zusammengefaßt, was er gegen Goebbels auf dem Herzen hatte. Offenbar fehlte ihm der Mut, den Brief auch abzuschicken, denn er enthält den handschriftlichen Vermerk »nicht rausgegangen«. Tatsächlich finden sich die Vorwürfe in reduzierter Form in einem Schreiben Rosenbergs an Goebbels vom 20. Dezember 1934[12].

85
Welt-Ausstellung Chicago. Ein Nachwort

[. . .]
Das deutsche Reich hat sich an dieser Ausstellung nur mit einer sehr kleinen Ausstellung neuer deutscher Kirchenkunst beteiligt.
[. . .]
Es kamen Zeitungen von drüben, die mit den Worten anfingen »in dem riesigen Jahrmarkt von Chicago ist eines der seltsamsten und überraschendsten, aber auch unbekanntesten Ereignisse die kleine deutsche Ausstellung«. Eine andere Zeitung schreibt: man muß die riesige Muschel mit Gewalt aufbrechen, um dann in einer Ecke der Hall of religion die kleine aber kostbare Perle der deutschen Kirchenkunstausstellung zu finden. Unsere Stimme wurde gehört, und es war vielleicht gut, daß das deutsche Reich statt einer sensationellen neuen mechanischen Erfindung den »Sänger« von Ernst Barlach (um dieses Stück als Repräsentanz für die vielen Köstlichkeiten der Ausstellung zu nennen) symbolhaft dorthin stellte. Wenn man drüben im ersten Moment mit den Plastiken von Barlach und Wissel, mit den Aquarellen von Nolde, mit den Kirchen von Böhm, Herkommer und Bartning noch nichts Rechtes anzufangen wußte, und wenn Herren von der amerikanischen Ausstellungsleitung zunächst keine bessere Ueberschrift für die Eingangstür fanden als »Church articles«, und wenn sie sich als besonderen Anziehungspunkt für diese Ausstellung ein perlmutternes Abendmahl nach Lionardo als Attraktionsstück ausgedacht hatten, so hat das alles dem tiefen und eindringlichen Erfolg der Ausstellung, wie dieser aus der großen Zahl amerikanischer Pressebesprechungen hervorgeht, keinen Abbruch getan.
[. . .]
Dieses sei den Vielen gesagt, die immer glauben, geschädigt zu

sein, wenn sie zu einer Ausstellung im Ausland einmal nicht aufgefordert werden. Auch in diesen Fragen sollte Gemeinnutz vor Eigennutz gehen! [. . .]

(Deutsche Allgemeine Zeitung, 18. November 1934; der Verfasser zeichnet mit dem Pseudonym Arbiter)

86
Das Raumerlebnis in der Kunst Ernst Barlachs. Zum 65. Geburtstage am 2. Januar 1935

[. . .] Ein *C. D. Friedrich* kündete im vorigen Jahrhundert in seinen Bildern von dem ewigen nordischen Raumerlebnis. In der Plastik war es der Niederdeutsche *Barlach,* der durch sein in den letzten drei Jahrzehnten entstandenes Werk die Richtigkeit der Prophezeihung des Rembrandtdeutschen von der kommenden »plattdeutschen« Plastik bewies und Raum und Plastik wieder zu einer Einheit machte.

Im Dom zu Güstrow, der kleinen mecklenburgischen Stadt, die Barlach als einsamen Wohnsitz erwählte, stehen die meisterhaften holzgeschnitzten Apostelfiguren eines nordischen Spätgotikers. [. . .]

(Berliner Börsenzeitung, 30. Dezember 1934; Verfasser ist Heinrich Engel)

87
Ernst Barlach, der Bildhauer und Dichter. Ein Fünfundsechzigjähriger im Streit der Meinungen

Um *Ernst Barlach* ist viel gestritten worden. Und auch heute, an seinem 65. Geburtstag, stehen weder der Mann noch sein Werk schon außerhalb der Auseinandersetzung.

Schon das allein ist ein starker Beleg für das *Ungewöhnliche* an beiden, gleichzeitig aber ein Beweis dafür, daß in diesem Ungewöhnlichen das Dauernde, das *sich Bewährende* stecken muß. Wieviele aus seiner Generation haben im gleichen Kreuzfeuer gestanden. Die meisten sind mit dem Spektakel um ihren Namen aus dem Blickfeld gerückt. Um Barlach hat jedes der letzten Jahrzehnte neu gestritten.

Barlach war den meisten Deutschen vor dem Kriege fremd wegen seiner klotzigen Schwere und seiner versteckten Tiefe, zu der erst das Kriegserlebnis die Herzen wieder bereitete. Dann nach dem Krieg ist er vielfach nur der Zankapfel zwischen Kunstrichtungen geworden. Heute hat er noch längst nicht im Denken aller die Stelle gefunden, von wo aus er und sein Werk dem Gezank der Parteien entrückt ist. Und nur darum allein kann es letztlich gehen: festzustellen, wieweit das Werk seinen *eigenen Ansprüchen* standgehalten hat und sich behauptet vor *objektiven Maßstäben.*

Der Niederdeutsche

Es ist merkwürdig, daß es gerade immer norddeutsche Künstler sind, die so in den Streit der Meinungen geraten. *Ernst Nolde,* der alte *Christian Rohlfs, Paula Modersohn* sind die weiteren Beispiele. Gerade das aber sollte das heutige Deutschland, das im Literarischen längst die »Nordische Renaissance« als eines der treibendsten Aufbauelemente zu werten gewußt hat, nachdenklich machen auch vor diesem bildenden Künstler.

Gerade vor Barlach sollte der rassische Instinkt und das Gefühl des Blutes nicht versagen. [...] Als Dichter hat Barlach lange geschwiegen. Aber dort braucht er noch weit mehr denn als Plastiker den Raum, in den er hineinformen kann. Den ihm wieder zu schenken, den ihm überhaupt erst zu schenken, ist Sache des wiedererwachenden deutschen Volkes der Gegenwart.

(Germania, 3. Januar 1935; Verfasser ist H. Behm)

88

Kampf um die deutsche Kunst

Wir haben uns in den letzten vierzehn Jahren durch undeutsche und artfremde Elemente eine Kunstrichtung aufzwingen lassen, die zu grotesken Verfallserscheinungen geführt hat. Die krankhaften und verkrampften Gestalten angeblicher »deutscher Künstler« sollten vielleicht eine Art Idealbild für die rassisch minderwertige und moralisch zersetzte Oberschicht bedeuten, die sich größtenteils aus Juden, Freimaurern, Marxisten und Liberalisten zusammensetzte, und die sich weiter in dieser Zeit ungemein anmaßend um die Förderung einer sogenannten modernen deutschen Kunst gekümmert hat.

[. . .] Anregungen holte man sich von Niggern und Südseeinsulanern (Schmidt-Rottluff, Nolde, Gauguin) oder von artfremden slawischen oder slawisch fühlenden Menschen (Barlach, Käthe Kollwitz), weil den meisten *modernen Künstlern der Wert des Rassegefühls vollständig fehlte.* [. . .]

(Hamburger Grundeigentümer-Zeitung, 3. Februar 1935; Verfasser ist Walter Hansen)

Walter Hansen war einer der unappetitlichsten Schreiber und fanatischsten Kämpfer gegen die moderne Kunst. Da er sich sogar mit Robert Scholz anlegte, betrieb Alfred Rosenberg seinen Ausschluß aus der NSDAP, jedoch ohne Erfolg[13]*.*

89

Brief an Friedrich Schult, 14. Februar 1935

[. . .] gehören Sie auch, wie ich, zwangsläufig zum Reichsverband deutscher Schriftsteller und erhielten auch, wie ich, Order vom Verbandsgauleiter, »Proben« Ihrer Arbeiten einzureichen, die bei den Akten der Verbandsgaultg. bleiben, von deren Beibringung befreit sind: Hans Frank, Theodor Jakobs (der neue Verbands-

gauleiter), Ernst Adolf Dreier, Ludwig Karnatz und Hans Fallada? Wer lacht!? Ich lasse mich gern rausschmeißen, wenn Nichtbefolgung drauf steht. Immer heiter so weiter! Ich bekam einen Brief von Kardorff betr. Liebermanns Begräbnis. Er, Kollwitz, Purrmann, Großmann, Klein-Diepold, Oppler, das war das Gefolge der Künstler. Nicht Akademie, nicht Secession, nicht Verein Berl. Künstler waren vertreten, mit keinem Kranz demonstriert, und Amersdorfer, Sekretär der Akademie, hatte auf teleph. Anfrage gesagt: »Kommt jar nicht in Frage.« – Ob nicht wenigstens eine Kranzspende? Antwort: »Nein, kommt jar nicht in Frage, das wäre ja eine offizielle Ehrung, die ist vom Ministerium dienstlich verboten.«
Und ich – meines Großvaters Grabstein in Bargteheide hat man demoliert, aber in Altona sollen die ›Sedemunds‹ gegeben werden. Altona ist das einzige Theater für mich. Man regt sich auf? O nein, doch nicht, man registriert ein bißchen, aufgeregt habe ich mich darüber, daß sein Eintreten für mich und Nolde zum guten Teil mit, man schreibt in der Lübecker Kunstpflege: »lediglich«, d. h. ohne politische Gründe, Heise die Stellung gekostet, also man *darf solche Leute* nicht fördern. [. . .]

(Barlach, Briefe II, S. 535)

90
Die große Rede des Gauleiters

[. . .] Unsere Aufgabe: Deutschlands Wiedergeburt aus Blut und Boden, hat wohl am allermeisten in Mecklenburg Widerhall gefunden. Ein Aufatmen geht durch unser Land, und der hauptsächlichste Blutträger, unser Landarbeiter, ist mit freudiger Begeisterung dabei und will hier seine Pflicht tun. [. . .]
Wir haben das liberalistische Treiben eines mecklenburgischen Künstlers, der Kriegerdenkmäler in der übelsten verzerrten bolschewistischen Weise schuf, unterbunden. Und ich hoffe, daß die letzten Spuren seiner schrecklichen Werke bald von den Stätten,

wo sie noch stehen, beseitigt werden, wie es ja in Magdeburg schon geschehen ist. Er ist uns innerlich fremd, und deswegen gibt es keine geistige und damit kulturelle Gemeinschaft zwischen uns und ihm.

[...]

(Niederdeutscher Beobachter, 2. Juni 1935)

91

Dulden oder Gestalten? Ernst Barlach
im Brennspiegel der Kritik

Auf Veranlassung der Amtsleitung der NS-Kulturgemeinde hat der Ortsverband Altona das Schauspiel »Die echten Sedemunds« von Ernst Barlach mit sofortiger Wirkung vom Spielplan abgesetzt. [...]

(Blick in die Zeit, 28. Juni 1935)

92

Buchhandlung Johannes Storm, Bremen, Brief an den R. Piper & Co. Verlag, 28. Oktober 1935

[...] Da der Weihnachtskatalog ein Gemeinschafts-Katalog ist, wollte ich die Entscheidung über die Verwendung der Barlach-Zeichnung nicht treffen, ohne vorher einige Kollegen um ihre Meinung befragt zu haben. Sie waren durchweg nicht dagegen, z. T. sogar sehr dafür. Auf Wunsch des Vertrauensmannes der Arbeitsgemeinschaft Bremer Buchhändler habe ich die Zeichnung dann noch dem Vorsteher der Bremer Kunsthalle (nicht Direktor Waldmann, sondern der ihm übergeordneten Instanz) gezeigt. Bei diesem Herrn war ich heute Morgen. Er findet die Zeichnung persönlich sehr schön, glaubt aber, daß sie in Parteikreisen Anstoß erregen würde, zumal hier die Gemüter durch den Streit um

Hoettger und Paula Modersohn sowieso sehr erregt sind. »Die Mißachtung der körperlichen Verhältnisse«, die auch in dieser Zeichnung sich ausprägt sei grade das, was der Nationalsozialismus bekämpfe. Auf meinen Einwand, daß das in der so deutschen Gotik doch nicht anders gewesen sei, mußte ich mir sagen lassen, daß die Spätgotik auch eine Verfallserscheinung sei und abgelehnt würde.

Unter diesen Umständen muß ich leider von der Verwendung der Zeichnung absehen. [. . .]

(Archiv des R. Piper & Co. Verlags, München)

93

Peter E. Erichson, Brief an Reinhard Piper, 30. Oktober 1935

[. . .]

Als die »Mecklenburgischen Monatshefte« s. Zt. Barlachs Stammbaum brachten, wurden wir vom Reichsstatthalter einige Tage später heftig persönlich anläßlich der Eröffnung einer Kunstausstellung angegriffen. Prompt folgte auch die Presse diesen Angriffen. Seit dieser Zeit müssen wir in allen Barlach-Angelegenheiten außerordentlich vorsichtig sein, denn der Reichsstatthalter und die ihm nachgeordneten Organe lehnen Barlachs Kunst grundsätzlich ab. Mir ist bekannt, daß zwischen Barlach und dem Reichsstatthalter in dieser Angelegenheit ein Schriftwechsel stattgefunden hat. Mir ist auch bekannt, daß Berliner und Hamburger führende politische Männer versucht haben, Barlachs Kunst unserer Zeit näher zu bringen. Und ich weiß auch, daß im Reich gute Erfolge zu verzeichnen sind. Hier in Mecklenburg aber ist keinerlei Gesinnungsänderung wahrzunehmen. – Ich habe in den letzten Wochen (und darum schwieg ich bisher) viel die Ohren offen gehalten, bin aber überall zu denselben Resultaten der Ablehnung gekommen, wie ehedem. Jede größere Propaganda in Mecklenburg würde daher einen Gegendruck erzeugen. Und da ich sowieso durch meine frühere Logen-Angehörigkeit sehr belastet bin, muß ich alles vermeiden, den Zustand noch reizbarer zu machen.

[. . .]

(Piper-Archiv)

94

Vertrag, 13./15. November 1935

[. . .]

Herr Ernst Barlach übergibt dem Verlag R. Piper & Co. das Verlagsrecht für eine Buchveröffentlichung seiner ausgewählten Zeichnungen für alle Auflagen. Der Auswahl-Band umfasst 56 Zeichnungen und erscheint mit einer Einführung von Dr. Paul Fechter im November 1935. Die Festsetzung des Ladenpreises erfolgt durch den Verlag.

[. . .]

(Piper-Archiv)

Obwohl Reinhard Piper seit 1899 mit Barlach befreundet war, war dies ihre erste verlegerische Zusammenarbeit. Für die Einführung war zunächst Wilhelm Pinder als Autor vorgesehen gewesen, der sich aber nicht wegen Barlach »diffamieren« lassen wollte[14]*. Das Presseecho auf diese Publikation war unterschiedlich; einige Journalisten lehnten eine Rezension aus Überzeugung ab, andere wagten die ihnen einzig mögliche positive Besprechung nicht, wieder andere würdigten das Werk sehr positiv*[15]*.*

95

Paul Fechter, Ernst Barlach

Ernst Barlach war zeit seines Lebens einer der umkämpftesten deutschen Künstler. Seit der mehr als Dreißigjährige den Weg zu seinem Ausdruck und damit zu seiner eigentlichen Form fand, hat sich immer von neuem Widerspruch gegen sein Werk, gegen den Plastiker ebenso wie gegen den Dichter, gegen den Dramatiker wie gegen den Zeichner Barlach erhoben, von kritischer wie von unkritischer Seite. Der Streit um ihn hat nicht erst mit dem Dritten Reich eingesetzt; das Magdeburger Totenmal wurde gleich nach der Aufstellung im Dom Gegenstand scharfer Angriffe, und die Hamburger haben das ihrige genau so skeptisch behandelt. Barlach gehört zu den wenigen lebenden Künstlern, deren Werk auf eine lebendige und nicht nur ästhetische Reaktion stieß, wenn diese Reaktion zunächst auch im wesentlichen negativ blieb.

Dieser Widerstand ist, von der Zeit aus gesehen, begreiflich. Er wendet sich gegen eine Welt und einen Mann, die beide von sehr besonderer, sehr eigener, sehr deutscher, und zwar norddeutscher Art sind. Die Hemmungen, die die Betrachter der Bildwerke, die Leser und Zuschauer der Dramen Barlachs empfinden, ähneln etwa denen, die das deutsche achtzehnte Jahrhundert gegenüber Shakespeare und seinen Dichtungen verspürte. Das Unmittelbare des Gegenständlichen wie der Form erschreckte damals selbst Menschen guten Willens, und es brauchte Jahrzehnte, bis das ererbte Grauen vor der Wildheit des Lebens, vor der noch Schiller zurückwich, als er den Macbeth übertrug, überwunden und der Erkenntnis gewichen war, daß da ein Mensch an den letzten Grenzen der Wirklichkeit, an den Pforten des Dämonischen sein Reich des Unmittelbaren aufgerichtet hatte. Ähnliches gilt für Barlach. [. . .]

(Ernst Barlach, Zeichnungen. Mit einer Einführung von Paul Fechter, München o. J. [1935], S. 7)

96

Reinhard Piper, Brief an die Schriftleitung des »Rostocker Anzeigers«, 21. November 1935

[...]
Ich erhielt soeben von Ihnen unser neues Verlagswerk »Barlach-Zeichnungen« zurück, weil Sie es nicht besprechen wollen. Ich muss aber annehmen, dass die Rücksendung infolge eines Missverständnisses erfolgte. Ich kann mir nicht denken, dass die grösste mecklenburgische Zeitung dieses Buch über einen der bedeutendsten niederdeutschen Künstler, der schon seit Jahrzehnten in Mecklenburg ansässig ist, nicht besprechen will. Ich möchte bemerken, dass gegen das Buch nicht die geringsten Bedenken vorliegen können. Ein anderes Buch über Ernst Barlach, das im Rembrandt-Verlag erschien, liegt bereits im 11. Tausend vor und wurde niemals beanstandet. Der Herausgeber der jetzt erschienenen Barlach-Zeichnungen ist Dr. Paul Fechter, der sehr angesehene Mitherausgeber der »Deutschen Zukunft« und der »Deutschen Rundschau«. Die Einführung ist durchaus geeignet, den der Kunst Barlachs noch Fernstehenden den Zugang zu eröffnen. Da dürfte doch ein solches Buch von der verbreitetsten mecklenburgischen Tageszeitung nicht ignoriert werden. Ich bitte Sie die Einführung zu lesen und das Buch zu besprechen. Ich lasse es Ihnen mit gleicher Post nochmals zugehen.
Zum Schluss möchte ich noch bemerken, dass ich selbst Mecklenburger bin und zum Ehrenmitglied der Rostocker Universität ernannt wurde infolge der Stiftungen, die ich der Universitäts-Bibliothek machte und in Würdigung meiner Tätigkeit als Verleger.
[...]
(Piper-Archiv)

97

Hauptschriftleitung des »Rostocker Anzeigers«, Brief an Reinhard Piper, 26. November 1935

[. . .]
Wir haben für Ihr freundliches Schreiben vom 21. ds. Mts. volles Verständnis. Wenn wir Ihnen trotzdem Ihr uns nochmals übersandtes Barlach-Buch anliegend wieder zurückgeben, so bitten wir auch Sie um freundliches Verständnis für die besonderen Schwierigkeiten, der eine grosse mecklenburgische Tageszeitung in dieser heiklen Angelegenheit ausgesetzt ist. Gerade von den in Ihrem Buche veröffentlichten Zeichnungen nehmen wir an, dass sie nicht geeignet sind, den im Gau Mecklenburg-Lübeck vorhandenen Widerstand gegen einzelne Werke Barlachs zu entkräften. Bei allem Verständnis für die Eigenart eines grossen Künstlers haben wir doch den Eindruck, dass diese Zeichnungen aus einer zurückliegenden Zeit fremdartig anmuten und dass daher ihre Veröffentlichung dem Künstler eher schaden als nützen kann. Im übrigen halten wir den psychologischen Augenblick, sich mit Barlach auseinanderzusetzen, noch nicht für gekommen, wenigstens nicht hier in unserem Gaugebiet. Wir hatten selbstverständlich die Einführung Dr. Paul Fechters gelesen. Wenn wir uns trotzdem nicht entschliessen können, das Buch zu besprechen, so mögen Sie daraus ersehen, wie gross die Schwierigkeiten hierzulande sind. Wir bedauern die Sachlage um so mehr, als uns durchaus bekannt war, dass Sie selbst Mecklenburger sind und durch Ihr Schaffen bei unserer Landesuniversität ehrende Anerkennung gefunden haben.
[. . .]

(Piper-Archiv)

98

Brief an Karl Barlach, 11. Januar 1936

[. . .]
Es ist tatsächlich eine Art von Zustimmung des Propagandaministeriums zur Ausführung des Frieses erfolgt – ein Böhmerscher Streich, da die Verhandlungen mit dem Besteller sich ins Ungewisse ausdehnen zu wollen schienen. Es ist schon so, daß eigentlich niemand etwas wagt. Privatleute werden wegen Ankaufs einer Kleinigkeit von mir von Hausgästen getadelt, eine so große Bestellung aber – nun also war mit schweren Bedenken belastet. Die kleine Äußerung vom Prop.-Min. erleichterte den Entschluß, es zu wagen. Übrigens besitzt Goebbels zwei Arbeiten von mir, Bronze und Porzellan. Rosenberg aber ist mächtig, ich bin ganz kürzlich dahin verständigt, daß einstweilen für mich nichts geschehen kann – außer von privater Seite. [. . .]
(Barlach, Briefe II, S. 605)

Der Zigarettenfabrikant Hermann F. Reemtsma hatte nach der Emigration von Tilla Durieux Barlach den Auftrag gegeben, den für sie begonnenen »Fries der Lauschenden« zu vollenden[15].

99

Bayerische Politische Polizei, Schreiben an den R. Piper & Co. Verlag, 24. März 1936

Betrifft:
Polizeiliche Beschlagnahme und Einziehung.

Beschluss:

Auf Grund § 7 der Verordnung des Reichspräsidenten zum Schutze des Deutschen Volkes vom 4. 2. 33 wird die Druckschrift:

»Zeichnungen«

von Ernst Barlach, mit einer Einführung von Paul Fechter, erschienen im Verlag: R. Piper & Co., München polizeilich beschlagnahmt und eingezogen, da der Inhalt geeignet ist, die öffentliche Sicherheit und Ordnung zu gefährden.

(Piper-Archiv)

Von der etwa 4000 Exemplare betragenden Auflage wurden infolge dieses Beschlusses beschlagnahmt: 3280 Exemplare in der Binderei, 139 Exemplare in der Verlagsauslieferung und einzelne Exemplare in Buchhandlungen. 941 Exemplare hatte der Verlag verkauft; wie viele davon sich noch im Buchhandel befanden, wo außerdem sehr ungleichmäßig beschlagnahmt wurde, ist nicht feststellbar.

100

Reinhard Piper, Schreiben an die Bayerische Politische Polizei, 31. März 1936

Betrifft: B. Nr. 16900/36 II 2 A/Be.

Sie haben am 24. März ds. Jhrs. unser Verlagswerk

Ernst Barlach »Zeichnungen«

mit Einführung von Paul Fechter

beschlagnahmt und eingezogen. Wir erheben gegen die Beschlagnahme Einspruch und bitten Sie:

1.) dies Werk wieder frei zu geben und uns die beschlagnahmten Exemplare wieder zurückzustellen,
2.) uns unabhängig hiervon den Verkauf des Werkes ins Ausland freizugeben, da das Gesetz, auf Grund dessen die Beschlagnahme erfolgte, nur für das deutsche Reich in Kraft ist. Ausserdem werden durch den Verkauf des Werkes ins Ausland, wo es ebenfalls grossem Interesse begegnet, Devisen in grösserem Umfang Deutschland zugeführt.

Begründung:

Wir sind sehr erstaunt, dass das Werk beschlagnahmt wurde, und zwar deshalb beschlagnahmt wurde, weil es geeignet sei, die öffentliche Sicherheit und Ordnung zu gefährden. Die Beschlagnahme ist uns um so weniger verständlich, weil es sich dabei um ein ernstes, künstlerisches Werk handelt, das sich nur an eine gebildete Käuferschicht wendet und mit Politik in keiner Weise etwas zu tun hat. Ernst Barlach, heute 66 Jahre alt, gilt seit langem als einer der hervorragendsten deutschen Künstler der Gegenwart, oft ist sein ausgesprochen nordischer Charakter betont worden. Er wurde erst in letzter Zeit von den gegenwärtigen Amtsstellen offiziell aufgefordert, sich an den deutschen Kunstausstellungen in Amerika und Italien zu beteiligen. Der Verfasser des Textes, Dr. Paul Fechter, ist einer der angesehensten deutschen Publizisten. Er ist Mitherausgeber der durchaus in nationalem Sinn geleiteten Zeischrift »Deutsche Rundschau« und »Deutsche Zukunft«.

Wir haben an die Möglichkeit einer Beschlagnahme um so weniger denken können, als es bereits seit Jahren zwei Bücher über die Kunst Ernst Barlachs gibt, welche in mehreren Auflagen erschienen sind und unbeanstandet vertrieben werden.

Wir fragen uns, welche Teile des Buches das Verbot veranlasst haben können. Der einleitende Text kommt dafür wohl kaum in Betracht, da es sich dabei um eine ästhetisch-psychologische Einführung in das Schaffen des Künstlers handelt, die nur den gebildeten ernsthaften Leser interessiert. Von den 56 Zeichnungen muss der grösste Teil von vornherein als völlig harmlos angesehen werden. Wir nennen als Beispiel nur die folgenden: Der Lesende, Die Rast, Der Geiger, Das Wiedersehen, Lied an die Freude, Tänzerin, Der Bittsteller, Zwei Mädchen ein Tuch prüfend, sieben Blätter zum Nibelungen-Lied, Der Klosterschüler, Flötenbläser, Der Wartende. Ferner vom Schluss des Buches: Lehrender Christus, Der Geizige, Ein Mann bei Gewitter, Mädchen im Wind, Die Eilende, Der Durstige, Wanderer im Wind, Der Wüstenprediger, Entwurf für eine Grabplatte, Der neue Tag.

Der Künstler stellt allerdings auch dunkle Seiten des Lebens dar, was aber von jeher zum Wesen deutscher Kunst gehört hat, im Gegensatz etwa zur italienischen. Wer den Künstler Barlach kennt, weiss, dass er sehr stark mit den nordischen Sagen, Mythen und Märchen verbunden ist, weshalb auch Hexen, Furien und

Unholde in seinem Schaffen vorkommen. Auch die altdeutschen Meister Dürer, Baldung Grien, Grünewald u. a. haben diese Themen dargestellt. Die Gestalten auf Blatt 45 sind im Titel ausdrücklich als Tiermenschen bezeichnet. Adam und Eva wurden von Rembrandt in einer bekannten Radierung bedeutend weniger ideal gezeichnet, als dies bei Barlach der Fall ist, doch hat niemand an dieser Radierung Anstoss genommen. Wenn der Künstler gelegentlich auch Bettler, Frierende und Hungernde zeichnet, so ist dies verständlich aus seinem »Mitleiden mit den Armen und Schwachen«, auf das schon der einleitende Text hinweist. Auch in der Propaganda für das Winterhilfswerk werden Notleidende dargestellt.

Zur Charakteristik des Künstlers sei noch bemerkt, dass derselbe, wie urkundlich nachgewiesen, rein arischer Abstammung ist. Er lebt seit Jahrzehnten zurückgezogen in seiner niederdeutschen Heimat, in der Nähe einer kleinen mecklenburgischen Stadt. Er gehörte niemals einer Partei an und war auch niemals in irgend einer Weise politisch tätig. Jede Sensationslust liegt ihm fern.

Plastiken und Zeichnungen von Ernst Barlach befinden sich in vielen staatlichen Sammlungen Deutschlands. Die Staatliche Nationalgalerie in Berlin hat seinen Werken einen eigenen Raum gewidmet. Der Direktor derselben, Herr Dr. Hanfstaengl, hat noch vor kurzem sechs Zeichnungen des Künstlers erworben und ist gewiss gerne bereit, über den Wert unseres Verlagswerkes ein Urteil abzugeben.

Wir dürfen unsere Verlagsfirma wohl mit Recht als einen der angesehensten deutschen Verlage bezeichnen. Er wurde vor mehr als dreissig Jahren gegründet und hat viele Werke über deutsche Kunst veröffentlicht, z. B. über Dürer, Grünewald, Schongauer, Baldung Grien, Peter Vischer, Feuerbach, Spitzweg, Busch, über deutsche Landschaftsmalerei, Gotische Plastik, über das deutsche Sehen, Frühgermanentum u.s.w. Drei Bücher unseres Verlages sind in die Liste der nationalsozialistischen Kernbücherei aufgenommen worden. Es liegt also schon von vornherein ganz ausserhalb der Richtung unseres Verlages, Bücher zu veröffentlichen,

die geeignet sind, die öffentliche Sicherheit und Ordnung zu gefährden.
Wir bitten Sie also, das Werk wieder freizugeben.
[...]
(Piper-Archiv)

101
»Barlach-Zeichnungen« beschlagnahmt

[...]
Die Kunst Barlachs ist sehr umstritten. Es gibt nicht viele, die sie anerkennen. Wir lehnen sie ab als etwas Fremdartiges, vielleicht Oestliches, zu dem wir blutsmäßig nicht die geringsten Beziehungen haben. In Mecklenburg wird daher die Meldung von der Beschlagnahme der »Barlach-Zeichnungen« durchaus begrüßt.
Vielen unvoreingenommenen Besuchern des Güstrower Doms ist der dort als Gefallenendenkmal einst angebrachte »*Engel*« von Barlach viel eher als ein »fliegender Dorsch«, denn als Engel begreifbar.
Wir können uns sehr wohl vorstellen, daß die Oeffentlichkeit vor einem Buch geschützt werden muß, in welchem mit Bild und Wort unserm Volk eine krankhafte niederdrückende und unserer Art völlig entgegengesetzte Kunst nahegebracht werden soll. Die Zeit künstlicher Verwirrung der Artgrenzen ist vorüber.
(Niederdeutscher Beobachter, 4. April 1936)

Barlach schickte den Artikel an Reinhard Piper mit der handschriftlichen Anmerkung: »Soeben, um mich zu erfreuen, in die Hand gedrückt!«

102

Barlach-Zeichnungen beschlagnahmt

[. . .] Dadurch wird wieder ein Problem zur Erörterung gestellt, das ein wenig zum Verzweifeln ist: die Frage des Wertes, der Qualität auf der einen und die des Urteils, der Bewertung auf der anderen Seite. [. . .]
Gegen die Auswahl der Zeichnungen lassen sich im einzelnen mit Recht Einwände erheben. Das Werk als ganzes aber läßt sich nur von außerkünstlerischen Wertungen, vom privaten Geschmack her ablehnen. Wie auch der einzelne als einzelner zu Barlach steht: das entscheidende Kriterium der inneren Echtheit und Wahrheit läßt sich seinen Zeichnungen gegenüber nicht abstreiten.
[. . .]
(Berliner Tageblatt, 4. April 1936)

103

R. Piper & Co. Verlag, Brief an die Schriftleitung der »Deutschen Allgemeinen Zeitung«, 6. April 1936

[. . .] da Sie in Ihrer Nummer vom 4. Dez. vorigen Jahres eine positive Würdigung unseres Verlagswerkes: *Ernst Barlach »Zeichnungen«* (mit Einführung von Paul Fechter), gebracht haben, wird es Sie interessieren zu hören, dass das Buch am 24. März beschlagnahmt wurde. Aus anliegendem Ausschnitt des Berliner Tageblatts ersehen Sie, dass die Angelegenheit in der Presse lebhaft diskutiert wird. Wir möchten Ihnen anheimgeben, auch Ihrerseits zu der unseres Erachtens unbegründeten Beschlagnahme Stellung zu nehmen, handelt es sich doch hier um ein ernstes, künstlerisches Werk ohne jede politische Tendenz. Wir haben gegen die Beschlagnahme Einspruch erhoben und zugleich die Reichskulturkammer, die Reichskammer der bildenden Künste und die Reichsschrifttumskammer

ersucht, die Wiederaufhebung der Beschlagnahme zu veranlassen.
[. . .]
(Piper-Archiv)

Ein solches Schreiben erhielten 21 Redaktionen; die wenigsten antworteten, und keine wagte eine erneute Rezension.

104
»Deutsche Allgemeine Zeitung«, Brief an Reinhard Piper, 9. April 1936

[. . .] schönen Dank für Ihren Brief vom 6. d. Mts. Die Veröffentlichung im Berliner Tageblatt ist anscheinend auf Grund unserer ersten Mitteilung des Verbots in der Daz erfolgt. Ich selbst schätze Paul Fechter viel zusehr, als dass ich ihm einen so schlechten Dienst erweisen möchte, die Frage des Verbotes in der Daz zu diskutieren. Wenn man heute die Aufhebung des Verbotes erreichen will, so darf man nicht in der Presse polemisieren. Der Einspruch, den der Verlag und Dr. Fechter erhoben haben, erscheint mir als der einzig richtige Weg.
[. . .]
(Piper-Archiv; der Brief ist mit »Werner« gezeichnet, das ist wohl Bruno E. Werner)

105
Käthe Kollwitz, Das Magdeburger Mal, 12./13. April 1936

War vor kurzem im Kronprinzenpalais. Erfuhr durch Hanfstaengl, daß Widerspruch gegen Ausstellung meiner Gruppe in der Herbstausstellung der Akademie besteht. [. . .] Sah an dem Tage in den unteren Räumen – unter Ausschluß des Publikums –

das Magdeburger Kriegsehrenmal von Barlach. Kannte es nur aus einer Wiedergabe. Es ist so gut, wie es mir in der Wiedergabe erschienen war, ja noch besser. Da ist wahrhaftig Kriegserleben von 1914 bis 1918 festgelegt. Unmöglich natürlich für Anhänger des Dritten Reiches, *wahr* für mich und viele. Wenn man von einer der Figuren zur anderen sieht: dies Schweigen. Wenn Münder sonst zum Sprechen gemacht sind – hier sind sie so fest geschlossen, als ob sie nie gelacht haben. Aber der Mutter hat er ein Tuch über den Kopf gezogen. Gut Barlach!

(Käthe Kollwitz, Tagebuchblätter und Briefe, Berlin 1948, S. 109)

106
Ernst Barlach, Zeichnungen

Ernst Barlach ist der einzige Gotiker und darum der deutscheste Künstler unserer Zeit. Seine Gotik ist nicht stilistische Nachahmung, sondern kommt dieses eine Mal wahrhaft aus norddeutschem Blut und Boden. Es ist kennzeichnend für den unglaublichen Dilettantismus und die absurde Verständnislosigkeit der gegenwärtigen deutschen Kulturpolitik, daß sie den ungestümen Expressionswillen und exzessiven Naturalismus dieses urgermanischen Gotikers mit jüdischem »Kulturbolschewismus« verwechselt und den Künstler verfemt. Besser als alle Abenteuer der Politik beweist diese Verwechslung, daß Nationalsozialismus und Deutschtum Gegensätze sind, die sich nicht verstehen. Die Ausgabe dieser tief aufwühlenden Zeichnungen ist unter solchen Umständen weit mehr als ein Verdienst um die Kunst.

(Berichte zur Kultur- und Zeitgeschichte, 19. April 1936)

In dieser Stimme aus dem noch freien Österreich klingt ein weiteres Mal das oft von Barlachs Verteidigern angeführte Argument an, sein Werk sei der deutschen Gotik vergleichbar. Insbesondere wurde in diesem Zusammenhang auf die Apostel von Claus Berg im Dom zu Güstrow hingewiesen, die heute anerkannt, noch vor relativ kurzer Zeit ebenfalls abgelehnt worden seien. Auch Wilhelm Pinder hatte sich Reinhard Piper als Vorwortautor empfohlen, weil er »bei den Gotikern sehr respektvolle und einsichtige Parallelen zu Barlach gezogen« hatte[17]. *Umgekehrt sahen nationalsozialistische Kunsttheoretiker sich veranlaßt, auch an der Gotik Kritik zu üben*[18].

107

Der Reichsminister für Volksaufklärung und Propaganda, Schreiben an den R. Piper & Co. Verlag, 22. April 1936

Auf die Eingabe vom 2. April 1936.
Ich habe keine Veranlassung, die Beschlagnahme der »Zeichnungen« von Ernst Barlach zu beanstanden.
[...]
(Piper-Archiv)

108

Eberhard Hanfstaengl, Brief an Reinhard Piper, 22. April 1936

[...]
Von mir aus ein Gutachten über das Buch zu geben ist keinesfalls ratsam, wenn ich nicht vom Propaganda-Minister dazu aufgefordert werde. Eine nicht angeforderte Meinungs-Äusserung würde nur als Einmischung in die Angelegenheiten eines anderen Ministeriums angesehen und der Sache keinesfalls nützen. Meine Einstellung zur Kunst Barlachs habe ich durch Ausstellung und Erwerbung seiner Werke allgemein bekanntgegeben und Sie haben sich ja in Ihrem Schreiben auch darauf berufen.
[...]
(Piper-Archiv)

Für die Beschlagnahme war das Reichsministerium für Volksaufklärung und Propaganda zuständig, während Eberhard Hanfstaengl als Direktor der Nationalgalerie dem Reichsministerium für Wissenschaft, Erziehung und Volksbildung unterstellt war.

109

Reinhard Piper, Brief an Barlach, 25. April 1936

Wir erhielten vom Reichsminister für Volksaufklärung und Propaganda den in Abschrift anliegenden Bescheid.
Wir wollen aber auf keinen Fall die Sache aufgeben. Deshalb muss ich Sie unbedingt bitten, auch Ihrerseits Einspruch zu erheben und zwar beim Präsidenten der Reichskulturkammer, Berlin. Es war schon ein Fehler, dass Sie dies nicht von vornherein gleichzeitig mit uns getan haben. Wenn ein *Verleger* sich gegen eine Beschlagnahme wehrt, so sehen die zuständigen Stellen da *rein geschäftliche* Beweggründe. Dass ein Geschäftsmann Bücher, die man ihm weggenommen hat, wieder haben will, um sie weiter verkaufen zu können, erscheint nur allzu verständlich.
Sie sind aber doch in schwerster Weise *ideell* geschädigt und herabgewürdigt, wenn ein Buch mit Ihren Zeichnungen beschlagnahmt wird, weil Ihre Zeichnungen geeignet seien, die öffentliche Sicherheit und Ordnung zu gefährden. Es wäre eine falsche Vornehmheit, wenn Sie dazu schweigen würden. Das Buch ist doch in erster Linie ein Buch von Ihnen. Bitte denken Sie auch nicht, dass die Sache nun nichts mehr nützen könnte. Den Stellen muss eben von allen drei Beteiligten wiederholt gesagt werden, dass die Beschlagnahme unbegründet ist, und zu unrecht ideellen und materiellen Schaden zufügt.
Früher gab es in solchen Fällen öffentliche Verhandlungen mit Sachverständigengutachten, Verteidiger, Diskussion in der Presse. Heute gibt es nur Beschlüsse. Umso mehr muss man die noch verbliebenen Mittel ins Feld führen.

Die Gründe, die Sie für Ihren Einspruch anführen können, brauche ich Ihnen nicht zu sagen. Ich habe Ihnen ja Abschrift meiner Begründung zugesandt. Es wurde bis jetzt noch nicht angeführt, dass Sie Ritter des Ordens Pour le merite sind. So viel ich weiss, erhielten Sie diesen Orden nach dem 30. Januar 33, also nach der Machtergreifung. Bitte teilen Sie auch mir dieses Datum mit.

[. . .]

Herr Böhmer hat ja eine Schreibmaschine und wird Ihnen sicher gern bei der Abfassung Ihres Einspruchs behilflich sein, so dass Sie damit nur wenig Arbeit haben. Sie sind es sich aber auf jeden Fall selbst schuldig, einen solchen Einspruch zu erheben. Sie dürfen das nicht unwidersprochen auf sich sitzen lassen. Es ist etwas anderes, wenn die Werke eines Künstlers irgend einer Parteistelle nicht gefallen, als wenn von Polizei und von Staats wegen festgestellt wird, dass das Schaffen geeignet ist, die »öffentliche Sicherheit und Ordnung zu gefährden«.

Und wenn Sie sich auch von dem Einspruch keinen praktischen Erfolg versprechen, so ist der ideelle Wert dieses Einspruchs gross genug.

Die Erfüllung dieser meiner Bitte hat mein Verlag wohl auch verdient, denn durch den bisherigen Absatz von noch nicht 1000 Exemplaren waren natürlich die Kosten der gedruckten 5000 Exemplare bei weitem noch nicht gedeckt.

Bitte nehmen Sie es mir nicht übel, wenn ich sage, dass es wahrscheinlich zu der Beschlagnahme nicht gekommen wäre, wenn man auch nur sechs Blätter wie z. B. die Tiermenschen und einige andere Zeichnungen durch andere, künstlerisch aber *gleich* starke Blätter ersetzt hätte. Sie wollte ja aber ausdrücklich auch so stofflich heftige Blätter darin haben, und da wagte ich Ihnen nicht zu widersprechen, weil Sie andeuteten, dass dann der ganze Zeichnungsband unterbleiben müsse. Wäre die Auswahl um eine Kleinigkeit zurückhaltender gewesen, hätte das Buch künstlerisch genau so stark gewirkt und man hätte sich wahrscheinlich viel Aufregung und Schaden ersparen können. Das Buch hätte sich dann in 5000 und vielleicht noch mehr Exemplaren *ausgewirkt*,

während jetzt die Wirkung so ziemlich verpufft, da ja nur ein paar hundert Menschen das Buch zu Gesicht bekommen haben.
Ich hoffe, dass wir in ein paar Jahren einen anderen Band Barlach-Zeichnungen machen können.
Zu überlegen wäre auch, ob Sie nicht, falls Sie doch wieder zur Beteiligung an Ausstellungen aufgefordert werden, antworten sollten, dass Sie von dieser Aufforderung keinen Gebrauch machen können, nachdem Ihre Arbeiten als die öffentliche Sicherheit und Ordnung gefährdend hingestellt worden sind.
Sehr wichtig für Ihren Einspruch ist noch Folgendes: Sie müssen fragen, *welche* von den Zeichnungen denn als Sicherheit und Ordnung gefährdend angesehen werden. Sie müssten hierüber als Künstler unbedingt orientiert sein. Der Grossteil der Zeichnungen könnte doch auf *keinen* Fall die Sicherheit und Ordnung gefährden, da sie völlig harmlose Themen wie Flötenbläser, Die Rast, Mädchen ein Tuch prüfend, Wanderer im Wind etc. etc. darstellten. Man könne unmöglich dem Künstler sagen: »ein Teil Ihrer Zeichnungen ist sicherheits- und ordnungsgefährdend«, ohne diese einzelnen Zeichnungen zu nennen. Die Stellen müssen unbedingt veranlasst werden, die Zeichnungen *genau* anzusehen und Farbe zu bekennen. Es ist doch keinesfalls angängig, 56 Zeichnungen der *verschiedensten* Art in *Bausch und Bogen* als sicherheits- und ordnungsgefährdend zu bezeichnen. Ich halte nämlich für möglich, dass sich die Herren diese Frage der einzelnen Zeichnung gegenüber gar nicht vorgelegt haben.
[...]
Der Brief ist etwas lang geworden. Ich habe absichtlich vermieden, Ihnen jeden Tag eine Einzelmitteilung zukommen zu lassen, um Sie nicht immer wieder zu stören. Aber nun müssen Sie doch einmal der Sache ein paar Stunden widmen. Wir dürfen nicht zugeben, dass nahezu 4000 Exemplare des Buches vernichtet werden. Es ist aber jetzt höchste Zeit, auch die letzten Mittel ins Feld zu führen.

(Reinhard Piper, Briefwechsel mit Autoren und Künstlern 1903–1953, herausgegeben von Ulrike Buergel-Goodwin und Wolfram Göbel, München/Zürich 1979, S. 309–311, 313)

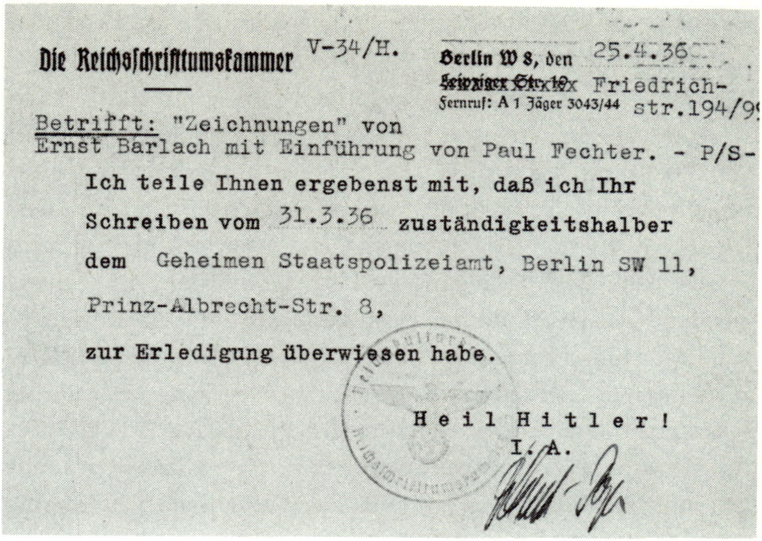

Die Reichsschrifttumskammer V-34/H.

Berlin W 8, den 25.4.36
~~Leipziger Str. 19~~ Friedrich-str.194/99
Fernruf: A 1 Jäger 3043/44

Betrifft: "Zeichnungen" von Ernst Barlach mit Einführung von Paul Fechter. - P/S-

Ich teile Ihnen ergebenst mit, daß ich Ihr Schreiben vom 31.3.36 zuständigkeitshalber dem Geheimen Staatspolizeiamt, Berlin SW 11, Prinz-Albrecht-Str. 8, zur Erledigung überwiesen habe.

Heil Hitler!
I. A.

Schreiben der Reichsschrifttumskammer an den Piper Verlag, 25. April 1936

110

Brief an Reinhard Piper, 27. April 1936

[. . .]
Nach § 14 der Regelung über Eingaben etc. muss ich (bei Strafe von M 1000, tausend) an den Landesleiter nach Wismar schreiben. Da dies erstens Verschleppung, zweitens unmögliches Ergebnis mit sich bringt, so setze ich mich notgedrungen darüber hinweg und werde versuchen nur die Art, Einspruch bei der Reichskunstkammer aus den Fingern zu saugen, die man als immerhin noch einwandfrei in der Form ansehen kann.
[. . .]
Weiter meinen Sie, dass ein Fehlgriff bei einigen ca. 6 Blättern das Unheil verschuldet hat und ich muss sagen, dass ich nicht daran glaube. (Mit Hinweis auf ideelle Schädigung und Herabwürdigung zu kommen, hiesse den Leuten bloss eine heitere Zwischenpause bereiten.) Ihre Vorwürfe weise ich aufs schärfste zurück. Dass andere, von Ihnen als künstlerisch gleichwertige Blätter die

Beschlagnahme verhütet hätten, darüber kann man lang und breit für und gegen reden. Sie hatten nach einer Reihe von Zeichnungen gegriffen, die ich für den gedachten Zweck nun einmal nicht stark genug erachtete. Von Stoff ist schon gar nicht die Rede, nur von Ausdruck, von dem was ich, wenn schon publiziert würde, nun nicht länger zurückstellen wollte. Und ich gestehe offen, dass ich das Risiko des Nichtgelingens des ganzen Unternehmens bewusst lief. Und nachdem obendrein die Substanz als Umfang auf nur 56 Blätter beschränkt war, konnte ich es ganz gut vertragen, wenn Sie wegen meines Bestehens auf mehrere krasse Blätter zurückwichen. Ich hätte Ihre Rücksichten verstanden, aber nun zu sagen, dass die zurückhaltenden andern, also ganz gewiss künstlerisch zahmeren, gleichwertig gewesen sein würden, ist mir befremdend. Wollen wir nun Einer dem Andern die Schuld in die Schuhe schieben? Ich habe deutlich genug ausgesprochen, dass ich nicht in der Lage war, nun, nachdem was mir über dem Kopf ausgekübelt war, als sanfter Heinrich hinzutreten. Ich konnte, kann und darf heuer nur rücksichtslos sein, glaube auch, dass es auch nicht einige oder gar die gesamten 56 Blätter sind, die den Zugriff der politischen Polizei hervorgerufen, sondern die immer stärkere Strömung gegen gewisse Erscheinungen überhaupt. Die Freunde in den NS-Ämtern sind machtlos, keiner wagt persönlich den Ton seiner ehrlichen Empörtheit. Alles duckt sich und weiss offenbar, dass das Urteil längst unterzeichnet ist.

[. . .]

(Piper-Archiv)

111

Bernhard A. Böhmer, Brief an Reinhard Piper, 27. April 1936

[. . .] Eine entsprechende Eingabe wird Herr Barlach vorbereiten und absenden. Es ist ja geradezu eine Verhöhnung, mit einem solchen Wisch sich hinter die Ablehnung zu stellen!

In den nächsten Tagen werde ich einige Tage in Berlin sein und zu erfahren versuchen, welche Blätter zu der Beschlagnahme geführt haben. Die Gründe der Beschlagnahme *müssen* ja bekannt gegeben werden.
Ihre Ausführungen Herrn Barlach betreffend, dass er sehr geschädigt wird, treffen voll und ganz für ihn und für Sie zu.
[. . .]
Inzwischen hatte ich mich auch noch an Prof. Langsdorff, einem sehr großen Mann in Berlin gewandt. Langsdorff ist der Leiter des Aussenamtes der staatlichen Museen, gehört selbst der Geh. Staatspolizei an und ist der engste Freund von Himmler. [. . .]
(Piper-Archiv)

112
Reinhard Piper, Brief an Barlach, 29. April 1936

[. . .]
Es freut mich natürlich sehr, dass Sie nun doch auch selbst etwas unternehmen wollen. Den Weg über Wismar brauchen Sie dabei auf keinen Fall einzuhalten, ebensowenig wie wir, die wir uns ja auch direkt an die Berliner Stellen gewendet haben.
Ich möchte Ihnen vor allem mitteilen, dass heute morgen ein Beamter der Bayerischen Politischen Polizei im Verlag war, ein ganz umgänglicher Mann, aber offensichtlich ohne jede Beziehung zum Thema; er hatte ja auch nur den Auftrag, mir als Beamter bestimmte Mitteilungen zu machen. Das Wichtigste ist die Mitteilung, dass die Beschlagnahme nicht von der Bayerischen Politischen Polizei ausgegangen ist, sondern vom Propaganda-Ministerium in Berlin. Das Propaganda-Ministerium hat an die Münchner Stelle eine Begründung der Beschlagnahme gesandt und diese Begründung soll mir nun in den nächsten Tagen von der Münchener Stelle mitgeteilt werden. Ich muss mich nur wundern, dass es mehr als vier Wochen dauert, bis ich auf meine Eingabe vom 31. März hin die Mitteilung bekomme, dass überhaupt

eine nähere Begründung vorliegt und bis mir die Begründung, die doch fix und fertig da lag, mitgeteilt wird.
Der Beamte sagte mir ferner, dass ich nach Kenntnisnahme dieser Begründung noch einmal einen ins Einzelne gehenden Einspruch nach Berlin ans Propaganda-Ministerium richten könne. Die Sache würde dort von der Abteilung für künstlerische Formgebung bearbeitet. Es hätte aber keinen Zweck, den Einspruch direkt an diese Abteilung zu richten.
Ich sagte, es müsse doch unbedingt angegeben werden, welche Zeichnungen beanstandet würden. Der allergrösste Teil der Zeichnungen käme doch schon von vornherein für eine Beanstandung nicht in Frage. Er antwortete: »I moan, da werd'n net viele überbleiben! Da sind halt doch viele dabei, die verrohend wirken.«
Trotzdem ich sah, dass die persönliche Meinung dieses Beamten auf die endgültige Entscheidung keinen Einfluss hat, setzte ich ihm doch mit Feuereifer meine Gegengründe auseinander, wodurch er wenigstens zu der Überzeugung kam: »Ich seh' schon, Sie wollen net auslassen!«
Er fragte auch noch, welches denn die beiden anderen Bücher seien, die über Ihr Schaffen erschienen seien. Ich hatte ja in meinem Einspruch darauf Bezug genommen. Ich habe sie ihm dann genannt. Gegen diese beiden Bücher kann man ja auf keinen Fall irgend etwas tun und es muss doch meines Erachtens anerkannt werden, dass Ihr ganzes Schaffen eine künstlerische Einheit darstellt, aus der man nicht die Zeichnungen herausnehmen kann. Ich bitte Sie also, mit Ihrer Eingabe zu warten, bis ich Ihnen den Wortlaut der Begründung mitteilen kann, denn auf diese Begründung muss doch vor allem Bezug genommen werden.
Nun zu Ihrem Brief! Nein, wir wollen uns wirklich nicht die Schuld gegenseitig in die Schuhe schieben, zumal von einer Schuld gar keine Rede sein kann. Ich bin mir auch nicht bewusst, Ihnen irgendwelche Vorwürfe gemacht zu haben. Das wäre wohl das Schlimmste, was in dieser Sache passieren könnte, wenn nun auch zwischen uns noch irgend eine Verstimmung aufkommen würde. Herr Dr. Freund war immer der Meinung, dass die

Beschlagnahme nicht auf einige besonders heftige Blätter zurückzuführen sei, sondern sich gegen das ganze Buch als solches richte. Ich glaube, ich muss ihm nun doch recht geben, zumal nach dem heutigen Besuch des Beamten, der da sagt: es würden nicht viele über bleiben. Ich möchte aber doch unbedingt darauf dringen, dass die zuständigen Stellen klipp und klar sagen, *welche* Zeichnungen die Sicherheit und Ordnung gefährden, ob sie dazu z. B. auch die Nibelungen-Blätter rechnen oder nicht.

[. . .]

Was die anderen »zurückhaltenderen« Zeichnungen anbelangt, so haben Sie mich vielleicht nicht ganz verstanden, wenn ich sagte, dass diese zurückhaltenderen Zeichnungen ebenso künstlerisch stark seien wie die stofflich heftigeren. Ich wollte damit sagen, dass Zeichnungen wie »Die Rast«, »Der Mann im Gewitter« oder »Der neue Tag« doch nicht künstlerisch schwächer sind wie etwa die »Tiermenschen«. Ich wollte also damit sagen, dass man ein Blatt wie die Tiermenschen durch ein Blatt wie den »Neuen Tag« hätte ersetzen können, ohne dass das Buch einen künstlerisch weniger starken Eindruck gemacht hätte. Es ist ja doch nicht so, dass *stofflich* zurückhaltendere Blätter künstlerisch zahmer sein müssten, als die krasseren.

Doch habe ich Ihnen ja oben schon zugegeben, dass eine Weglassung oder der Austausch von etwa sechs Blättern an der Beschlagnahme wohl doch nichts geändert hätte.

[. . .]

(Piper, Briefwechsel, S. 313–315)

Der in dem Brief erwähnte Dr. Robert Freund war Teilhaber von Piper.

113

Brief an Reinhard Piper, 2. Mai 1936

[...] ich bin ja nun sehr neugierig, in gewisser Beziehung wieder nicht. Warum nicht? Weil diese »Abteilung für künstl. Formgebung« mir einigermaßen bekannt ist und ich sofort erkannte, daß die Beschlagnahme nicht ihrer Initiative zuzuschreiben ist, sondern angeordnet sein muß, angeordnet von der für sie übergeordneten Stelle. Daher auch der mehr als schnodderige Ton der Antwort aus dem Propag. Ministerium auf Ihre Eingabe, vielleicht auch nur von der Funk-Einstellung! Ich durfte mich nach manchem, was geschah, bislang einer Art Befürwortung von dort versehen und der ganze Handel hellt sich in etwas auf, wenn ich einen Frontwechsel annehme. Entweder also, was minder glaubhaft, deckt Goebbels die Abteilung für künstl. Formgebung, oder, was richtiger scheint, er hat ihr den Auftrag gegeben – denn gewiß: sonst hätte der Beschluß des Vorgehens gegen mich ihm vorgelegen und er hätte aus seiner bisherigen Einstellung heraus die Ausführung gehindert, wenn er mit seinem bisherigen Verhalten in Einklang bleiben wollte.
Ich hatte meinen Antrag nicht an die Reichskunstkammer formuliert, denn Präs. d. Reichskunstkammer ist eben Goebbels und sein Bescheid vom 22 IV 36 sprach zu deutlich gegen mich, also hatte ich geplant, an die Fachgruppe Reichskammer der bild. Künste deren Präsident Hönig ist zu schreiben, also gewissermaßen mich als Mitglied an die Kollegen zu wenden. Wobei ich hoffte, daß Hönig von dem bewußten zweizeiligen Bescheid an Sie nichts wußte und also das Ganze sachlich und aus künstlerischem Gesichtspunkt heraus angriffe. Hätte er gewußt, wie der Hase oben lief, so wäre meine Bitte totsicher mit Begründung, wie sie zu Tausenden in der Luft herumfliegen, zurückgekommen oder -gewiesen. Ich kann nun, wenn ich die in Aussicht gestellte Begründung des Beschlusses in Händen habe, natürlich dasselbe Verfahren einschlagen, muß mich aber dabei gegen die von Berlin erfolgte »Begründung« wenden, zu widerlegen versuchen u.s.w. Aber mit Hinweis auf die Herkunft der Beschlagnahme aus dem

Propag. Ministerium ist der Fall für die Fachgruppe entschieden –– oder es geschehen hohe Zeichen und Wunder. Jetzt, nach Ihrem heute empfangenen Brief, ist mir jeder Zweifel genommen, ob sich der Schritt gegen einige Blätter oder gegen das Gesamte des Buches, nämlich gegen den Schädling, meine Wenigkeit, richtet. Ich würde mich keineswegs wundern, wenn in der Begründung von jüdisch-bolschewistischer Zersetzung die Rede sein wird. Auch in bezug auf die Nibelungenblätter, man will dergleichen im tiefsten Grunde als Oper sehen. Schade und schmerzlich, daß es nun so gekommen ist, aber natürlich mache ich mir ein Fest daraus, Gründe so zu besprechen, wie es mir vielleicht mit gezügelter Vehemenz, mit respektvoller Beseitigung der kritischen Maßstäbe und höflicher Überreichung eines dreist als besser bezeichneten Maßstabes möglich ist. Aber schließlich fällt mir ein, daß ich, da Begründung erfolgt, mich gegen die begründende Stelle selbst wenden muß. Ich überlege es.
Die Daten und andere Genauigkeiten betr. die zur Ausstellung auffordernden amtlichen Stellen versucht Böhmer aus der Wüste der Papiere hervorzugraben. Wegen Beteiligung an der Chicagoer Weltausstellung geschah ein regelrechter Überfall von 4 Leuten im Auftrage des auswärtigen Amts (Telegramm vom 3. 5. 33), also mündl. Verhandlung, Weitersturm bei Nacht nach Lübeck, um die Terracotta-Sängerfigur loszueisen, ein Mordsaufstand, Anstalten wie fürs jüngste Gericht und als Lohn – eine grenzenlose Verärgerung wegen der Kniffe u. Pfiffe der Versicherung, da die Holzfigur Klosterschüler sehr lädiert zurückgekommen. Wie es hier mit Daten steht, weiß ich nicht. Wegen der Biennale in Venedig geschah eine schriftl. Aufforderung, die nachzuweisen sein wird. Bei der Ausstellung in München (Sie wissen ja!) bin ich von Berlin aufgefordert, da »man«, *also das Propag. Min.*, mich als zugehörig zu der Gruppe der Berliner rechnet und also mit mir demonstrieren wollte, eigentlich für mich. Inzwischen sind die Beauftragten abgebaut oder verärgert bei Seite getreten. Was damals galt, gilt heute durchaus nicht mehr, der Mond scheint hell, die Toten reiten schnell, und nichts ist bekanntlich sicherer als –– nun: etwas Gewisses. Die Ausstellung in Mailand war wohl

noch vor der »Machtergreifung«. In Zürich, auch »vorher«, wurde als Einziges ein Holz von mir angekauft. Nun ja!
Für heute genug, ich erwarte ziemlich ruhig die Begründung – aber wenn mit »Verrohung« und Ähnlichem die »Gefährdung« nachgewiesen werden sollte, wer kann gegen solche Handfestigkeiten an – es bleibt nicht als in gemessenster und leisester Tonart gegen zu piepsen, denn dagegen ist nicht anzustinken.
[...]
(Piper, Briefwechsel, S. 316f.)

114

Conrad Lemmer, Eröffnung der Franz-Marc-Ausstellung, 3. Mai 1936

Bei der Eröffnung der Franz-Marc-Ausstellung 1936 in der Galerie Nierendorf saß ich in der vordersten Reihe neben Franz Marc [sic!] und konnte genau beobachten, wie Prof. Schardt aus dem kurz vorher erschienenen Franz-Marc-Buch einige Sätze vorlas. Daraufhin standen die beiden Kriminalbeamten auf, erklärten die Ausstellung für geschlossen, beschlagnahmten das Buch auf dem Pult und am nächsten Tage bei uns im Verlage die ganze Auflage.
(zitiert nach: Barlach, Briefe II, S. 860f.)

Die erste Gedächtnisausstellung zum 20. Todestag von Franz Marc fand im April in der Kestner-Gesellschaft, Hannover, statt, ihr folgte die Galerie Nierendorf, Berlin. Das Buch Alois Schardts war wenige Tage vor Eröffnung der Ausstellung erschienen und wurde fast sofort beschlagnahmt; Schardt emigrierte wenig später in die USA[19].
Lemmer saß vermutlich neben Frau Marc. Er war der Inhaber des Rembrandt-Verlages, eines führenden Verlages für moderne Kunst, der nach 1933 immer wieder von Verboten betroffen war.

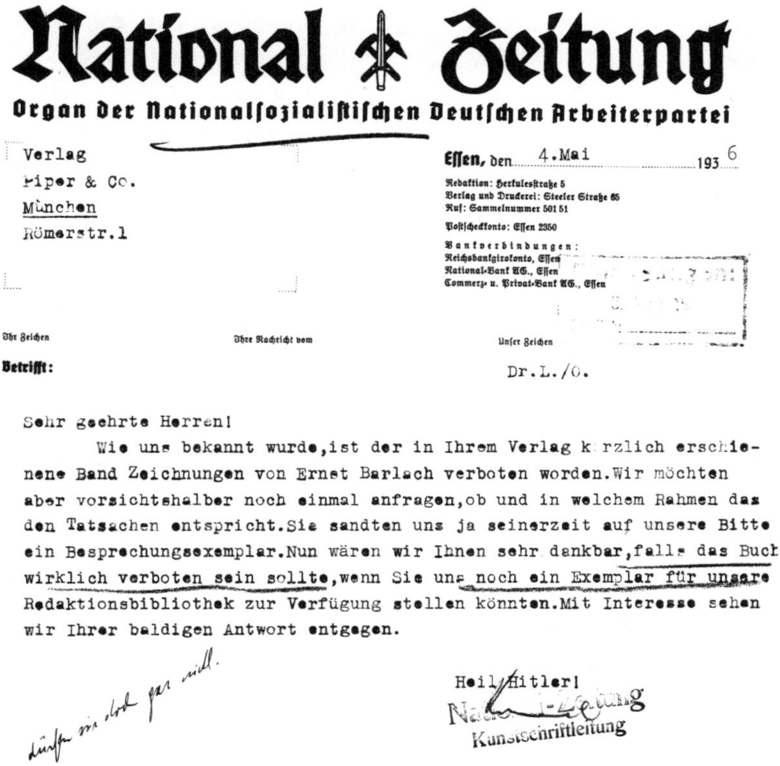

National Zeitung

Organ der Nationalsozialistischen Deutschen Arbeiterpartei

Verlag
Piper & Co.
München
Römerstr.1

Essen, den 4.Mai 1936

Redaktion: Herkulesstraße 5
Verlag und Druckerei: Steeler Straße 65
Ruf: Sammelnummer 501 51
Postscheckkonto: Essen 2350
Bankverbindungen:
Reichsbankgirokonto, Essen
National-Bank AG., Essen
Commerz- u. Privat-Bank AG., Essen

Ihr Zeichen — Ihre Nachricht vom — Unser Zeichen

Betrifft: — Dr.L./O.

Sehr geehrte Herren!

Wie uns bekannt wurde,ist der in Ihrem Verlag kürzlich erschienene Band Zeichnungen von Ernst Barlach verboten worden.Wir möchten aber vorsichtshalber noch einmal anfragen,ob und in welchem Rahmen das den Tatsachen entspricht.Sie sandten uns ja seinerzeit auf unsere Bitte ein Besprechungsexemplar.Nun wären wir Ihnen sehr dankbar,falls das Buch wirklich verboten sein sollte,wenn Sie uns noch ein Exemplar für unsere Redaktionsbibliothek zur Verfügung stellen könnten.Mit Interesse sehen wir Ihrer baldigen Antwort entgegen.

dürfen sie doch gar nicht.

Heil Hitler!
National-Zeitung
Kunstschriftleitung

Schreiben der »Nationalzeitung« an den Piper Verlag, 4. Mai 1936

115

Bernhard A. Böhmer, Brief an Reinhard Piper, 11. Mai 1936

[...]
Von Berlin, wo ich einige Tage zu tun hatte, bin ich zurück. Soweit ich von gewissen Stellen etwas erfahren konnte, glaube ich annehmen zu dürfen, dass die Sache noch sehr viel Schwierigkeiten machen wird, wenn nicht sogar eine Freigabe in Frage stehen dürfte. Ich bin absolut kein Pessimist, aber nach dem und wie man

mir die Zusammenhänge schilderte, glaube ich nur allzusehr daran.

[. . .]

Die Beschlagnahme ist ja von Dr. Goebbels, durch seinen ihm untergeordneten Reichsbeauftragten für Formgebung, dem Karikaturisten des Völk. Beobachters, Herrn Hans Schweitzer ausgesprochen. Dieses teilten Sie ja schon mit. Dass nun von Goebbels die Freigabe wieder erfolgen soll, dürfte kaum anzunehmen sein. Wie ich weiterhin hörte, hat Rosenberg Wert auf die Feststellung gelegt, dass er (Rosenberg) an der Beschlagnahme keinen Anteil hat. Es dürfte sich bei der Beschlagnahme um eine rein personelle Angelegenheit, Kampf zwischen zwei Ministerien, dem Propaganda Min. und Rosenberg mit seinen weltanschaulichen Fragen, handeln.

Der Buckel, auf dem dieses ausgetragen wird, ist zufällig Barlach und Sie.

Ich möchte schon vorausschauend, vorschlagen, den Blick auf etwas anderes zu richten. In diesem Zusammenhang interessiert mich die Frage, wieviel Exemplare sind beschlagnahmt? Sind alle diese Exemplare schon aufgebunden, oder roh. Wie liegt das Zahlenverhältnis zueinander?

Dann müsste erreicht werden, von der Gestapa. die Begründung und die Aufzählung der einzelnen beanstandeten Blätter zu erfahren, um evtl. diese Blätter herauszunehmen und durch andere zu ersetzen. Man könnte evtl. auch ein kleines zweites Vorwort zudrucken, um auf die fehlenden Nummern der Blätter hinzuweisen in Bezug auf die durchgeführt gewesene Beschlagnahme.

Wenn man auch die vollständige Freigabe nicht erreichen wird, so wäre vielleicht auch zu versuchen, den Verkauf des Buches von gewissen Bedingungen bei den einzelnen Buchhändlern abhängig zu machen, z. B. dass es nur zu Studienzwecken oder an Bibliotheken, Fachleute, Kunststudierende abgegeben werden darf. Ähnliche Beschränkungen bei dem Verkauf beschlagnahmt gewesener Bücher gibt es heute noch.

[. . .]

(Piper-Archiv)

116

Bayerische Politische Polizei, Schreiben an den R. Piper & Co. Verlag, 13. Mai 1936

Betrifft: Zeichnungen von Ernst Barlach.
Vorgang: Eingabe v. 31. 3. 36.
Die Druckschrift »Zeichnungen« von Ernst *Barlach* wurde im Benehmen mit dem Reichsministerium für Volksaufklärung und Propaganda beschlagnahmt, weil der Inhalt mit dem nationalsozialistischen Kunstempfinden nicht in Einklang zu bringen ist.
(Piper-Archiv)

117

Reinhard Piper, Brief an Barlach, 15. Mai 1936

Die Bayerische Politische Polizei hatte auf meine Reklamation hin und infolge einer persönlichen Vorsprache von Klaus, wie ich Ihnen schon schrieb, die »Begründung« für Samstag, spätestens Montag versprochen, eher gehe es nicht, weil sie erst noch geschrieben werden müsse. Als sich bis Mittwoch nichts rührte, rief Klaus nochmal an, und darauf bekamen wir nun endlich gestern die Begründung. [. . .]
Sie werden ebenso erstaunt sein wie wir, dass dies die uns versprochene Begründung ist, auf die wir wochenlang warten mussten. Die Bayerische Politische Polizei gibt ja selbst zu, dadurch, dass sie unsere Eingabe vom 3[1]. 3. nennt, dass dies die Beantwortung auf jene Eingabe ist. Und wir hatten auf eine ausführliche Begründung resp. Widerlegung unserer Eingabe gewartet!, zumal uns gesagt war, die Begründung verzögere sich, weil sie erst noch geschrieben werden müsste.
[. . .]
Wir haben also ganz unnütz auf eine Begründung gewartet, auf die wir irgendwie bei einer weiteren Eingabe Bezug nehmen könnten.

Zu beachten ist aber, dass die Begründung, die uns bei der *Beschlagnahme* überreicht wurde, *ganz anders* lautet, denn da hiess es ja, dass die Beschlagnahme auf Grund § 7 der Verordnung des Reichspräsidenten zum Schutze des deutschen Volkes vom 4. 2. 33 erfolge, da der Inhalt geeignet sei, die öffentliche Sicherheit und Ordnung zu gefährden.
Nun können doch sehr viele Kunstwerke mit dem nationalsozialistischen Kunstempfinden nicht in Einklang zu bringen sein, ohne dabei im geringsten die öffentliche Sicherheit und Ordnung zu gefährden, z. B. eine Zeichnung von Klee, auf der nichts zu erkennen ist als ein Fisch oder ein Halbmond.
Ich möchte Sie nun aber bitten, auf jeden Fall Ihre Eingabe zu machen und dabei gar nicht Bezug zu nehmen auf die Begründung mit dem nationalsozialistischen Kunstempfinden. Diese Begründung brauchen Sie ja dem Reichsministerium gegenüber gar nicht zu kennen. Sie müssen sich halten an die Begründung bei der Beschlagnahme, also an die Gefährdung der öffentlichen Sicherheit und Ordnung. Diese dürfen Sie keinesfalls auf sich sitzen lassen. Vor allem müssen Sie verlangen, dass Ihnen *diejenigen* Zeichnungen *angegeben* werden, welche nach Auffassung des Reichsministeriums die Sicherheit und Ordnung gefährden. Dies könnte, müssten Sie schreiben, doch auf keinen Fall auf die überwiegende Mehrzahl der Zeichnungen zutreffen, die z. B. einen Lesenden, einen Wanderer im Wind, drei Rastende etc. etc. darstellen. Ich bitte Sie hier möglichst viele Zeichnungen aufzuzählen. Ferner könnten es auch die Nibelungen-Zeichnungen nicht sein – müssen Sie anführen –, weil diese nach Entlassung Justis von dem von der nationalsozialistischen Regierung eingesetzten Direktor Schardt in der National-Galerie ausgestellt worden wären. Sie könnten doch nicht annehmen, dass es Ihnen *überhaupt* verboten sein solle, Zeichnungen zu veröffentlichen, denn es sei ja auch nicht verboten, dass Ihre Plastiken abgebildet würden. Plastiken und Zeichnungen von Ihnen würden ja in der National-Galerie und in anderen öffentlichen Museen das Jahr über von Tausenden von Besuchern betrachtet und seien dadurch sehr viel zugänglicher als in einem Buche, das man erst kaufen

müsse. Die Einwände gegen den Band Zeichnungen könnten sich also nur gegen *einzelne bestimmte* Zeichnungen richten, nicht aber gegen das ganze Buch. Sie würden mit dem Verlag, der durch die Beschlagnahme von ca. 4000 Exemplaren des Buches schwer geschädigt sei, erwägen, diese Zeichnungen durch andere, bei denen eine Beanstandung ausgeschlossen sei, zu *ersetzen.*

Dies wollte ich Ihnen nämlich schon vorschlagen und sehe aus dem Briefe des Herrn Böhmer, für den ich diesem bestens danke, dass auch er schon diese Idee gehabt und mit Ihnen besprochen hat.

Auf die Frage des Herrn Böhmer, der mir gestatten möge, seine Fragen gleich hier zu beantworten, erwidere ich:

Es wurden im Ganzen an verschiedenen Stellen in München, Berlin und Leipzig, etwa 600 gebundene Bücher und in der Leipziger Buchbinderei 3100 rohe Exemplare beschlagnahmt. Der Verleger lässt ja immer nach dem jeweiligen Bedarf weiteren Vorrat binden. Infolgedessen würde es also technisch möglich sein, in den rohen Exemplaren einzelne Blätter zu ersetzen und auch ein kleines zweites Vorwort dazuzudrucken. Wenn auch dieser Vorschlag *abschlägig* beschieden werden sollte, so darf er doch auf keinen Fall unterlassen werden. Es ist dann wenigstens die Lage geklärt und man braucht sich nicht vorzuwerfen, dass man etwas versäumt hat. Die Leute müssen dann doch zugeben, dass sie überhaupt kein Buch mit Zeichnungen von Barlach haben wollen, ganz gleich, ob dasselbe die öffentliche Sicherheit gefährdet oder nicht.

[. . .]

Übrigens könnte man aus der neuerlichen Begründung unter Bezugnahme auf das nationalsozialistische Kunstempfinden unter Umständen schliessen, dass der zuerst eingenommene Standpunkt mit der Gefährdung der öffentlichen Sicherheit der Behörde selbst nicht ganz glücklich oder ausreichend erscheint.

Eine Äusserung Rosenbergs, dass er Wert auf die Feststellung lege, dass er keinen Anteil an der Beschlagnahme hatte, ist übrigens kaum in der Presse erschienen, da ich bei dem Ausschnittsbüro Schusterman auf alles abonniert habe, was auf die Beschlag-

nahme Bezug hat. Ich erhielt aber nur wenige ganz dürftige Notizen darüber, dass die Beschlagnahme überhaupt erfolgt ist.
Interessant ist, dass in einer Buchhandlung in Luckau in der Niederlausitz das Buch beschlagnahmt wurde, dass aber Münchener Buchhändler, die ich jetzt fragte, von der Beschlagnahme noch gar nichts wussten, und das Buch seelenruhig im Regal stehen hatten.
In den Münchener Zeitungen erschienen auch keinerlei Notizen.
Bei Ihrer Eingabe werden Sie natürlich auch darauf hinweisen, dass Sie durch die Beschlagnahme auch *ideell* schwer geschädigt seien, wenn ein Teil Ihres Schaffens als die öffentliche Sicherheit gefährdend gebrandmarkt werde.
An Herrn Professor Hönig werde ich mich nicht wenden, nachdem Sie es schon getan haben, zumal mir Schinnerer sagte, er werde sicher nichts tun, woraus man ihm irgendwie einen Strick drehen könnte. Ich meinerseits habe ja am 31. 3. gleichzeitig mit den anderen Eingaben auch eine solche nach Berlin an den Präsidenten der Reichskammer der Bildenden Künste gemacht, der doch Hönig damals jedenfalls noch war, und bekam eine vorgedruckte Postkarte, wonach diese Kammer die Eingabe an die Reichsschrifttumskammer weitergegeben habe, da sie nicht zuständig sei. Die Reichsschrifttumskammer ihrerseits sandte eine vorgedruckte Postkarte, sie habe meine Eingabe an das Geheime Staatspolizeiamt, Berlin SW 11, Prinz Albrechtstr. 3, weitergeleitet, da sie nicht zuständig sei.
Aus all dem geht hervor, dass man sich nur an das Reichsministerium für Volksaufklärung und Propaganda halten kann.
[. . .]
Ich möchte zum 60. Geburtstag Kubins einen Band Kubin-Zeichnungen machen. Aber in diesem Falle werde ich vorsichtshalber alle Zeichnungen in Berlin vorlegen, bevor ich mit der Herstellung des Buches beginne. [. . .]
(Piper, Briefwechsel, S. 318–321)

Der erwähnte Band zum 60. Geburtstag Alfred Kubins kam – mangels Genehmigung – nicht zustande. Er erschien ohne Genehmigung, aber geduldet schließlich zum 65. Geburtstag[20]*.*

118

Polizeipräsidium Leipzig, Schreiben an den R. Piper & Co. Verlag, 18. Mai 1936

Das Polizeipräsidium teilt Ihnen auf das Schreiben vom 24. April 1936 mit, daß die beschlagnahmten und eingezogenen Bestände des Buches

»Zeichnungen« von Ernst Barlach

hier weiter verwahrt werden.

Sollte nach Ablauf von 6 Monaten eine Anweisung des Herrn Staatsministers des Innern über Aufhebung der Beschlagnahme nicht ergangen sein, wird die Vernichtung der Bestände erfolgen.

(Piper-Archiv)

Die Evidenz der vorliegenden Dokumente deutet darauf hin, daß der beschlagnahmte Bestand nach sechs Monaten tatsächlich vernichtet worden ist, aber mit letzter Sicherheit ist es nicht nachweisbar.

119

Brief an Reinhard Piper, 18. Mai 1936

[...] Ihr Brief vom 15. d M. kam, ward gelesen und gewürdigt. Das Erstaunen »unsererseits« ist groß, aber ich glaube zu bemerken, daß das Erstaunen selbst die Hände über dem eigenen Kopfe zusammenschlägt.

Ich hatte naiv gedacht, es handle sich um eine schon bei der Beschlagnahme erfolgte und der B. pol. Polizei vorliegende Begründung mindestens um *das was bei dem Vorgang des »Benehmens mit dem Reichsministerium für Aufklärung« als Darlegung des Sachverhalts damals, also zum Termin der Beschlagnahme, 24. März 36, überreicht sein und vorgelegen haben muß*. Jetzt sehe ich, daß damals eine bloße Order erfolgt ist

und die jetzige Begründung eingeholt und hergestellt ist ad usum Barlachi. Verlegenheitsprodukt??? [...]
Hönig hat mir sehr freundlich und auch freimütig geschrieben, weiß von Beschlagnahme noch nichts, ist in eine Art Urlaub eingetreten und noch ohne Beantwortung seiner »Resignation«. Kann demnach offiziell nichts tun und am Ende will er sich die Finger auch nicht verbrennen.
Böhmer wird morgen in Berlin versuchen, den Vorstand der Abteilung für Kunstform zu sprechen, ihm dabei, wenn ers erreicht, darlegen, welche Weiterungen vermieden werden können, wenn eine Präzisierung der beanstandeten Blätter erfolgen könne.
Was ich nun an den Herrn Reichsminister Goebbels zusammenbringe wird so sein, daß es sich eindringlich und besonnen genug präsentiert. Hauptsächlich möchte ich ganz kurz verfahren. Überzeugt vom Bestehen jener Gesinnung, die aus der Beantwortung Ihrer Eingabe durch das Propag. Min. für Aufklärung hervorblitzt oder vielmehr -schwält (schwelt) glaube ich, daß Vorschläge zwecks Austausch von Blättern gegen zulässigere, Hindeutung auf Möglichkeiten besonderer beschränkter Verwendung, Ihnen besser ansteht. Ob ich es so sagen kann, ohne den Eindruck zu erzielen: er kann und will auch anders, weiß ich nicht. Meine Mühe und Umsicht wird die beste sein, aber aus meiner Haut kann ich nicht.
Noch Eins: Die Vorlegung und Billigung Kubinscher Blätter sichert Sie nicht gegen spätere Willkür. Text und Alles des Sauerlandtschen Buches: Kunst der letzten 30 Jahre (oder ähnlich, im Rembrandt-Verlag) hat vorgelegen und ist gebilligt und doch beschlagnahmt. Wie geht das zu? Man weiß nicht wie, ist aber Tatsache, fragen Sie bei Lemmer an. Mein Fries der Lauschenden, mit zeichnerischen Vorstudien und verschiedenen Gruppierungen sollte ebenda erscheinen, aber er wagts nicht mehr. Es sind sozusagen lauter Heiligen- und Andachtsgestalten. Aber er wagts nicht. Und der fördernde Besitzer, d. h. der Geldgeber, ist völlig verstummt, wo ers doch anscheinend so eilig hatte. Er hat tausendfach Rücksicht zu nehmen – heute schmort Alles in Politik,

und auch unsre Sache ist damit geteert und gefedert, so wenig sie damit zu tun hat. Alles wird gewaltsam im politischen Schmalz gebacken. Darum auch: ich fühle und sehe, daß Sachlichkeit bei meinem Vorhaben der Eingabe zwar erste Forderung für meine Haltung ist, aber, daß sachliche Einwände als solche gewertet werden, glaube ich nicht mehr. Man versucht halt Alles und giebt sich den Anschein des guten Glaubens »dort« an ein mögliches Eingehen auf die Vorlegungen des Künstlers von seinem nur künstlerischen Standpunkte aus.
[. . .]
(Piper, Briefwechsel, S. 321f.)

Max Sauerlandt (1880–1934) war Kunsthistoriker und Direktor des Museums für Kunst und Gewerbe in Hamburg. »Die Kunst der letzten 30 Jahre« (hrsg. von Harald Busch, Berlin 1935) war sein letztes Werk.
Im Zuge der Verschärfung des Vorgehens auf kulturpolitischem Gebiet kam es auch zu einem Revirement in den Kammern. Im Mai 1936 wurde der Präsident der Reichskammer der bildenden Künste, Prof. Eugen Hönig, durch seinen bisherigen Stellvertreter Prof. Adolf Ziegler ersetzt.

120
Reinhard Piper, Brief an Barlach, 20. Mai 1936

Besten Dank für Ihren Brief vom 18. Sie waren also ebenso erstaunt über die langerwartete »Begründung« wie ich. Dem Durchschlag Ihrer Eingabe sehe ich mit grosser Spannung entgegen, ebenso einer Nachricht über den Erfolg der Intervention des Herrn Böhmer. [. . .]
Manche Leute haben mir übrigens gesagt, die Beschlagnahme könne auch schon durch den Fechter'schen Text verursacht sein, weil hier gleich zu Anfang gesagt wird, dass im dritten Reich der Kunst Barlachs Widerstand entgegengesetzt werde und weil das

dritte Reich eben nicht dulden könne, dass, trotzdem dies eigens hervorgehoben werde, ein Buch über diesen Künstler erscheine, – dass also sozusagen offiziell und bewusst der Widerstand des Dritten Reiches durch die Veröffentlichung ignoriert werde resp. diese sich darüber hinwegsetze.
Wenn der »Fries der Lauschenden« vom Rembrandt-Verlag aufgegeben wurde, könnte dieser vielleicht doch noch für mich in Frage kommen, unter Umständen auch ein Buch über *alle* Ihre neueren, in anderen Büchern noch nicht enthaltene Plastiken.
Am liebsten möchte ich später einmal ein grosses zusammenfassendes Plastik-Werk machen, möglichst schön mit grossen Autotypien.
[. . .]
In meinem Kunstkalender, den ich jetzt für das nächste Jahr zusammenstelle, will ich übrigens eine Koburger Pieta bringen und darunter aus Pinders »Geschichte der deutschen Plastik« zitieren, dass diese Pieta von einem Barlach des 14. Jahrhunderts stamme. Ebenso werde ich einen Apostelkopf aus dem Schweriner Museum bringen und dazu gleichfalls Pinder zitieren, dass dieser Kopf schon eine Vorahnung Barlachs sei. Im allgemeinen bringe ich ja im Kunstkalender nur Abbildungen aus schon vorhandenen Verlagswerken, schon weil da die Klischees vorhanden sind und nicht erst eigens angefertigt werden müssen. In diesen beiden Fällen werde ich aber, mir selbst zur Befriedigung, eine Ausnahme machen.

(Piper, Briefwechsel, S. 322–324)

121

Rembrandt-Verlag, Brief an den R. Piper & Co. Verlag, 23. Mai 1936

[. . .]
Das Sauerlandt-Buch ist seinerzeit von dem Herausgeber, dessen vorgesetzter Behörde, dem »Hamburger Ministerium« vorgelegt

worden. Die Genehmigung seitens dieser Stelle ist leider für die Beschlagnahme ohne jede Bedeutung gewesen.
Vielleicht dürfte es Sie interessieren, dass die Sache »Sauerlandt« zum Anlass genommen wird, eine grundsätzliche Stellungnahme des Staates zur Frage der modernen Kunst herbeizuführen. Die Angelegenheit ist daher noch immer in der Schwebe, und die durch das Kultusministerium und Propagandaministerium eingeholten Gutachten sind bald nicht mehr zu zählen.
Wie die Sache definitiv ausgehen wird, ist natürlich ungewiss, da ja die Korrespondenzen zwischen den beiden Ministerien einerseits und Herrn Rosenberg andererseits nicht einheitlich sein dürften. Neuerdings hat man sogar den Eindruck, als ob das Propagandaministerium sich in Fragen der modernen Kunst den Richtlinien Rosenbergs mehr anzupassen versucht.
Bei Kubin besteht u. E. die Gefahr der Beschlagnahme überhaupt nicht. Wir hatten ja selbst vor, in unserer Reihe »Die Zeichner des Volkes« eine Kubin-Biographie zu bringen. Bei der vorläufigen Zurückstellung des Planes hat für uns die Gefahr einer Beschlagnahme garnicht bestanden.
[. . .]
(Piper-Archiv)

122
Brief an Joseph Goebbels, 25. Mai 1936

[. . .] Die Nötigung zum Aufrufen einer Entscheidung durch Sie ergibt sich zweifellos unmittelbar aus den hier vorgetragenen Einzelheiten über die Beschlagnahme meiner bei R. Piper & Co. München erschienenen »Zeichnungen« durch die Bayr. politische Polizei.
Der Beschluß, in dem diese Beschlagnahme ausgesprochen wurde, erging am 24. März 1936 mit dem Hinweis auf § 7 der Verordnung des Reichspräsidenten zum Schutze des deutschen Volkes vom 4. 2. 33 und geschah, weil

»der Inhalt geeignet ist, die öffentliche Sicherheit und Ordnung zu gefährden«.

Herr Reichsminister, ich kann nicht glauben, daß ein Gesetz zum Schutze des deutschen Volkes gegen die vorliegenden Zeichnungen mit Notwendigkeit in Wirkung treten mußte. Ja, ich kann mich nicht entschließen, es als bittern Ernst gelten zu lassen, wenn von Gefährdung der öffentlichen Sicherheit im Zusammenhang mit meinen Zeichnungen gesprochen wird, und es fällt mir leicht, Ihnen gegenüber als Haupteinwand gegen den Beschluß vom 24. März die Überzeugung auszusprechen, daß es dem Erlasser des Gesetzes doch wohl auf Unterdrückung einer ganz anderen Kategorie von Publikationen in Wort, Schrift oder auf graphischem Gebiet ankam, als zu welcher dieses Bändchen Zeichnungen von meiner Hand zu rechnen ist, und daß die Bayr. politische Polizei die Öffentlichkeit durch Anwendung eines so schweren Kalibers schützen zu müssen glaubt, wie es in keinem Verhältnis zu mir und meiner vorliegenden Arbeit steht.

Zu welcher Erklärung dieses Vorgehens ich in meiner Ratlosigkeit gelange, ist hier nicht am Platze zu sagen, da es nicht auf Vermutungen ankommt. Mit desto größerer Zuversicht auf Ihre Geneigtheit zu einer Prüfung des Vorkommnisses kann ich darum nur auf die schwere ideelle und sonstige Schädigung, die mir widerfahren, hinweisen und auf die Folgen deuten, die bei weiteren und ähnlichen Unternehmungen für mich früher oder später den Verlegern, Theaterleitern und dem sonstigen Kreis von Freunden meiner Kunst drohen.

Da ich trotz des Fehlens einer eingehenden Begründung des Vorgehens gegen mich eine Absage nicht gegen das Ganze, sondern nur gegen einen Teil meiner graphischen Produktion gerichtet weiß, handelt es sich darum festzustellen, welche besonderen Blätter unter den 56 reproduzierten das Bedenken der politischen Polizei erregten. Denn es obliegt mir, sehr geehrter Herr Reichsminister, nicht die Wahrnehmung meiner sogenannten »Interessen«, sondern vor allem, moralisch in eine Verteidigungsstellung gedrängt, mich von einer schweren Bemakelung zu reinigen. Ich muß alles daran setzen, die Beschlagnahme rückgängig zu machen, und dazu bedarf es, damit ich erst einmal darlegen, erklären, aufhellen und Mißverständnisse zurückweisen kann, genauer Kenntnis der Punkte, die den Beschluß der Beschlagnahme entscheidend bestimmt haben.

Unmöglich, daß z. B. Blätter wie (ich nenne die dargestellten Themen): Lesender, Geiger, Lied an die Freude, Tänzerin, zwei Mädchen ein Tuch prüfend, Fischer, Faust i. d. Walpurgisnacht, Flötenbläser, frierendes Mädchen, Mann bei Gewitter, Eilender, Durstiger, Wanderer im Wind und weitere ähnliche, nämlich Schilderungen rein menschlicher und zeitloser Zustände, den Schutz der Öffentlichkeit vor ihnen herausfordern. Einige der Blätter aus meinem Nibelungen-Zyklus sind bei der Neuordnung der Nationalgalerie durch den Beauftragten Dr. Alois Schardt mitausgestellt gewesen und haben von keiner Seite Beanstandung erfahren, wird doch auch unter der jetzigen Leitung der Nationalgalerie eine ganz hübsche Reihe von Holzplastiken gezeigt und sind jedermanns Betrachtung freigegeben. Man kann wohl kaum die Annahme zulassen, daß ein Künstler auf dem einen Schaffensgebiet wohlgelitten ist, auf dem andern aber einer gänzlich abweichenden Ausdeutung seines öffentlichen Wirkens anheimfällt. Zeichnungen von mir hat überdies Herr Prof. Dr. Eberhard Hanfstaengl erst im vorigen Jahre erworben, und viele andere, Kohle- wie graphische Blätter, sind unverdächtigt im Besitze staatlicher Museen geblieben. Die versuchsweise anzudeutende Annahme, daß meine zeichnerische Produktion als Ganzes das Gesetz zum Schutze des deutschen Volkes zur Anwendung zwingt, fällt also gewiß dahin. Daß ich aber mit einzelnen Stücken, umstritten, wie man mich bis zum Überdruß nennt, Mißfallen und Widerspruch hervorrufe, dieses Schicksal teile ich mit allen Künstlern, die sich ein bißchen hervorgewagt haben. Für diese Stücke um Verständnis werben zu dürfen, bitte ich Sie, Herr Reichsminister, mir zubilligen zu wollen. Sollte es alsdann gar nicht gelingen, diesen die erhoffte, günstigere Bewertung zu erkämpfen, so wäre es immer noch zu erwägen, wie man sie durch andere ersetzt. Denn bedenklich bleiben bei voller Berücksichtigung ihrer Nicht-Hergebrachtheit und zur Not als kraß in der Darstellung anzuspre-

chen, von den 56 nur einige Blätter, vielleicht sogar ½ Dutzend. Daß alles, was ich hier sorglos als kraß, nämlich in den Augen ungeübter Beschauer, unterstelle, meinem Drange nach kompromißloser Gestaltung, dem Streben nach Endgültigkeit entsprang – dieses nur nebenbei. Der künstlerische Wert oder Unwert meiner Arbeiten steht außerhalb der von der politischen Polizei zu treffenden Entscheidungen. Dagegen droht die mich zu erdrücken geeignete riesengroße Beschuldigung der Schädlichkeit meiner Zeichnungen in einem mir verborgenen Sinne. Mir wird zwar in dem Beschluß vom 24. März nicht die Absicht einer Beunruhigung der Öffentlichkeit vorgeworfen, doch bleibt genug des Kränkenden, wenn ich von amtlicher Stelle durch Beschlagnahme vor derselben Öffentlichkeit angeprangert werde, wie das auch von allen Lesern der mit hämischen Glossen nicht sparenden Zeitungsmeldungen empfunden wird, und ich wiederhole die ergebenste und dringende Bitte, den genauen Sachverhalt meiner Kenntnisnahme nicht vorzuenthalten.
Es ist unzulässig anzunehmen, daß die Absicht des Gesetzes dahin zielt, durch Beschuldigungen allgemeiner Art eine nicht motivierte, summarische und verwerfende Kennzeichnung des Gegenstandes zu verbreiten, auf den es angewandt wird. Eine Beschuldigung aber, wie sie mich trifft, ist eine schwere Anklage, und es kann nicht gewollt sein, daß einem Angeklagten die Inanspruchnahme des Rechtsgutes seiner eigenen Rechtfertigung abgeschlagen werde, da eine generelle Bezichtigung, die von vielen beliebigen Auslegungen all und jede zuläßt, keine Handhabe bietet, bei der eine Rechtfertigung einsetzen kann. Mit der Versicherung meines guten Vertrauens auf Ihre Geneigtheit, meine Erwartungen als billig anzuerkennen [. . .]

(Barlach, Briefe II, S. 636–638)

123

Bernhard A. Böhmer, Brief an Reinhard Piper, 26. Mai 1936

[. . .]
Bei meinem Besuch in Berlin war es mir möglich, den als zuständig bezeichneten Herrn, einen Sachbearbeiter unter dem Staatssekretär Funk, Dr. Erkmann zu sprechen.
Die Lage ist sehr ungünstig, da bereits der Beschluss der Schrifttumskammer, das Buch auf den Index zu setzen, getroffen ist. Dieser Beschluss ist von dem Präsidenten, Hanns Johst getroffen, aber noch *nicht* veröffentlicht.
Nun war es mir möglich, auf meine Vorstellungen hin, zu erreichen, dass nochmals geprüft wird, die einzelnen zu beanstandeten Blätter uns aufzugeben, damit der Bestand an rohen Exemplaren anderweitige Verwendung finden kann, wenn dann diese beanstandeten Blätter herausgenommen worden sind.
Ich habe die Hoffnung, dass ich morgen, wenn ich in Berlin wieder bin, einen günstigen Bescheid erhalten werde.
Dass das Buch in dieser vorliegenden Form *jemals* freigegeben wird, ist als vollkommen aussichtslos zu bezeichnen, da ich gesehen habe, dass auf Grund der verschiedenen Gutachten von Johst, v. Keudell, Weidemann (diese beiden letzten positiv) ein abschliessendes ablehnendes Gutachten von Goebbels persönlich vorliegt.
[. . .]
(Piper-Archiv)

124

Preußische Geheime Staatspolizei, Schreiben an den R. Piper & Co. Verlag, 26. Mai 1936

[. . .]
Auf Ihr an den Herrn Präsidenten der Reichsschrifttumskammer gerichtetes und von diesem an mich zuständigkeitshalber abgege-

benes Schreiben vom 31. März 1936 teile ich mit, daß die Druckschrift »Zeichnungen« von Ernst Barlach von mir im Benehmen mit dem Herrn Reichsminister für Volksaufklärung und Propaganda und dem Reichsbeauftragten für künstlerische Formgebung beschlagnahmt worden ist, weil der kunstbolschewistische Inhalt der Schrift Ausdruck einer destruktiven und unserer Zeit nicht entsprechenden Kunstauffassung und die nationalsozialistische Kulturpolitik zu gefährden geeignet ist.
Bei dieser Sachlage vermag ich Ihrem Antrage auf Aufhebung der Beschlagnahme nicht stattzugeben. Ebensowenig kann ohne Schädigung des Ansehens der deutschen Kunst eine Freigabe des Werkes für den Vertrieb im Ausland erfolgen.

[. . .]

(Piper-Archiv)

125

Verordnung über den Nachweis der Abstammung, 26. Mai 1936

[. . .]

§ 1

Wer der Reichskammer der bildenden Künste angehört oder gemäß dem § 9 der vorgenannten Verordnung von der Zugehörigkeit befreit ist, hat den Nachweis der Abstammung, und zwar grundsätzlich bis zu den Großelternteilen einschließlich, für sich und seine Ehefrau auf den beim jeweils für ihn zuständigen Landesleiter erhältlichen Formularblättern unter Beifügung von Originalurkunden oder beglaubigten Abschriften ohne Erfordern gegenüber dem Landesleiter bis zum 30. September 1936 zu erbringen.

[. . .]

(Völkischer Beobachter, 16. Juni 1936)

126
Staatsminister Wagner eröffnet die Große Münchner Kunstausstellung 1936

[...]

Ich darf die Gelegenheit wahrnehmen, noch einiges zu sagen darüber, *wie wir die Kunst zu führen gedenken.* Hierzu ist als erstes zu sagen, daß wir weit davon entfernt sind, prüde Banausen zu sein oder romantische Schwärmer oder etwas ähnliches. Wir denken gar nicht daran, der Kunst etwa Vorschriften machen zu wollen, wie sie sich zu entwickeln habe. Wir denken auch nicht daran, ihr zu sagen, daß diese oder jene Richtung die von uns erwünschte sei. Wir beschränken uns zunächst lediglich darauf, das nach unserer Meinung und nach unserer Erfahrung vorhandene *Unkraut aus der Kunst auszujäten.* Dieses Unkraut entfernen wir, weil wir der Ueberzeugung sind, daß dann die gesunde Pflanze um so besser zu wachsen vermag. Wir entfernen dieses Unkraut auch aus Mitleid mit unseren Mitmenschen, weil wir nicht mit ansehen können, daß sie sich durch dieses unverdauliche Unkraut den Magen verderben. Wer Unkraut sät, mag es in Gottesnamen selbst ernten und selbst verspeisen. Das interessiert uns nicht.

Da wir andererseits friedliche Menschen sind, sehen wir nicht ein, daß etwa auf der Leinwand oder im Orchester Farben bzw. Töne den wildesten Krieg miteinander führen. Und da wir ferner als ein Volk nordischer Art doch vornehmlich aus ansehnlichen Menschen bestehen, können wir nicht einsehen, daß ausgerechnet Kretins und Mißgeburten in Stein gemeißelt oder gar in Erz und Bronze gegossen der Nachwelt überkommen werden. Wenn eine dekadente Zeit die Symbole dieser Zeit, nämlich die Dekadenz in der Kunst, verherrlichte, dann mag das für diese Zeit richtig gewesen sein. *Die Zeit Adolf Hitlers* aber hat *nicht* die Dekadenz, nicht den Niedergang, sondern den *Aufstieg,* das lebendige schöne Leben, das Herrliche im Menschen auf seine Fahne geschrieben *und dies wollen wir in der Kunst unserer Zeit festgehalten wissen.*

[...]

(Münchner Neueste Nachrichten, 28. Mai 1936)

Hinter der Textstelle »Unkraut aus der Kunst auszujäten« hat Reinhard Piper handschriftlich angemerkt »z. B. Barlach«.

127

Reinhard Piper, Tagebuchblatt, 29. Mai 1936

Der gegenwärtigen Sachlage entsprechend könnte der Verlag jetzt folgendes doppelseitige Inserat im Börsenblatt aufgeben:

Verboten wurde:	Gefördert wird:
Ernst Barlach	Hans Reimann
Zeichnungen	Das Buch vom Kitsch

Die Barlach-Zeichnungen, dieses ernste künstlerische Werk, wurden beschlagnahmt, weil der Inhalt »geeignet ist, die öffentliche Ordnung und Sicherheit zu gefährden«. Von der Kunst Ernst Barlachs wird man reden und schreiben, so lange überhaupt eine Geschichte der deutschen Kunst geschrieben wird.

Reimanns Buch vom Kitsch wurde im Manuskript laut Angabe des Verfassers von Parteistellen gutgeheissen, auch wurde Reimann zugesichert, dass das »Schwarze Korps«, also das amtliche Organ der SS, das Buch sofort bei Erscheinen auf einer ganzen Seite eindringlich empfehlen werde. Das Buch von Reimann ist eine Augenblickssache, die mit künstlerischem Ernst nichts zu tun hat und in einem Jahr vergessen sein wird. Im Manuskript bekamen ganz unvermittelt die beiden deutschen Dichter und bedeutendsten Geister Hugo von Hofmannsthal und Rudolf Borchardt einen Fusstritt. Sie wurden (als die *einzigen* deutschen Dichter) als Kitschiers behandelt, und erst durch *mein* Eingreifen wurde diese Stelle aus den Korrekturbogen entfernt.

(Piper-Archiv)

»Das Buch vom Kitsch« erschien im Juni 1936. Solche Tagebuchblätter hat Piper angelegt, wenn Ereignisse ihn besonders bewegt haben.

128

Schreiben an die Geheime Staatspolizei, 4. Juni 1936

Eine Ausführung Ihrerseits an die Adresse des Verlages R. Piper & Co., München, vom 26. Mai 36 liegt mir abschriftlich vor. Dieselbe enthält eine Antwort auf ein Schreiben des Verlegers R. Piper vom 31. März 1936 in der Frage der Beschlagnahme der Druckschrift ›Zeichnungen‹ von mir.

In dieser Ihrer Ausführung wird der Inhalt der Schrift, also meine Arbeiten, zunächst als »bolschewistisch«, sodann als durch »destruktive, unserer Zeit nicht entsprechende Kunstauffassung«, die nationalsozialistische Kulturpolitik gefährdend, abgelehnt.

In welcher Hinsicht, auf Grund welcher zu klarer Gültigkeit erhobenen Richtpunkte dieses geschieht, wird weder bei der einen noch bei der anderen Beschuldigung erläutert oder verständlich zu machen versucht.

Meine Arbeiten sind somit allgemein und überhaupt jeder Auslegung im ungünstigen Sinne preisgegeben.

Gegen beide Vorwürfe erhebe ich schärfsten Protest!

Kunstbolschewismus ist eine Bezeichnung, unter die alles fallen kann, was nicht ganz offensichtlich als der Zeit beflissentlich angepaßt erscheint. Der größte Teil der reproduzierten Blätter ist aber vor *mehr* als zehn Jahren entstanden, und zwar in ununterbrochener Fortsetzung meines vor gut 45 Jahren betretenen Weges. Daß diese und ähnliche Blätter aber auch von der heutigen Kulturpolitik als repräsentativ für deutsche Kunst anerkannt worden sind, beweise ich durch ihre Verwendung mit amtlicher Billigung. So benenne ich nur die Gelegenheit der Neuordnung der Nationalgalerie durch den Beauftragten Dr. Alois Schardt, wo unter anderen auch einzelne der beanstandeten Zeichnungen mit ausgestellt waren. Auch sind erst im vorigen Jahre Zeichnungen gleicher Art von der jetzigen Leitung der Nationalgalerie erworben. Man kann doch wohl nicht teils als Kunstbolschewist, gleichzeitig aber wegen anderer Arbeiten als zeitgemäß und dem heutigen Kulturbestreben konform gestempelt werden.

Hier klafft ein Riß in den Folgerungen der Geheimen Staatspolizei, der durch eine allgemeine Bezichtigung nicht zu überbrücken ist. Ich muß somit die Kennzeichnung meiner Leistungen als bolschewistisch als verfehlt und, da jeder auch nur versuchsweisen Begründung ermangelnd, als mich persönlich bloßstellend zurückweisen.

Der gleiche Mangel an Einsicht in die Zusammenhänge meines künstlerischen Strebens mit den Forderungen der Kulturpolitik stellt sich heraus, wenn der prüfende Blick mein Lebenswerk als Ganzes umfaßt. Meine Plastiken, Zeichnungen und Graphik werden nach wie vor in vielen staatlichen Museen gezeigt, sind würdig untergebracht, gut gestellt und gehängt oder liegen in graphischen Kabinetten der Öffentlichkeit vor. Mein Werk ist ein Ganzes, die inneren Zusammenhänge unverkennbar. Sind meine Zeichnungen kunstbolschewistisch, so ist meine gesamte Plastik es auch, aber sie dessen als verdächtig anzusehen, darauf ist bisher eine amtliche Stelle nicht nur nicht verfallen, sondern ihr gilt mein Werk dem deutschen Kunstschaffen als unbezweifelbar zugehörig. Ich nenne hier wieder nur die Nationalgalerie, da eine Aufzählung anderer staatlicher Kunstpflegestätten sehr weitläufig ausfallen würde. Obendrein bin ich zu zwei Malen von amtlicher Seite zur Beschickung von Ausstellungen in Chikago und Venedig aufgefordert, Arbeiten von mir aus dem Besitz der Nationalgalerie wurden nach Venedig gesandt, also doch wohl gerade der jetzigen Kunstpolitik als entsprechend nachdrücklich zugeschrieben.

Das Propagandaministerium in Berlin ließ nicht nur zu, sondern veranlaßte meine Beteiligung an der Ausstellung der Berliner Kunst in der Neuen Pinakothek, München, im März–April 1935 mit einer Reihe von vier großen Plastiken an bevorzugter Stelle. Und so im In- und Ausland amtlich zur Vertretung deutscher Kunst herangezogen, sollte ich plötzlich durch Arbeiten, die mit den ausreichend anerkannten völlig eine innere Einheit ausmachen, eine Gefahr für die Kulturpolitik dieser Zeit sein! Hier kulturpolitisch erwünscht, hart daneben mit den unverändert gebliebenen Werken als bolschewistisch gebrandmarkt zu werden, diese Unvereinbarkeit dürfte die rigorose Maßregelung, wie die

Beschlagnahme darstellt, im Lichte eines fatalen Irrtums bei der Bewertung der Einzelleistung erscheinen lassen.
Wodurch aber nun eine Schädigung des Ansehens deutscher Kunst im Ausland durch meine Arbeiten geschehen könnte und warum also eine Freigabe der ›Zeichnungen‹ für den Vertrieb im Ausland abzulehnen ist, dafür werden ebenso wie für die Beschlagnahme im Inland keine Gründe angeführt. Daß amtliche Stellen von meiner Mitwirkung bei Veranstaltungen für das Ansehen der deutschen Kunst im Ausland Gutes erwarten und demgemäß meine Beteiligung nicht gehindert, sondern gefördert haben, bewies ich schon. Auf der Ausstellung in Rom im Jahre 1934 bin ich mit Zeichnungen und Plastiken vertreten gewesen, und wenn ich endlich von dem Recht jedes Beschuldigten Gebrauch mache, dem man gegenüber einer unklaren und allgemein gehaltenen Aburteilung ohne Begründung die Möglichkeit einer Rechtfertigung aus einem obersten Rechtsprinzip nicht bestreiten kann, und somit die Benennung derjenigen einzelnen Blätter nachdrücklichst erbitte, welche die Schwere der Bedenken gegen das ganze Werk verursachten, so glaube ich vor allem darauf hinweisen zu müssen, daß die Aburteilung meiner aus den verschiedensten und weit zurückliegenden Zeiten gesammelten Blätter insgesamt mit so schwerwiegenden Formulierungen wie »bolschewistisch« und »Gefährdung der Kulturpolitik« der Bewertung meiner Arbeit auf allen anderen Schaffensgebieten strikte widerspricht, eine Tatsache, die doch wohl kaum unberücksichtigt bleiben darf. Wenigstens widerstrebt es meiner Vorstellung von der Würde einer zu bedeutsamen Entscheidungen befugten Stelle, daß solche Entscheidungen fallen und das Ansehen eines zu Recht ergangenen Spruchs genießen können, ohne daß dem Betroffenen der Versuch zugebilligt wird, zur Aufhellung ungünstigerer Betrachtung der einzelnen Punkte das Wort zu halten.
Ich spreche hiermit die Erwartung aus, daß mir eine Benennung der einzelnen Nummern meines Buches als Aufstellung der bei ihrer ungünstigen Beurteilung bestimmend gewesenen Gründe aus künstlerischen Gesichtspunkten nicht vorenthalten wird.

(Barlach, Briefe II, S. 640–643)

129

Brief an Reinhard Piper, 7. Juni 1936

[. . .] anbeiliegend meine Zuschrift an die Geheime, der ich geantwortet habe, um einen Widerspruch nicht schuldig zu bleiben. Sie meinen ich dürfe diese Beschuldigungen der Geheimen nicht auf mir sitzen lassen und sehe daraus, daß Sie noch ganz unerhört wenig, beglückend wenig, Molest von dergleichen gehabt haben. Seit Jahr und Tag, auf Ehre lange vor 33, aber aus dem gleichen Lager, bin ich unausgesetzt besudelt. Wenn ich Ihnen gelegentlich davon schrieb, so haben Sie es wohl nicht für Ernst genommen und am Ende hat ja jeder an eigenen Sachen genug zu tragen und kann von Anderen nicht immer alles im Auge behalten. Hätte ich das alles »nicht auf mir sitzen« lassen wollen, so wäre ich längst totpolemisiert und zu Grabe »gerichtet«, nämlich durch Beleidigungsklagen ohne Ende. Bleibt es auf mir sitzen? Ich merke nichts davon, denn diese Anschuldigungen sind ja aus dem Herzen der unbehilflichsten Bösartigkeit, Ahnungslosigkeit und Analphabetik gewuchert. König-Gewalt-Haber an Stelle Königs-Haber. Rechts- und Billigkeitsfragen? Na, Prost!
Der Verfasser eines nun endlich nach ½jährigem Kampf »verbotenen« Buchs, *nicht* des im Rembrandt-Verlag, schrieb mir: »im Übrigen deutete ich Ihnen schon an, daß die zuständigen Stellen wohl nicht so rigoros sind, daß sie aber von andern in diesen Zustand hineingedrängt werden. Um so weniger wird Aussicht sein, etwas Geschehenes rückgängig zu machen, denn zum Rückgängigmachen gehört mehr Willensfreiheit und Selbständigkeit als zum Verbieten.«
[. . .]

(Piper, Briefwechsel, S. 324)

Bei dem verbotenen Buch handelt es sich um Ludwig Carrière, »Unser Lebensproblem«, Berlin 1935. Carrière wendet sich darin gegen die Rassenlehre.

130

Reinhard Piper, Brief an Barlach, 11. Juli 1936

[. . .]
Ich war inzwischen in Berlin, doch war es mir nicht möglich, in Sachen Ihres Zeichnungs-Buches irgend etwas auszurichten. Es ist ja keine Stelle da, die von sich aus gegen den letzten Bescheid der Geheimen Staatspolizei irgend etwas unternehmen könnte oder möchte. Es ist auch keine Stelle da – jedenfalls keine für uns erreichbare Stelle –, auf deren Eingreifen die Geheime Staatspolizei die Stellungnahme in ihrem letzten Bescheid umstoßen würde.
Nun möchte ich in dem diesjährigen Kunstkalender das Blatt »Tröstung« bringen, das Sie mir vor Jahren geschenkt haben (Christus beugt sich zu dem Krüppel herab und faßt seinen Kopf mit beiden Händen). Dieses Blatt ist seinem Stoff nach über jede Einwendung erhaben, und es ist auch eine besonders schöne Zeichnung. Ich weiß, daß es die Vorstudie zu einer Lithographie ist. Aber das macht in diesem Falle nichts aus. Wir haben ja auch im Buche mehrere solche Vorstudien gebracht.
Außerdem möchte ich von Ihnen eine schöne Plastik bringen, und zwar wenn möglich etwas aus dem Fries für den Musiksaal. Sie haben gewiß schöne Photos davon. Schicken Sie mir doch einiges zur Auswahl. Leider eilt die Sache, da ich den Kalender nun endgültig zusammenstellen muß.
Ich war in Berlin auch deshalb, weil ich im Herbst ein Buch mit Kubin-Zeichnungen herausbringen will. Um nicht wieder durch Beschlagnahme 4000.– RM einzubüßen, wollte ich die ausgewählten Kubin-Zeichnungen erst vorlegen, bevor ich das Buch in Angriff nehme, um evtl. einzelne etwa »unerwünschte« oder »untragbare« Zeichnungen noch auswechseln zu können.
Um den Berliner Stellen Zeit zu lassen, sich über die Sache klar zu werden, schickte ich die Zeichnungen 14 Tage vor meiner Reise dorthin an die Reichsschrifttumskammer mit einem entsprechenden Brief.
Als ich nun persönlich dort vorsprach, lag das Paket noch unaus-

gepackt da und man sagte mir, die Sache gehe die Reichsschrifttumskammer nichts an, sondern, da es sich um Kunst handle, die Reichskammer der Bildenden Künste. Sie hätten das Paket gar nicht erst aufgemacht, da sie schon aus meinem Brief gesehen hätten, daß die Sache sie nichts angehe.

Ich hatte den Eindruck, daß die Leute ein wenig verlegen waren, daß sie nun das Paket 14 Tage bei sich hatten liegen lassen, anstatt es an die Reichskammer der Bildenden Künste – ein paar Minuten entfernt – weiterzugeben, zumal in meinem Briefe doch stand, daß ich das Paket deshalb 14 Tage vorwegschicke, um dann den Bescheid gleich mitnehmen zu können. Nun waren diese 14 Tage ganz zwecklos verstrichen. Ein Herr der Reichsschrifttumskammer sagte mir noch: »Weshalb schicken Sie das eigentlich überhaupt vorher ein? Wir haben in Deutschland doch keine Zensur! Ein deutscher Verleger muß doch selber wissen, was er bringen kann und was nicht.«

Auf der Reichskammer der Bildenden Künste sprach ich Herrn Dr. Biebrach. Dieser sagte mir, seine Kunstkammer sei für die Kubin-Zeichnungen nicht zuständig. Alles was Buch sei, sei Sache der Reichsschrifttumskammer.

Ich war zusammen mit Hans Reimann hingegangen, der die Herren dort kennt. Dieser fragte, was denn eigentlich gegen Barlach vorliege und wie man zu ihm stehe. Einesteils seien seine Werke in der Nationalgalerie ausgestellt, andererseits sei das Buch mit seinen Zeichnungen beschlagnahmt worden.

Herr Biebrach erwiderte: »In Sachen Barlach ist uns von oben die größte Zurückhaltung nahegelegt worden. Ich kann Ihnen da keinerlei nähere Auskunft geben.« Ich zeigte ihm daraufhin den Bescheid der Geheimen Staatspolizei über die Beschlagnahme. Herr Biebrach versetzte: »Das ist mir hochinteressant. Ich erfahre ja jetzt erst, daß die Sache auch über Herrn Schweitzer gegangen ist.« Auf meine Frage, wer denn Herr Schweitzer sei, sagte er mir, dies sei der Leiter der Reichsstelle für künstlerische Formgebung. Er schrieb mir auf meinen Wunsch hin Adresse und Telephonnummer auf und sagte, dahin würde ich mich auch am besten in Sachen der Kubin-Zeichnungen wenden.

Reimann teilte mir draußen mit, Schweitzer zeichne unter dem Namen Mölnir Karikaturen für das nationalsozialistische Witzblatt »Die Brennessel«. Ich hatte nie von ihm gehört.
Ich suchte nun drei Tage hindurch Herrn Schweitzer telephonisch zu erreichen. Es war mir gesagt worden, dies ginge am besten zwischen 10 und 11 Uhr. Als ich um diese Zeit anrief, wurde mir erwidert, Herr Schweitzer würde erst um halb zwölf ins Büro kommen. Um halb zwölf hieß es, Herr Schweitzer habe gerade eine wichtige Besprechung. Ich solle es um dreiviertel zwölf nochmal versuchen. Um dreiviertel zwölf hieß es: »Herr Schweitzer ist soeben weggegangen. Versuchen Sie es doch zwischen 3 und 4 Uhr noch einmal.« Als ich dies tat, erhielt ich den Bescheid: »Herr Schweitzer kommt heute nicht mehr ins Büro, heute werden Sie ihn nicht mehr erreichen können, bitte rufen Sie morgen zwischen 10 und 11 wieder an.«
So ging es drei Tage hindurch. Zuletzt wurde ich gefragt: »Worum handelt es sich denn eigentlich?« »Um ein Buch mit Kubin-Zeichnungen zu dessen 60. Geburtstag.«
Als ich einsah, daß ich Herrn Schweitzer telephonisch doch nicht erreichen würde, um mit ihm eine Treffzeit zu vereinbaren, blieb mir nichts andres übrig, als die Zeichnungen mit einem ausführlichen Brief in sein Büro zu bringen und dort abzugeben. Dabei sagte mir die Sekretärin: »Ich habe Herrn Schweitzer schon berichtet, daß es sich um ein Buch mit Kubin-Zeichnungen handelt. Herr Schweitzer glaubt nicht, daß er das erlauben kann.« – »Und weshalb nicht?« – »Es ist ja auch Barlach nicht erlaubt worden.« Dies regte mich etwas auf; ich setzte der Sekretärin mit Nachdruck auseinander, Herr Schweitzer müsse doch erst einmal die Zeichnungen *ansehen*, ehe er die Publikation ablehne. Kubin sei Mitglied der Preußischen Kunstakademie und in der gegenwärtigen Jubiläums-Ausstellung der Akademie Unter den Linden seien fünf Zeichnungen von ihm ausgestellt, ganz in der Art wie die von mir vorgelegten. Man könne doch nicht einen Künstler repräsentativ ausstellen und zugleich ein Buch mit seinen Arbeiten verbieten. Sie möchte doch die Zeichnungen Herrn Schweitzer vorlegen, ich würde dann wieder anrufen und fra-

gen, wann ich Herrn Schweitzer die Sache persönlich vortragen könne.

Am nächsten Tag, Donnerstag den 18. Juni, rief ich wieder an und zwar um dreiviertel zwölf. Da hieß es: »Sie haben Glück, Herr Schweitzer ist gerade da.« Dann ich: »Ach bitte, verbinden Sie mich doch mit ihm.« Der Beamte (offenbar, nachdem er bei Herrn Schweitzer erst angefragt hatte, ob er diese Verbindung wünsche): »Das geht leider nicht, Herr Schweitzer muß in zwei Minuten wieder weg. Herr Schweitzer läßt Ihnen aber sagen, daß er nicht grundsätzlich gegen jede Kubin-Publikation sei.« Ich: »Ich könnte in fünf Minuten mit einem Auto dort sein, vielleicht hat Herr Schweitzer doch noch so lange Zeit. Es liegt mir außerordentlich viel daran, mit Herrn Schweitzer die einzelnen Zeichnungen persönlich durchzugehen und zu hören, welche Zeichnungen etwa unerwünscht sind. Ich bin eigens deswegen von München nach Berlin gekommen und habe mich nun drei Tage um Verbindung mit Herrn Schweitzer bemüht. Ich muß jetzt wieder nach München zurück. Ich möchte nicht ohne Bescheid abfahren, weil ich jetzt mit der Herstellung des Buches beginnen muß.« Der Beamte (nachdem er Herrn Schweitzer gefragt): »Es muß dabei bleiben, wie Herr Schweitzer Ihnen sagen läßt. Die Sache wird in zwei Tagen erledigt. Sie haben in Ihrem Brief ja Ihren Berliner Vertreter genannt. Wir werden die Sachen dann Ihrem Vertreter übergeben.«

Ich hatte deutlich das Gefühl, daß Herr Schweitzer sich unter keinen Umständen persönlich mit mir besprechen wolle, nicht mal am Telephon. Ich fragte mich, ob ich nicht auch noch diese zwei Tage in Berlin bleiben solle, aber eine Ahnung sagte mir, daß das ebenso vergeblich sein würde wie die bisherigen dreitägigen Versuche.

Ich gab meinem Verlagsvertreter den Auftrag, zwar nicht in zwei Tagen, aber in sechs anzurufen, daß er nun die Blätter wieder abholen werde.

Er hat sie aber nicht bekommen, und heute sind, statt zweier Tage, drei Wochen vergangen und ich habe die Blätter immer noch nicht zurück. Meinem Vetreter wurde auf seinen Anruf gesagt, Herr

Schweitzer sei bis 15. Juli in Urlaub gegangen, doch werde sein Stellvertreter die Sache sofort bearbeiten.
Auf wiederholtes Anrufen erhielt dann aber mein Beauftragter den Bescheid, daß der von Herrn Schweitzer ernannte Vertreter die Prüfung doch lieber Herrn Schweitzer selbst überlassen wolle und daß Herr Schweitzer erst nächste Woche von seinem Urlaub zurückkomme. Dann solle er wieder anrufen.
Die Sache kann sich also noch endlos hinziehen.
Ich habe Ihnen dies so ausführlich geschrieben, weil es immerhin von Interesse ist, zu sehen, wie ein Verleger, der seit mehr als 30 Jahren für die deutsche Kunst arbeitet, von einer Reichsstelle behandelt wird, die doch eigentlich die deutsche Kunst *fördern* sollte.
Auf Ihre Eingabe an die Geheime Staatspolizei ist ja offenbar noch kein Bescheid an Sie gekommen. Ich werde vom Verlag aus nun auch noch eine Eingabe dorthin richten, denn der Entscheid über die Beschlagnahme ging ja an den Verlag. Ich werde wiederholt darauf dringen, daß doch diejenigen Zeichnungen genannt werden müßten, welche wirklich beanstandet werden, da der Großteil unmöglich beanstandet werden könne. Mit dieser Frage darf man nicht locker lassen, denn dadurch werden die betreffenden Stellen doch in Verlegenheit gesetzt und können sich nicht mit ganz vagen Begriffen wie »kunstbolschewistisch«, »destruktiv« etc. durchhelfen. Ein »Lesender« und ein »Flötenspieler« *kann* nun einmal weder das eine noch das andere sein.
[. . .]
(Piper-Archiv)

131
Brief an Reinhard Piper, 15. Juli 1936

[. . .] Ihre Berliner Chronik vom 11. Juli hat den Rang eines Dokuments erster Ordnung. Ein Satyriker hätte es nicht besser machen können, nur schlechter. Ich erwäge ob ich zum 25. Juli, 2 Monate nach Absendung meines Schreibens an den Reichsminister selbst, ein kurzgefaßtes Manifest hinfeuern soll, erwäge hin und her, es ist ja fraglich ob er auch dann antwortet, fraglich, ob die vorprüfende Stelle es überhaupt bis vor seine Augen gelangen läßt. Man wird ja immer mehr ein Zweifler am Bestehen der noch vor kurzem gültigen Menschenrechte – am Ende wird nun grade das zur Zeit Übliche menschlich und sittlich geheißen und das Übliche von donnemals (von 1925 bis 1933 war Hindenburg auch der Oberstverantwortliche!) gilt als schäbiger Marxismus.

[...]

(Piper, Briefwechsel, S. 325)

Das erwähnte Manifest ist Nr. 134.

132

Otto Pankok, Brief an Reinhard Piper, 16. Juli 1936

[...]

Die Beschlagnahme des Barlachbuches hat ungeheuren Staub aufgewirbelt. Ich habe es zur Zeit im Mittag besprochen und freue mich es zu besitzen, da die Zeichnungen so außerordentlich gut ausgewählt wurden und auch der Text ist gut. So Treffendes habe ich von Fechter noch nicht gelesen. Viele meiner Bekannten haben auf meine Anregung hin das Buch noch erwerben können.

Vor solcher Dummheit und Bosheit bleibt einem der Verstand stehen.

[...]

(Piper-Archiv)

Otto Pankok (1893–1963), Zeichner und Holzschneider, schätzte Barlach sehr und porträtierte ihn mehrfach[21]*. Sein eigenes Werk »Die Passion in 60 Zeichnungen« (Berlin 1936) wurde wenig später ebenfalls verboten.*

133

Brief an Reinhard Piper, 22. Juli 1936

[. . .] das mit Kubin habe ich mir gedacht – und die Gründe: »Künstlerische und weltanschauliche« – insofern, was, wie und wo, weiß man demnach Bescheid: Ein verkleckster Tintenstrich von Kubin, den er selbst mißachtlich abortseits benutzt, ist mehr wert als Schweizer auf und ab.
[. . .]
Ob ich das Schreiben an Goebbels abgehen lasse, weiß ich noch nicht. Es wären nur wenig Sätze – eine Art Abschiedsverbeugung – neue Darlegungen in Form anhaltender Bittstellerei kann ich nach gänzlicher Unbeachtetheit meiner Eingabe nicht machen.
[. . .]
(Barlach, Briefe II, S. 651f.)

134

Entwurf eines Schreibens an Joseph Goebbels

[. . .] die von mir in Form einer Bitte vorgetragene Einwendung gegen die Beschlagnahme meiner R. P. & Co. München erschienenen Zeichnungen vom 26. Mai 1936 ist unbeantwortet geblieben. Ich bat in meiner Zuschrift um d. Gewährung der Gelegenheit, mich gegen die Kennzeichnung meiner Arbeit als »die öffentl. Sicherheit u. Ordnung gefährdend« verteidigen zu *dürfen* und glaubte eine Spezifizierung der Beanstandungen erwarten zu können. Das Recht eines Beschuldigten auf genaue Begründung seiner Schuld ist mir durch Nichtbeantwortung meines Schreibens aberkannt. Da mir aber die Herbeiführung der Rückgängigmachung der Beschlagnahme obliegt, so fühle ich mich durch diese Aberkennung darum so schwer getroffen, als sie mich eines Maßes an Recht und Billigkeit unwürdig erscheinen läßt, das jeder gemeine Rechtsbrecher genießt. Nachdem die Mühewaltung der Prüfung und Verwerfung meiner Arbeit mich als Schädling im

Kulturleben der Zeit angeprangert hat, blieb mir nur das Vertrauen, mit dem ich meine Erwartung, wie gesagt: in Form einer Bitte, im Schreiben vom 25. Mai, glaubte Ihnen, Herr Reichsminister, unterbreiten zu sollen. Ich bitte Sie, die mir drohende Bitterkeit einer Enttäuschung dieses meines Vertrauens auf das beanspruchte Mindestmaß von Rechtsgewährung zu ersparen.

(Ernst Barlach – Das Wirkliche und das Wahrhaftige, herausgegeben von Franz Fühmann, Rostock ²1974, S. 238)

Dieses Schreiben ist wahrscheinlich nicht abgesandt worden; falls doch, hat Goebbels dazu jedenfalls ebensowenig Stellung genommen wie zu dem ersten Brief Barlachs (Nr. 122). Paul Fechter, der auch an Goebbels geschrieben hatte, wurde einer wenn auch nichtssagenden Antwort gewürdigt[22].

135

Conrad Lemmer, Brief an Reinhard Piper, 28. Oktober 1936

[...]
Es trifft leider zu, dass das »Franz Marc-Buch« verboten und beschlagnahmt ist. Die Unsicherheit in der Frage der Modernen Kunst ist zur Zeit bei den amtlichen Stellen so gross, dass wir Verleger wirklich nicht mehr wissen, was nach Ansicht des Staates als Kunst zu gelten hat und was nicht.
[...]

(Piper-Archiv)

136

Die Geschichte eines Barlach-Buches

[...]
Im Jahre 1930, gleich zu Anfang meiner Theatertätigkeit, konnte

ich am Stadttheater Osnabrück eine Aufführung der »Sündflut« durchsetzen. Das war damals noch ein Wagnis, aber es gelang, das Publikum auf das Stück vorzubereiten durch eine gleichzeitige Barlach-Ausstellung im Foyer des Theaters, durch Zeitungsartikel und durch eine in das Werk des Künstlers einführende Matinee. Das war der Anfang einer intensiven Beschäftigung mit Ernst Barlach, die dann zu einer Vortragsreise kreuz und quer durch Deutschland führte. Aus diesen Vorträgen entstand die erste Fassung meines Barlach-Buches, das 1931 im Rembrandt Verlag, Berlin, erschien.

Das wachsende Interesse für Barlach führte bald zu mehreren Neuauflagen, deren vorläufig letzte, das zehnte Tausend, im Jahre 1935 erschien. Sie konnte allerdings zuletzt nur noch durch Hintertüren, die der Verlag sich offenzuhalten verstand, in den Buchhandel und zu den Lesern gelangen, weil inzwischen das große Kesseltreiben gegen Barlach begonnen hatte, das alle Bemühungen, sich weiter für den Künstler einzusetzen, systematisch unterband. Im Herbst 1936 wurde das Buch endgültig verboten, die Druckplatten und die Negative der Fotos wurden beschlagnahmt.

[. . .]

(Tagesspiegel, 15. August 1980; Verfasser ist Carl Dietrich Carls)

137

Was in Museen und Ausstellungen nicht mehr
gezeigt werden soll.
Rust kündet Neuordnung im ganzen Reich an.

[. . .]

Ein Abbruch von Tradition ist hier nicht erfolgt, sondern es ist vom Führer abgelehnt worden, das, was zum Schluß sich bemerkbar machte, als deutsche Tradition anzuerkennen.

[. . .]

Und aus diesen Gedanken heraus habe ich nun auch vor einigen Tagen den Entschluß gefaßt, gewisse Erscheinungen einer ver-

gangenen Periode zunächst einmal den Blicken zu entrücken, damit wir zu uns selber kommen.
Hier soll kein Künstler gefemt werden, und ich bin mir durchaus dessen bewußt, daß bei allen derartigen Maßnahmen immer auch starke Bedenken bestehen, auch bei mir, die immer vorhanden sind. [...]
»Dem Volk wollt Ihr gefallen, drum laßt das Volk auch Richter sein«, sagt Hans Sachs zu seinen Meistersingern. Nehmen Sie einmal einen Fall: Glauben Sie, es hätte sich das Volk von Hellas gefallen lassen, daß bei ihm seine Götter und Heroen als Halbtiere hingestellt werden? Hätte es der mittelalterliche christlich germanische Mensch ertragen, die Madonna mit dem Gesicht eines Halbtieres darzustellen? Ein preußisches Regiment aber, das einst General Ludendorff als seinen Kommandeur gekannt hat, hat es fertiggebracht, seinen Helden ein Denkmal hinzustellen, in dem diese unsere Heiligen, unsere Helden des Weltkrieges, als Halbtiere sich vorstellten. Dann gab es noch öffentliche Verteidigungen in der Weise, daß man sagte: Man muß eben verstehen, was der Künstler sich dabei gedacht hat! Ich frage nicht, was er sich dabei gedacht hat, sondern das Volk will es verstehen, das weiß, wie ein deutscher Soldat aussieht, und läßt sich das nicht gefallen.
[...]

(Deutsche Allgemeine Zeitung, 5. November 1936)

Dies ist die Rede zur Eröffnung der Jubiläumsausstellung »Berliner Bildhauer von Schlüter bis zur Gegenwart«. Die zunächst vorgesehenen Werke von Barlach und Käthe Kollwitz waren vor der Eröffnung entfernt worden[23].

138

Preußische Akademie der Künste, Schreiben an die Reichsstelle für Sippenforschung, 12. November 1936

[...] Da immer wieder das Gerücht auftaucht, daß das Mitglied unserer Akademie, Bildhauer Ernst Heinrich *Barlach,* nicht arischer Abkunft sei, würde die Akademie für eine gefällige amtliche Nachprüfung dankbar sein. Ernst Barlach ist am 2. Januar 1870 in Wedel in Holstein geboren als Sohn des Arztes Dr. Georg Barlach. Sein Großvater väterlicherseits war der Pastor Gottlieb Ernst Barlach. Über seine mütterlichen Vorfahren ist der Akademie nichts bekannt.

[...]

(Brenner, Ende, S. 141)

139

Brief an Paul Schurek, 23. November 1936

[...]

Na, das sind ja alles nur Begleiterscheinungen, Nebenprodukte, Unterhaltungspausen oder Musikpiecen, Zeitverlängerer, gut, um über die Hauptsache wegzutäuschen, machen wir uns nur keine unnützen Gedanken, wir sind zu nichts gut, als Klappereien besserer Art zu übertäuben, also weniger als nichts wert. Wohl dem, der dahinter kommt und nicht wie Piper immer neue »Dokumente« sammelt. Ich habe ihm geschrieben, der Besitz dieser und solcher und anderer Dokumente werde ihn höchstens an den Galgen bringen, weil er doch offenbar hofft, sie dereinst zu verwenden und Eindruck mit ihnen zu machen. Die Gerechtigkeit unserer Sache in allen Ehren, aber wer ist so gut, sie zu ehren? Wer fühlt sich dazu versucht? Ich habe keine Lust, diese Frage zu beantworten.

[...]

(Barlach, Briefe II, S. 671)

140
»Vom Kunstrichter zum Kunstdiener«.
Ministerialrat Berndt spricht vor dem Reichskultursenat

Der stellvertretende Pressechef der Reichsregierung, Ministerialrat Alfred-Ingemar *Berndt,* sprach auf der dritten Tagung des Reichskultursenats im Festsaal des Reichsministeriums für Volksaufklärung und Propaganda über das Thema »Vom Kunstrichter zum Kunstdiener«. Die Rede diente dem Zweck, den Erlaß des Reichsministers Dr. Goebbels vom 27. d. M. über das Verbot der Kunstkritik näher zu erläutern. [...]

Der jüdische Kritiker sei sozusagen der preisbildende Mittler für den Geschäftsmann gewesen, der emporlobte, was verkauft, in Grund und Boden verdammte, was billig gekauft werden sollte. So seien denn bis 1933 *die tollsten Bilder* jüdischer Maler zu wahnsinnigen Preisen an die Museen des Reiches, der Länder, der Gemeinden usw. verkauft worden. Der gute deutsche Künstler verhungerte, während für kubistische Schmierereien Preise gezahlt wurden, die in die Zehntausende gingen.

Die gesamte Kunstkritik sei seit 1933 genau so wie die übrige Presse *entjudet* worden. Sie sei dadurch allein noch zu keinem Ideal geworden. Die Umstellung von der subjektiven Anschauung des Kritikers zur sozialistischen des neuen Staates, der als Maßstab weltanschauliche Werte verlangte, habe sich nur sehr langsam und vereinzelt vollzogen. [...]

Wenn heute endgültig ein Strich unter 150 Jahre Kunstkritik gemacht werde, dann werde es zweifellos an Angriffen nicht fehlen. Man werde vom Maulkorb sprechen, von Polizeimaßnahmen auf dem Gebiete der Kunst usw. Diesen ausländischen oder emigrierten Kunstjuden sei entgegenzuhalten, daß niemand schärfer gegen die vom Staat ausgeübte Zensur gekämpft habe als sie und ihresgleichen. Sei aber ihr Kunstrichtertum denn anderes gewesen *als eine Zensur*? Nur habe sie nicht der Staat verhängt, sondern eine anonyme Clique, die sich als eigene Zensurbehörde ohne Auftrag niedergelassen hatte. [...]

(Münchner Neueste Nachrichten, 30. November 1936)

141

Brief an Reinhard Piper, 26. Dezember 1936

[. . .] Das alte Jahr, das böse Jahr, weg mit dem Scheusal in die Wolfsschlucht! Hoffen wir auf ein besseres. –
Es kam viel zusammen, zum Bewussten und was Ähnliches, daran hing allerlei Sonstiges – genug für diesmal.
Bald nach der abrupten Entfernung meiner Arbeiten aus der Akademie vor Eröffnung der Jubiläumsausstellung aber machte mir die Dichter-Abteilung der Akademie eine Reverenz in Form eines Schreibens als Geleit der Ankündigung einer »Werkhilfe«. Nun ja, ich soll es nicht verschweigen und tue es auch nicht. »Ein Zeichen des Gedenkens und Vertrauens«. Mir deucht, alles in allem beweist es Mut, was das Beste von der Sache ist und mich meinerseits auch mit einem bisschen Vertrauen gestärkt hat. Sonst steckt man mir hintenrum, dass mein Fall kein erfreulicher ist. Ihr gewichtiges Weihnachtspaket kam, sah und siegte, wenn es sich den Vergleich mit Cäsar nicht verbittet. Das neue Maskenbuch ist ja zugleich eine Kulturgeschichte. Und die »Kleine Nachtmusik« soweit ich es flüchtig blätternd empfinde, ein grosses Verdienst. O, du fröhlicher, o, du seliger, ehemaliger Simplicissimus! Vielleicht sind Verse von donnemals mit drin, ich glaube, manches wiederzuerkennen! Und dann das Übrige! Die Wiederbegegnung mit Oberländer, der so manchem Heutigen Vorbild gewesen zu sein scheint, was ich übrigens schon vor Jahrzehnten gesagt habe.
Das ganze Jahr 36 habe ich keinen Auftrag gehabt und fast gar keine Einnahme. – Die Abschreckung durch Theaterverbot in Altona, Beschlagnahme, ständige, ständige Hetze und Schliessung der Ausstellung in Hamburg, wo ich auch zwei kleine Stücke hatte, zuletzt der Rummel Akademie tut ihre Wirkung. Hanfstaengl hatte wohl die Absicht, eine kleine Bronze zu kaufen, aber er musste wohl verzichten. [. . .]

(Piper-Archiv)

142
Barlach in Güstrow, 1937

[...] Ernst Barlachs schlimmstes Jahr wurde 1937. [...] jede Woche brachte neue Hiobsbotschaften. Der Kunsthändler Buchholz in Berlin hatte in seinen Räumen eine Barlach-Ausstellung veranstaltet, die alsbald geschlossen werden mußte. Zwei Hölzer, zwei Bronzen und eine Reihe von Zeichnungen wurden beschlagnahmt. Der »Reichsbeauftragte für künstlerische Formgebung« drohte Barlach Maßnahmen an, die einem Berufsverbot gleichkamen. Auf Böhmers Frage: »Was soll er denn machen?« hieß es: »Er kann ja ins Ausland gehen.«

[...]

Barlach wankte auch jetzt wieder ruhelos umher im großen Arbeitsraum. »Die Leute auf der Straße bleiben stehen«, rief er, »wenn ich vorbeikomme, tuscheln und zeigen mit den Fingern auf mich!«

Stoßweise kam es hervor: »Der Engel ist weg, jetzt ist meines Bleibens hier nicht mehr!«

[...]

Ein neues Holzbildwerk stand da, ein kniender Greis; er ringt die Hände betend, verzweifelnd und doch gläubig, unendlich leidvoll – trostbedürftig und trostspendend zugleich. So beantwortete Ernst Barlach die Mißhandlungen. –

In der mittäglichen Mußestunde konnte ich es mir nicht verkneifen, den Oberbürgermeister von Güstrow anzurufen. Ich fragte ihn, ob es denn wirklich wahr sei, daß man den berühmten Engel im Dom nun nicht mehr bewundern dürfe und warum nicht?

»Damit ist es vorbei, Gott sei Dank«, rief eine markige Stimme am anderen Ende des Drahtes, »das war ja 'ne Beleidigung für jeden Soldaten – ganz unheldisch – überhaupt unverständlich – soll eine gewisse Käthe Kollwitz darstellen, ich kenne die Dame nicht.«

Ich antwortete, es handle sich hier um eine großartige Plastik, ins Gewölbe komponiert, das Opfer der Toten ehrend, dem Städtchen zum Ruhm. Große Künstler hätten dem Werk ihr Lob gespendet,

viele Menschen seien hierhergekommen, um es zu sehen, mancher habe ergriffen davorgestanden.
»Ja, da ist viel geschwafelt worden«, kam es von drüben, »ich verstehe wohl nichts von Kunst, dazu bin ich nicht verpflichtet, aber so viel weiß ich: alles, was Barlach macht, ist abscheulich! Er sollte überhaupt nicht bildhauern. Und dieses hier soll Göring man lieber zu Granatringen umschmelzen, da dient es dem Vaterlande besser.«
Ich wies den Oberbürgermeister darauf hin, welch schlimme Folgen solche Behandlung, hier in seiner Wahlheimat, auf den Künstler haben könne, mit dessen Gesundheit es ja nicht zum besten bestellt sei.
»Barlach wird kein Haar gekrümmt«, rief der Biedermann, »er kann friedlich in seinem Hause sitzen.«
»Und wovon soll er leben«, fragte ich, »wenn niemand mehr etwas von ihm kauft?«
»Das geht uns nichts an«, bellte die Autorität und brach das Gespräch ab. –
[...]
(Schurek, Begegnungen, S. 130, 132–134)

143
Reinhard Piper, Brief an Barlach, 15. Februar 1937

[...] Besonders freut mich die Nachricht, dass die Dichter-Abteilung der Akademie Ihnen eine Werkhilfe hat zukommen lassen, »als Zeichen des Gedenkens und Vertrauens«. Das ist wirklich ein schöner, bekennerischer Akt. Ich frage mich, wer der Initiator dieser Kundgebung ist. Ich hoffe sehr, dass Sie diese Werkhilfe nun auch benutzen, ein dichterisches Werk zu Ende zu führen, und hoffe weiter, dass ich mit Ihnen, wenn es soweit ist, auch als Verleger darüber sprechen kann.
[...]
(Piper-Archiv)

144

Abstammungsbescheid der Reichsstelle für Sippenforschung, 30. März 1937

Der Bildhauer *Ernst Heinrich Barlach* in Güstrow, geboren zu Wedel am 2. 1. 1870, ist deutschen oder artverwandten Blutes im Sinne der ersten Verordnung zum Reichsbürgergesetz vom 14. November 1935 (RGBl. I, S. 1333) sowie *arisch* im Sinne der Richtlinien zu § 1a des Reichsbeamtengesetzes in der Fassung des Gesetzes vom 30. Juni 1933 (RGBl. I, S. 433), vom 8. August 1933 (RGBl. I, S. 575). Die Abstammung wurde hier nachgeprüft.

(Brenner, Ende, S. 142)

145

Brief an Wolfgang Theopold, 25. Juni 1937

[. . .] Am 20sten vor. Monats hat man nun auch den ›Geistkämpfer‹ in Kiel abgerissen, oder weggetan, um ihn der Allgemeinheit aus den Augen zu bringen. Er ist im Thaulowmuseum »aufgestellt«, natürlich ohne jeden Zusammenhang mit der architektonischen Umgebung, für die er gestaltet ist.

[. . .]

(Barlach, Briefe II, S. 711f.)

Ernst Sauermann, Direktor des Thaulow-Museums, hatte für die Aufstellung gesorgt; später jedoch wurde gegen seinen Protest die Figur auch dort entfernt[24].

146

Der Reichsminister für Volksaufklärung und Propaganda, Dr. Goebbels, *30. Juni 1937*

Auf Grund einer ausdrücklichen Vollmacht des Führers ermächtige ich hiermit den Präsidenten der Reichskammer der bildenden Künste, Herrn Professor Ziegler, München, die im deutschen Reichs-, Länder- oder Kommunalbesitz befindlichen Werke deutscher Verfallskunst seit 1910 auf dem Gebiete der Malerei und der Bildhauerei zum Zwecke einer Ausstellung auszuwählen und sicherzustellen. Ich bitte, Herrn Professor Ziegler bei der Besichtigung und Auswahl der Werke weitgehend Unterstützung zuteil werden zu lassen.

(Franz Roh, »Entartete« Kunst, Hannover 1962, S. 230)

Tatsächlich hatten die Beschlagnahmen in den Museen schon im Frühjahr 1937 begonnen. Insgesamt wurde der Fundus der öffentlichen Sammlungen um etwa 17000 Werke geschädigt. Für Barlach wird dabei, zurückgehend auf Paul Ortwin Rave[25], die Zahl von 381 Werken genannt. Da Raves Aufstellung sicher nicht ganz vollständig ist, wird man davon ausgehen können, daß etwa 400 Werke von Barlach entfernt wurden. Folgende Museen waren betroffen: Nationalgalerie Berlin, Kunsthalle Bremen, Städtische Kunstsammlung Chemnitz, Kunstmuseum Düsseldorf, Kunstmuseum Duisburg, Museum Folkwang Essen, Kunstkabinett Frankfurt, Kunsthalle Hamburg, Landesgalerie Hannover, Kunsthalle Karlsruhe, Kunsthalle Kiel, Kunsthalle Mannheim, Graphische Sammlung München, Staatliche Kunstsammlungen Stuttgart. Einiges davon konnte – zum Teil von anderen Häusern – nach dem Krieg wieder zurückerworben werden.

147

Preußische Akademie der Künste, Schreiben an Barlach, 8. Juli 1937

[. . .]
Die seit längerer Zeit vorbereitete Neuordnung der Akademie der Künste erstreckt sich auch auf eine Neuzusammensetzung der Mitgliedschaft der Akademie. Da nach den mir gewordenen Informationen nicht zu erwarten ist, daß Sie künftig weiter zu den Mitgliedern der Akademie zählen werden, möchte ich Ihnen in Ihrem Interesse nahelegen, möglichst sofort selbst Ihren Austritt aus der Akademie zu erklären.
[. . .]
(Brenner, Ende, S. 143)

Dieses Schreiben ging außer an Barlach an Rudolf Belling, Ludwig Gies, Ernst Ludwig Kirchner, Ludwig Mies van der Rohe, Emil Nolde, Bruno Paul, Max Pechstein und Emil Rudolf Weiß. Während die meisten dem Austrittsersuchen sofort Folge leisteten, widersprachen Kirchner, Nolde und Pechstein heftig. Sie betonten, daß sie gegenüber dem Nationalsozialismus positiv eingestellt seien. Während Kirchner und Nolde darauf hinwiesen, daß sie vor 1933 von der vorherrschenden Kunstmeinung oft angegriffen worden seien, führte Pechstein persönliche Vorzüge an, wie zum Beispiel den, daß sein ältester Sohn SA-Mann sei[26].
Schon 1933/34 waren aus der Sektion Bildende Kunst der Akademie ausgeschieden: Alfred Breslauer, Otto Dix, Thomas Theodor Heine, Käthe Kollwitz, Max Liebermann, Paul Mebes, Erich Mendelsohn, Karl Schmidt-Rottluff, Franz Seeck, Renée Sintenis, Bruno Taut, Martin Wagner. 1938 wurden Karl Hofer und Oskar Kokoschka ausgeschlossen[27].

Auf dem von einer Angestellten heimlich gemachten Foto der eingezogenen und magazinierten Werke »entarteter Kunst« sind Barlachs Gruppe »Ein Wiedersehen« und das Magdeburger Gefallenendenkmal zu sehen.

148

Telegramm an die Akademie der Künste, 11. Juli 1937

bitte von dem entschluss meine mitgliedschaft an der akademie der kuenste niederzulegen kenntnis zu nehmen
ernst barlach

(Brenner, Ende, S. 144)

Am 18. Juli 1937 wurde in München das »Haus der Deutschen Kunst« (heute »Haus der Kunst«), das an die Stelle des 1931 abgebrannten Glaspalastes treten sollte, mit der »Großen Deutschen Kunstausstellung« eröffnet, die von da an jährlich stattfand. Einen Tag später, am 19. Juli, wurde in einem nur wenige hundert Meter entfernten Gebäude, dem alten Galeriegebäude der Hofgartenarkaden, gewissermaßen als abschreckendes Gegenbeispiel die Ausstellung »Entartete Kunst« eröffnet. Sie zog auch wieder eine Gegenausstellung nach sich, die »Exhibition of Twentieth Century, German Art« im Juli 1938 in den New Burlington Gallеries; in dieser Ausstellung war Barlach mit neun Exponaten vertreten[28].

149

Die deutsche Kunst im neuen Reich. Die große Rede des Führers bei der Weihe des Hauses

[. . .] Ich habe hier unter den eingeschickten Bildern manche Arbeiten beobachtet, bei denen tatsächlich angenommen werden muß, daß gewissen Menschen das Auge die Dinge anders zeigt als sie sind, d. h. daß es wirklich Männer gibt, die die heutigen Gestalten unseres Volkes nur als verkommene Kretins sehen, die grundsätzlich Wiesen blau, Himmel grün, Wolken schwefelgelb usw. empfinden oder wie sie vielleicht sagen, erleben. Ich will mich nicht in einen Streit darüber einlassen, ob diese Betreffenden das nun wirklich so sehen und empfinden oder nicht, sondern ich möchte im Namen des deutschen Volkes es nur verbieten, daß so bedauerliche Unglückliche, die ersichtlich an Sehstörungen leiden, die Ergebnisse ihrer Fehlbetrachtungen der Mitwelt mit Gewalt als Wirklichkeiten aufzuschwätzen versuchen, oder ihr gar als ›Kunst‹ vorsetzen wollen. [. . .]
So ist diese Ausstellung heute ein *Anfang*. Allein, wie ich überzeugt bin, der notwendige und erfolgversprechende Anfang, um auch auf diesem Gebiet jene segensreiche Wendung herbeizufüh-

ren, wie sie uns auf so vielen anderen Gebieten schon gelang. Denn darüber möge sich niemand täuschen: Der Nationalsozialismus hat es sich nun einmal zur Aufgabe gestellt, das Deutsche Reich und damit unser Volk und sein Leben von all jenen Einflüssen zu befreien, die für unser Dasein verderblich sind. Und wenn auch diese Säuberung nicht an einem Tage erfolgen kann, so soll sich doch keine Erscheinung, die an dieser Verderbung teilnimmt, darüber täuschen, daß auch für sie früher oder später die Stunde der Beseitigung schlägt.
Mit der Eröffnung dieser Ausstellung aber hat das Ende der deutschen Kunstvernarrung und damit der Kulturvernichtung unseres Volkes begonnen. Wir werden von jetzt ab

einen unerbittlichen Säuberungskrieg

führen gegen die letzten Elemente unserer Kulturzersetzung. [...]

(Münchner Neueste Nachrichten, 19. Juli 1937)

150
Ausstellung »Entartete Kunst«. Eine Sammlung kulturbolschewistischer Scheußlichkeiten

[...] Der Präsident der Reichskammer der bildenden Künste, Prof. *Ziegler*, eröffnete am Montag in München die Ausstellung *»Entartete Kunst«*, die eine Sammlung kulturbolschewistischer Scheußlichkeiten enthält.
Mit Erschütterung konnten sich die Kunstschriftleiter der deutschen und ausländischen Presse, die vor der Eröffnung der Ausstellung an einer Vorbesichtigung teilnahmen, davon überzeugen, welche *verantwortungslose Vergeudung von Steuergroschen* arbeitender deutscher Volksgenossen mit dem Ankauf derartiger »Kunstwerke« getrieben wurde. Geradezu phantastische Schmierereien sind früher zu ungeheuren Preisen von staatlichen Museen angekauft worden.
Gläubige Christen sehen in der ersten Abteilung mit Abscheu, wie

weit diese Frechheit ging, mit welcher stammelnden Primitivität unter der Herrschaft des Zentrums die *christlichen Symbole verhöhnt* werden konnten. Dem *Frontsoldaten* aber wird das Blut in Wallung geraten angesichts von Machwerken, die das deutsche Soldatentum und das Fronterlebnis dreist besudeln. In einer anderen Abteilung offenbaren sich die *jüdische Rassenseele* unverkennbar mit typischen Beispielen ebenso wie die Versuche, den Neger in Deutschland zum Rassenideal einer entarteten Kunst zu stempeln, oder die *deutsche Mutter als Dirne oder Urweib* darzustellen.

[...] So erkennt man in dieser Ausstellung »Entartete Kunst« eine schlagende Bekräftigung der vernichtenden Worte des Führers.

[...]

Im einzelnen sind zu sehen: Nolde, Heckel, Kirchner, Marc, Pechstein, Beckmann, Kokoschka, Kandinsky, Rohlfs, Schmidt-Rottluf, Adler, Schagall, Katz, Feininger, Otto Müller, Hofer, George Groß, Kampendonck, Paula Modersohn, Klee, Otto Dix und Molzahn.

Bei aller Erschütterung und bei allem Ekel, der die Besucher überkommt, wird man diese Schau aber auch verlassen mit einem Gefühl der Befreiung, das man bei der Anprangerung dieser Mißhandlung deutscher Kunst gewinnt. Man wird hinübergehen in das neue schöne Haus der deutschen Kunst und wird sich dort erfreuen an den Werken ehrlicher, anständiger deutscher Künstler.

[...]

(Kieler Neueste Nachrichten, 20. Juli 1937)

Die Ausstellung »Entartete Kunst« wurde in München bis Ende November gezeigt, im Februar 1938 dann in Berlin, im Juli in Düsseldorf und im Juli 1939 in Frankfurt am Main; insgesamt zählte man über zwei Millionen Besucher[29]*. Von Barlach wurde der Band »Zeichnungen« ausgestellt sowie die Plastik »Ein Wiedersehen«.*

151
Radikale Säuberung in deutschen Museen angekündigt. Eine Rede Prof. Zieglers

[. . .]
Wir alle stehen noch unter dem tiefen Eindruck der großen Feierlichkeiten in München, die mit der Einweihung des Hauses der Deutschen Kunst verbunden waren. Alles was Meister an Werten und Werken der bildenden Kunst geschaffen haben, ist nun in dieser einzigartigen Schau, in dem neuen herrlichen Tempel der deutschen Kunst dem Volke dargeboten.
Bevor wir aber, wir deutschen Künstler und Volksgenossen, nach diesen Tagen München wieder verlassen, haben wir noch eine traurige Pflicht zu erfüllen, nämlich, dem deutschen Volke auch vor Augen zu führen, daß bis noch vor nicht allzu langer Zeit Kräfte maßgeblichen Einfluß auf das Kunstschaffen nahmen, die in der Kunst nicht eine natürliche und klare Lebensäußerung sahen, sondern bewußt auf das Gesunde verzichteten und alles Kranke und Entartete pflegten und als höchste Offenbarung priesen.
[. . .]
Es muß doch einem das Grauen kommen, wenn man als alter Frontsoldat sieht, wie der deutsche Frontsoldat bespuckt und besudelt wird, oder wenn in anderen Werken die deutsche Mutter als geile Dirne oder als Urweib und im Gesicht mit dem Ausdruck einer stupiden Blödheit durch solche Schweine verhöhnt wird, oder wenn in einer Zeit, wo *das Zentrum* in der Regierung saß, öffentliche Stellen es sich gestatten konnten, sogenannte Kunstwerke anzukaufen, die in einer nicht wiederzugebenden Art und Weise christliche Symbole lächerlich machten. In allem kann man sagen, was einem anständigen Deutschen heilig ist, mußte notwendigerweise hier in den Schmutz getreten werden. [. . .] Viele Leiter großer Museen hatten nicht eine Spur von dem Verantwortungsgefühl gegenüber Volk und Land, das erste Voraussetzung für die Gestaltung einer Kunstschau sein muß. Ihren Drang, nur Krankhaftes und Entartetes zu zeigen, habe ich in dieser Schau an

einem Beispiel verdeutlicht. Werke desselben Künstlers, den sie ablehnten, solange er gesund war und aus der Tiefe der Landschaft schuf, der er entstammte, fanden plötzlich ein Interesse, als dieser Künstler nach seinem zweiten Schlaganfall nur noch krankhafte und unverständliche Schmierereien hervorbrachte. [. . .]
In Durchführung meines Auftrages, alle Dokumente des Kunstniederganges und der Kunstentartung zusammenzutragen, habe ich fast sämtliche deutschen Museen besucht. Ich war mir klar darüber, daß die Anzahl der in den vergangenen Jahren angekauften Werke ungeheuer groß sein würde.
Maßlos erstaunt war ich aber darüber, daß noch bis vor wenigen Tagen in deutschen öffentlichen Museen und Sammlungen teilweise diese hier nach München gebrachten Verfallskunstdokumente ausgestellt und damit seitens der Leiter dieser Anstalten den deutschen Volksgenossen die Besichtigung *zugemutet* wurde. Es sind die hier gezeigten Produkte allerdings nur ein Teil der in den vorgenannten Anstalten noch vorhandenen. Es hätten Eisenbahnzüge nicht gereicht, *um die deutschen Museen von diesem Schund aufzuräumen*. Das wird noch zu geschehen haben, und zwar *in aller Kürze*. [. . .]
Wir hatten vier Jahre Zeit. *Die Geduld* ist nunmehr für alle diejenigen *zu Ende*, die sich innerhalb der vier Jahre in die nationalsozialistische Aufbauarbeit auf dem Gebiet der bildenden Kunst nicht eingereiht haben; das deutsche Volk mag sie richten, wir brauchen dieses Urteil nicht zu scheuen.
Ich gebe damit die Ausstellung »Entartete Kunst« für die Oeffentlichkeit frei. Deutsches Volk komm und urteile selbst!

(Nordische Rundschau, 20. Juli 1937)

Der gegen Ende des dritten Absatzes gemeinte Künstler ist Lovis Corinth.

152
Rechtsanwälte Dr. Marsmann, Dr. Thormann, Brief an den stellvertretenden Präsidenten der Preußischen Akademie der Künste, 22. Juli 1937

[...]
Herr Barlach hat Ihrer Anregung entsprechend seinen Austritt aus der Akademie telegrafisch erklärt. Er spricht Ihnen für Ihren vorsorglichen Ratschlag seinen Dank aus. Inzwischen ist in der Presse eine Notiz erschienen, derzufolge »der größte Teil von Mitgliedern einer vergangenen Kunstepoche, die einer nationalsozialistischen Neubelebung der Akademie nicht im Wege stehen wollten«, bereits ausgeschieden sei.

Gegen diese Auslegung seines Verzichts auf Mitgliedschaft muß Herr Barlach Einspruch einlegen. Die Formulierung der zitierten Pressenotiz setzt eine Gegnerschaft der ausgeschiedenen Akademie-Mitglieder voraus und zwingt zu dem Schluß, daß diese Mitglieder zwar die Notwendigkeit einer Entwicklung bejaht, aber sich selbst als Gegner dieser Entwicklung bekannt hätten. Von alledem kann jedenfalls in der Person des Herrn Barlach keine Rede sein.

Herr Barlach hat Verfolgungen jeder Art, Ausmerzung seiner Arbeiten aus Museen, von öffentlichen Plätzen und aus sakralen Räumen, Beschlagnahmen und Verbote schweigend über sich ergehen lassen. Die schlichte Austilgung seines Namens aus der Mitgliederliste der Akademie würde sich diesen Maßnahmen in gleichem Geiste angereiht haben. Die Auslegung jedoch, die sein freiwilliger Verzicht auf die Mitgliedschaft in der Presse gefunden hat, widerspricht so sehr allen Tatsachen und der inneren Einstellung des Herrn Barlach, daß er hierzu nicht schweigen kann.

Er erhebt gegen eine Begründung seines Austritts, wie er sie niemals gedacht oder ausgesprochen hat, schärfsten Protest und bittet Sie, sehr geehrter Herr Professor, diesen seinen Protest an den Herrn Reichsminister weiterzuleiten.
[...]

(Wulf, Künste, S. 344f.)

153

Reinhard Piper, Brief an Barlach, 28. Juli 1937

[...]

Die Münchner Ausstellung »Entartete Kunst« in der Galeriestraße bewegt hier natürlich sehr lebhaft die Gemüter. Ich hatte sie schon vor ein paar Tagen besichtigt. Der Zustrom ist ganz ausserordentlich. In der Zeitung stand, dass sie am Dienstag voriger Woche von 30000 Menschen besucht wurde. Am selben Tag waren im »Haus der deutschen Kunst« nur 6000 Besucher. Das hängt natürlich damit zusammen, dass der Eintritt in die »Entartete Kunst« frei ist und dass viele Leute sich eine Sensation versprechen. Das Publikum stand weit hinaus auf die Straße und konnte nur schubweise hineingelassen werden. Da in der Zwischenzeit verschiedentlich an der Ausstellung geändert wurde, bin ich heute nochmals hingegangen. Es sind etwa 6 grosse Räume mit im Ganzen vielleicht 500 Bildern und graphischen Blättern. Im Parterre ist eine Vitrine aufgestellt, worin u. A. auch der Band mit Ihren Zeichnungen liegt. Dazu ein langer Plakatstreifen mit folgendem Text: »Kulturschänder. Mindestens so toll wie die Ausgeburten unfähiger, boshafter oder krankhafter »Künstler« ist die Verantwortungslosigkeit der literarischen Zuhälter, der beamteten Museumsleiter und Referenten, die den Widergeist dem Volke aufgezwungen haben und ihn auch heute noch als Kunst anbieten möchten.«

In diese Vitrine liegt Ihr Buch aufgeschlagen, dabei ist auf dem Titelblatt »München 1936« besonders unterstrichen und die Blätter 26, 41 und 45 sind eigens danebengelegt, aber ohne Titel, sodass das Publikum bei dem Blatt »Tiermenschen« z. B. annehmen kann, dies seien für Sie erwünschte Idealgestalten. Sonst ist von Ihnen nichts zu sehen. In dieser Vitrine liegen auch noch Bücher der Serie »Junge Kunst« und zwar u. a. die Bände über Rohlfs, Hofer, Schmidt-Rottluff, Pechstein, Grossmann, Klee, Feiniger und Hötger. Bei diesen Bänden liegt ein Streifen mit der Aufschrift: »So hat Professor Biermann den künstlerischen Bolschewismus in Deutschland verbreitet.«

Auf einem Plakat »Kunstkritiker der Systemzeit« sind aufgeführt: Paul Fechter, Meier-Graefe, Wilhelm Hausenstein, W. Niemeyer, C. G. Heise u. a. Was nun die Bilder anbelangt, so sind da *je* etwa 20 bis 30 Gemälde von Nolde, Kirchner, Otto Müller, Heckel, Pechstein und Schmidt-Rottluff, alle aus öffentlichen Sammlungen, aus der National-Galerie, der Hamburger Kunsthalle, den Museen in Köln, Lübeck, Mannheim, Barmen, Essen, Frankfurt, Dresden usw. Von Nolde sind ausser vielen figürlichen Bildern, die man ja nicht unbedingt mögen muss, auch sehr schöne Landschaften und Blumenstücke. Von Beckmann und Kokoschka sind etwa ein Dutzend Bilder da, sodass auch diese Künstler aus den öffentlichen Sammlungen wohl vollständig ausgerottet wurden. Auch Karl Hofer ist mit sechs, für mein Empfinden absolut harmlosen figürlichen Bildern vertreten. Von Marc sind die »Blauen Pferde« da, von Lehmbruck die bekannte »Knieende«.

Bei allen Künstlern steht ausser dem Namen des Künstlers und dem Titel auch der dafür gezahlte Preis und unter diesem Preis ist stets ein ziemlich grosser roter Zettel angeklebt mit dem Text: »Bezahlt von den Steuergroschen des arbeitenden deutschen Volkes«. Die scheinbar hohen Preise erweisen sich jedoch meist als Inflationspreise und in Wirklichkeit sehr niedrig. Ausserdem sind noch viele Zitate aus Kunstkritiken angebracht, so eine Äusserung von Däubler über Archipenko, von Karl With über Rohlfs.

Im vorletzten Raum hängen *7 Bilder von Lovis Corinth,* (drei Walchensee-Landschaften aus der Münchner Staatsgalerie, aus Hamburg und Mannheim, das Bildnis Grönvold aus der Kunsthalle Bremen, dann aus der Nationalgalerie das ganz großartige »Ecce homo«, ein ganz bedeutendes und wahrhaft erschütterndes Bild, trotz des viel beredeten Schlaganfalles meisterhaft gestaltet. Dann noch das Bild »Trojanisches Pferd«, »Kind im Laufställchen« usw.) Hierbei ist groß an die Wand gemalt *»Hingen bis heute!«* Auffallend ist nun folgendes: Bei sämtlichen übrigen Bildern ist der Künstler genannt worden, während bei diesen Bildern von Corinth der Name nachträglich überklebt wurde, sodass das

Publikum, das die Signatur Corinths nicht kennt, nicht weiß, dass es sich hier um Bilder von ihm handelt. Weshalb man hier wohl den Namen unterdrückt? Vor den Corinth'schen Bildern ist eine Glasvitrine mit Fotografien von sehr fleissig ausgeführten frühen Bildern Corinth's und mit der Beischrift: »Der noch gesunde und bodenständige Künstler«. Doch ist auch hier der Name Corinths nicht genannt.
Im letzten Raum, der nur ein paar Tage offen war und jetzt wieder geschlossen ist, hat man 3 Bilder von meinem Freund, dem hiesigen Akademieprofessor Karl Caspar, und zwar einen »Auferstandenen«, einen »Johannes auf Patmos« und eine »Frühlingslandschaft« mit seiner Tochter Felicitas aufgehängt, Bilder aus Münchner Staatsbesitz, gegen die niemals das Geringste eingewendet wurde und meines Erachtens auch nicht eingewendet werden kann. Darunter steht gross an die Wand gemalt: »Solche Meister durften bis vor Kurzem die deutsche Jugend lehren«. In demselben Raum befanden sich noch Bilder von anderen Akademieprofessoren, z. B. eine ganz normale Landschaft von Purrman.
Man muss bedenken, dass die ganze Ausstellung vor allem eine Veranstaltung des hiesigen Akademie-Professors Ziegler ist, also eines *Kollegen* Caspars. Ziegler ist ja nun auch Nachfolger von Hoenig als Präsident der Reichskunstkammer geworden.
Als mein Sohn vor Kurzem in diesen letzten Raum hinein wollte, sagte ihm ein Besucher: »Da können Sie nicht hinein, da hängt ein Bild von Munch drin, da hat sich die norwegische Gesandtschaft dagegen beschwert.«
Ich habe Ihnen nun ohne viel eigene Bemerkungen den Befund der Ausstellung mitgeteilt. Da der Brief mit einem Durchschlag geschrieben wird, den ich mir aufhebe, ist der Bericht zugleich auch für mich ein »Tagebuchblatt«.
Sie schreiben, dass immer noch wieder Exemplare der »Zeichnungen« auftauchen. Ich kann mir nicht denken, wie das möglich ist. Es kann ja sein, dass in einzelnen Buchhandlungen noch Exemplare herumliegen, die von der Polizei noch nicht geholt wurden. Mein Leipziger Kommissionär hat jedenfalls soeben noch wieder

14 Exemplare, die sich als Rücksendungen bei ihm angesammelt hatten, pflichtgemäss an die Polizei abgeliefert.

[...]

NS. Als ich meiner Frau von diesem Brief erzählte, sagte sie, sie habe in der Ausstellung doch eine kleine Bronce von Ihnen gesehen. Deshalb ging ich heute nochmals hin und entdeckte tatsächlich von Ihnen die kleine Gruppe: Christus und Johannes (so ist sie dort wenigstens betitelt. Ich glaube, der Titel ist »Ein Wiedersehen«.) Auf dem Sockel steht ausserdem: »Kunsthalle Kiel. Aus der Haseloff-Stiftung 1931«. Ich hatte die kleine Bronze im Gedränge gar nicht bemerkt.

Im übrigen möchte ich zu meinem Brief noch nachtragen: In jeder Kunstbewegung laufen Nachahmer, talentlose Leute und impotente Dilletanten mit. Es findet sich in der Ausstellung also auch vieles von Leuten wie Molzahn, Baumeister, Schlemmer, Adler, Segall, Mondrian, Drexel etc. Es wird aber durch die Ausstellung nun alles bewusst in einen Topf geworfen und es wird auch der falsche Anschein erweckt, als ob nun die Kunst dieser Leute bis zur Machtergreifung eine beherrschende Rolle gespielt hätte. In Wirklichkeit war der Kubismus, Dadaismus, die abstrakte Malerei etc. eine längst erledigte Sache, die durchaus als abgestanden wirkte.

Goebbels hat in seiner Rede aber bemerkt, man sähe es dieser Ausstellung an, welch *ungeheurer Anstrengung* es bedurft hätte, diese Kunst zu beseitigen, um den Weg für die ewige deutsche Kunst freizumachen. Tatsächlich bedurfte es doch aber nur eines Machtwortes, und die Bilder wurden abgehängt.

Was nun die Ausstellung im »Haus der Deutschen Kunst« anbelangt, so bin ich mit dem besten Willen hineingegangen, um dort alles wirklich Wertvolle mit Freuden zu begrüssen. Es kann aber gar nicht die Rede davon sein, dass hier nun wirklich eine bedeutende Ausstellung hervorragender deutscher Kunst zustandegekommen wäre, oder als ob hier nun irgendwie etwas geboten wäre, was nicht seit *20 Jahren* auf *jeder* Kunstausstellung zu sehen und von der Kritik nicht auch nach Gebühr anerkannt worden wäre. Man glaubt, in einer Ausstellung zu sein, wie sie seit lan-

gem alljährlich im Glaspalast zu sehen war. Dreiviertel der Bilder sind fleissig und brav, aber künstlerisch belanglos. Sie stammen von Dutzendtalenten, wie es solche immer gegeben hat. Man bräuchte sie nicht erst zu befreien. Es wäre interessant, zu wissen, welche Bilder *nicht* aufgenommen worden sind, da der Bilderandrang ungeheuer gewesen sein soll. Leo v. König erzählte einem Bekannten von mir, er habe ein Bild eingeschickt, daraufhin habe man ihm geschrieben, das Bild werde einen Ehrenplatz erhalten, er möge aber doch noch mehr schicken. Hierauf antwortete König, er wolle den Kollegen keinen Platz wegnehmen, *ein* Bild genüge ihm. Es wurde dann aber auch dieses Bild im letzten Augenblick nicht aufgehängt. Wessen Einfluss dabei massgebend war, weiss man natürlich nicht.
Von den meisten Künstlern sind ein oder 2 Bilder ausgestellt, jedoch von einem mir bisher unbekannten Maler Max Zaeper 8 Bilder und zwar meist Landschaften mit Eichen. Offenbar wollte man diesen Künstler besonders herausstellen. Nun sehen aber die Bäume auf diesen Bildern aus, als ob sie aus giftig-grün lackiertem Blech gestanzt wären. Von Weitem scheint es, als ob jedes Blatt einzeln gemalt sei. Die Bilder kann wirklich nur derjenige schön finden, der von malerischer Qualität keine Ahnung hat. Natürlich gibt es gute und anständige Arbeiten, aber wie gesagt, gar nichts Hervorragendes und vor allem überhaupt keinen neuen Namen, den man sich irgendwie merken müsste.
Schinnerer, der eigentlich zuerst nichts hinschicken wollte, weil er nicht eingeladen war, schickte dann doch etwas, damit man ihm nicht nachsagen könne, er wolle die Ausstellung bewusst ignorieren. Es wurden ihm dann aber sämtliche Bilder abgelehnt und zwar, wie ich höre, mit dem Bemerken, sie seien nicht genügend ausgeführt.

[. . .]

(Piper, Briefwechsel, S. 326–330)

Barlachs Plastik »Ein Wiedersehen« in der Ausstellung »Entartete Kunst«

154
Als ich von dem Verbot der Berufsausübung bedroht war
(29./30. Juli 1937)

Im Vaterlande zu einer Art von Emigrantendasein genötigt, bleibt mir nur die Wahl zwischen dem Vollzug der wirklichen Emigration oder dem Entschluß, koste es, was es wolle, mein volles Recht auf ungehemmte berufliche Betätigung durchzusetzen. Ersteres habe ich niemals einer Erwägung gewürdigt, und so wird das Zweite für mich zu unabweislicher Notwendigkeit.

Daß ich nunmehr einer der Älteren meines Standes geworden, begründet an sich keinen Anspruch; immerhin dürfte zu erwägen sein, welche seltsam aufbegehrenden Regungen einen seit gut fünfzig Jahren zünftigen und seinem Beruf verschworenen Künstler deutscher Geburt und Verwurzelung bestürmen müssen, wenn ihm was mir geschieht. Von meinen insgesamt siebenundsechzig Lebensjahren habe ich wiederum fünfzig Jugend- und Mannesjahre auf der Scholle zwischen meinem Geburtsort bei Hamburg und meiner Wahlheimat Güstrow zugebracht und fühle bei zunehmenden Jahren immer mehr die unauflösliche Verbundenheit mit dem Heimatboden. Ich weiß, daß ich nur dahin gehöre, wo ich bisher gearbeitet und gelebt habe, und da man mir Fremdsein nachredet, so behaupte ich, eine bessere, stärkere und weitaus tiefer eingewachsene Zugehörigkeit, eine mehr aus Geschichte und Erleben geformte Angehörig-, ja Hörigkeit zu meinem Geburtslande zu besitzen als alle meine solches absprechenden Mißgönner meiner Ungeschorenheit, Abseitigkeit und Arbeitsruhe, die auf Grund höchst jüngsterrungener Vorstellungen meinen ganzen Lebensbau glauben zerbrechen zu können. Sie haben, sagte ich, damit so viel Erfolg gehabt, daß ich im Vaterlande eine Art Emigrantendasein führe.

Ich erfahre somit eine Ausgestoßenheit, die der Preisgabe an Vernichtung gleichkommt. Das Verdikt von ... bedeutet Verurteilung zur Absperrung meines persönlichen Daseins von allen bisherigen Lebensvoraussetzungen. In dieser Hinsicht ist mein Zustand noch übler als der eines echten Emigranten, und wenn es nicht ausdrücklich formuliert ist, so ergibt sich doch die Verhängung der langsamen Erdrosselung, deren Absicht klar genug zu Tage tritt. Diese mir zugedachte langsame Erdrosselung umgeht nur jene andre der echten Garottierung, aber das Verschleierte ist wegen Vermeidung des graden Weges nicht weniger verhängnisvoll, es ist nur ein ungrader. Bemäntelungen werden nur gewählt zur Bequemlichkeit des Vollziehers, nicht zur Erleichterung des Verurteilten.

[...]

Nach dem Erlaß des Ministerpräsidenten Göring sollen alle im Lande Preußen vorhandenen öffentlichen Kunstsammlungen ohne Rücksicht auf Rechtsform und Eigentumsverhältnisse im Sinne der Richtlinien des Führers und Reichskanzlers überprüft und die erforderlichen Anordnungen getroffen werden. Diese so befohlene Nichtbeobachtung der Form des Rechts kann dem Rechte selbst, dem Begriff des Rechten, unmöglich gelten. Recht war, ist und bleibt Recht. Die Anordnung, es zu beugen, kann niemals erfolgen. Rechtsungültigkeit ist ein Unding, und so, da an der Tatsache des Rechts selbst, des Rechten und unweigerlich Gültigen, nicht gerüttelt worden ist, nicht es selbst und sein Bestand, sondern nur seine Form bei bewußtem Anlaß keine Abgrenzung bei den befohlenen Maßnahmen gewähren soll, so ist das letztliche Vertrauen in das Geschehen des Rechten unerschüttert, und mit ihm bleibt der Anspruch auf nicht willkürliches, sondern verantwortliches Entscheiden zuständig.

[...]

(Barlach, Prosa II, S. 427f., 431)

155

Preußische Akademie der Künste, Schreiben an Barlach, 4. August 1937

[...] im Auftrage des Herrn Reichs- und Preußischen Ministers für Wissenschaft, Erziehung und Volksbildung teile ich Ihnen

mit, daß der Herr Minister von Ihrem Protest Kenntnis genommen hat, ohne sich von seiner Berechtigung überzeugen zu können. Der Text der fraglichen Pressenotiz ist – wie der Herr Minister betont – gerade derartig gefaßt, daß eine Herabwürdigung ausscheidender Akademiemitglieder vermieden wird und ihr freiwilliges Ausscheiden als loyale Handlung gegenüber den neuen Kunstbestrebungen des Dritten Reichs erscheint.
[...]
(Barlach, Briefe II, S. 866)

156
Erlaß des Preußischen Ministerpräsidenten Hermann Göring

Nachdem der Führer und Reichskanzler am Tage der Deutschen Kunst in München in klarster Weise die Richtlinien für die Kunstauffassung des Nationalsozialismus festgelegt hat, beauftrage und bevollmächtige ich den Reichs- und Preußischen Minister für Wissenschaft, Erziehung und Volksbildung, die Bestände aller im Lande Preußen vorhandenen öffentlichen Kunstsammlungen ohne Rücksicht auf Rechtsform und Eigentumsverhältnisse im Sinne der Richtlinien des Führers und Reichskanzlers zu überprüfen und die erforderlichen Anordnungen zu treffen. Über die Verwendung aller ausgemerzten Gegenstände, soweit sie dem Staat gehören, werde ich besonders, sobald mir die Liste vorliegt, entscheiden.
Ich beauftrage ferner den Reichs- und Preußischen Minister für Wissenschaft, Erziehung und Volksbildung, die Richtlinien des Führers und Reichskanzlers mit unnachsichtiger Strenge allen staatlichen Beamten, Angestellten und Beauftragten gegenüber, soweit sie sich auf dem Gebiet der Kunst betätigen, schnellstens durchzuführen. Soweit Kunstinstitute meiner unmittelbaren Leitung unterstehen, werde ich die Richtlinien selbst zur Anwendung bringen.
(Hakenkreuzbanner, 4. August 1937)

157

Barlach aus dem Güstrower Dom verwiesen

Nach der Rede des Führers am Tage der Deutschen Kunst in München haben die zuständigen Stellen nunmehr beschlossen, das von dem Bildhauer Ernst Barlach im Jahre 1926 geschaffene Ehrenmal für die Gefallenen des Weltkrieges aus dem Dom in Güstrow entfernen zu lassen. Die Abnahme wird in den nächsten Tagen erfolgen. Das Ehrenmal soll einen schwebenden Engel darstellen und war schon seit langem ein Gegenstand heftigster Angriffe.

(Rostocker Anzeiger, 20. August 1937)

158

Brief an Hildebrand Gurlitt, 3. September 1937

[. . .] Sie sowie der Kirchenvorstand sind mit Recht erstaunt über mein zögerndes und aufschiebendes Verhalten in Sachen des bewußten Taufsteins, und es obliegt mir, Ihnen und ihm deswegen aufklärende Angaben zu machen. Es gehört zu jeder Art von Tätigkeit, vielleicht gerade der künstlerischen besonders, ein Minimum von Arbeitsruhe und seelischen Gleichgewichts, aber dieses Minimum mankiert. Ich erwartete tagtäglich einen angedrohten Bescheid, der meine künstlerische Arbeit überhaupt verbietet oder doch so beschränkt, daß die Wirkung einem Berufsverbot gleichkommt. [. . .]

(Barlach, Briefe II, S. 722)

Der Kunsthistoriker Hildebrand Gurlitt (1895–1956) hatte Barlach den Auftrag, den Taufstein für die Johanneskirche in Hamm zu gestalten, vermittelt. Es wurde Barlachs letzte Arbeit, sie blieb unvollendet[30].

159

Brief an Reinhard Piper, 25. September 1937

[. . .]
Ostern 1938 bin ich 50 Jahre bildhauerisch zünftig, 1888 fing ich an, eine hübsche Zeit, voller Wechselfälle, phasenreich und gerade kürzlich besonders kunterbunt. Einstweilen hat man mich in der Schrifttumskammer gestrichen, wenn ich wieder arbeiten will, muß ich Anträge stellen. Es soll doppelte berufsständische Erfassung in der Reichskulturkammer vermieden werden, aber wie lange bin ich noch in der sobenannten Zieglerschen Kammer? Als Kulturschänder schwerlich lange.
Eine Schweizerin wollte aus der Münchener Schreckenskammer meine kleine Bronze herauskaufen – wurde aber abgewiesen und will sie jetzt von mir selbst kaufen.
[. . .]

(Barlach, Briefe II, S. 730)

160

Reichskammer der bildenden Künste, Landesleiter Berlin, Schreiben an Barlach, 17. Dezember 1937

Laut Angabe der Buch- und Kunsthandlung Karl Buchholz, Berlin W 8, Leipziger Straße 119/120, sind Sie Besitzer nachstehend genannter Werke, die bei einer Sichtung der Ausstellung und des Lagers der Firma Buchholz durch den Herrn Reichsbeauftragten für künstlerische Formgebung beanstandet wurden:

Künstler:	*Arbeit:*	
E. Barlach	Lachende Hexe	(Plastik)
〃 〃	Bäuerin	〃
〃 〃	Frierendes Weib	〃
〃 〃	Stehende Engelsgestalt	(Zeichnung)
〃 〃	Schreitender mit Stock	〃
〃 〃	4 Entwürfe zur Lübecker Katharinenkirche	(Zeichnungen)

Auf Ersuchen des Herrn Präsidenten der Reichskammer der bildenden Künste teile ich Ihnen mit, daß diese Werke nicht mehr ausgestellt werden dürfen.
(Barlach – Werk und Wirkung, S. 434f.)

Leo von König, Ernst Barlach, Ölbild 1937

161

Die Barlachsche Figur verschwindet

Auf einer Gemeinschafts-Kundgebung des Gauamtes für Technik und der Technischen Nothilfe in Hamburg machte Staatsrat Dr. Becker im Zusammenhang mit der Behandlung kultureller Fragen in Hamburg unter starkem Beifall der Versammlung die Mitteilung, daß die eigenartige, durch den Bildhauer Barlach geschaffene Gestalt auf der Rückseite des Ehrenmals am Reesendamm sehr bald verschwinden werde, weil sie nicht eine Ehrung, sondern geradezu eine Verächtlichmachung der deutschen Mutter sei.

(Kieler Neueste Nachrichten, 22. Januar 1938)

162

Brief an Adolf Arndt, 29. April 1938

[. . .]

Daß die Gemeinde, wie Sie schreiben, es »standhaft ablehnte, das Cruzifix auszuliefern«, ist ein Wunder. Anderswo und bei einer anderen und größeren Arbeit ließ die Gemeinde überhaupt nicht merken, daß sie überhaupt einen Willen hatte, weder für noch gegen. –

[. . .]

(Barlach, Briefe II, S. 770)

Das Kruzifix über dem Altar der Kirche St. Elisabeth in Marburg a. d. Lahn war Gegenstand einer innerkirchlichen Kontroverse. Der Oberpräsident der Provinz Hessen-Nassau betrieb die Entfernung. Als Kompromiß wurde es an bescheidenerer Stelle aufgestellt, verschwand aber wenig später ganz, ohne daß der Kirchenvorstand davon wußte.

163
Gesetz über Einziehung von Erzeugnissen entarteter Kunst, 31. Mai 1938

§ 1

Die Erzeugnisse entarteter Kunst, die vor dem Inkrafttreten dieses Gesetzes in Museen oder der Öffentlichkeit zugänglichen Sammlungen sichergestellt und von einer vom Führer und Reichskanzler bestimmten Stelle als Erzeugnisse entarteter Kunst festgestellt sind, können ohne Entschädigung zugunsten des Reichs eingezogen werden, soweit sie bei der Sicherstellung im Eigentum von Reichsangehörigen oder inländischen juristischen Personen standen.

§ 2

(1) Die Einziehung ordnet der Führer und Reichskanzler an. Er trifft die Verfügung über die in das Eigentum des Reichs übergehenden Gegenstände. Er kann die im Satz 1 und 2 bestimmten Befugnisse auf andere Stellen übertragen.
(2) In besonderen Fällen können Maßnahmen zum Ausgleich von Härten getroffen werden.

§ 3

Der Reichsminister für Volksaufklärung und Propaganda erläßt im Einvernehmen mit den beteiligten Reichsministern die zur Durchführung dieses Gesetzes erforderlichen Rechts- und Verwaltungsvorschriften.

(Wulf, Kunst, S. 337)

Dieses (niemals aufgehobene) Gesetz sicherte die entschädigungslose Enteignung der bei dem Raubzug beschlagnahmten Kunstgegenstände. Entsprechend § 2 Abs. 2 wurden manchen Künstlern oder deren Erben Werke zurückgegeben (zum Beispiel Emil Nolde, Christian Rohlfs, Renée Sintenis)[31]*. Zur Durchführung wurde eine »Kommission zur Verwertung der eingezogenen Produkte entarteter Kunst« gebildet, ihr gehörten an: der Präsident der Reichskammer der bildenden Künste Adolf Ziegler, der Reichsbeauftragte für künstlerische Formgebung Hans Schweit-*

zer, der Reichsbildberichterstatter Heinrich Hoffmann, der Ministerialrat Franz Hofmann, der Kammerreferent Karl Meder, die Kunsthändler Karl Haberstock und Max Taeuber (kurze Zeit auch Ernst Sauermann) und als Vertreter des Amtes Rosenberg Robert Scholz. Der Verkauf wurde abgewickelt über die Händler Bernhard A. Böhmer, Karl Buchholz, Hildebrand Gurlitt und Ferdinand Möller. Die als international verwertbar angesehene Kunst wurde aus dem Sammeldepot »Entartete Kunst« ausgegliedert, inventarisiert (vgl. Nr. 185) und im Schloß Niederschönhausen untergebracht.

164

Besuch bei Barlach im Sommer 1938

[. . .] Ich [. . .] erschrak, als er mir entgegentrat, noch schmächtiger geworden, das Gesicht wächsern, gramdurchfurcht, tiefhängende Säcke unter den Augen. Ich merkte bald, er wurde nun auch von körperlichen Schmerzen geplagt.

[. . .]

Er stand vor schweren Entschlüssen, ging mit dem Gedanken um, beide Häuser zu verkaufen und umzusiedeln nach Gott weiß wohin. »Ich muß von hier fort«, klagte er, »die ganze Lage ist mehrfach unhaltbar geworden!« Außerdem hatte der Arzt seiner Lunge nochmals dringend und für dauernd »mittlere Höhenlage« verordnet.

[. . .]

Als er sich abwandte, wies er, die Augen groß auf mich gerichtet, zum Gipsabdruck des Hamburger Reliefs empor, dem letzten Opfer. »Jetzt sind sie alle weg«, flüsterte er, »bis auf eins! Sollten sie das vergessen?« [. . .]

(Schurek, Begegnungen, S. 146f.)

165

Telegramm an Reinhard Piper, 25. Oktober 1938

ernst barlach heute montag 6 uhr nachmittag eingeschlafen trauerfeier guestrow donnerstag weitere nachricht folgt = gruss ihr b. a. boehmer

(Piper-Archiv)

Marga Böhmer, Sterbelager, Zeichnung 1938

166
Ernst Barlach †

Ernst Barlach, der norddeutsche Bildschnitzer, ist im 69. Lebensjahr nach längerer Krankheit in einem Rostocker Krankenhaus gestorben. [...]
Seinen *vielumstrittenen Plastiken* hat er für das *Theater* eine Reihe dramatischer Figuren hinzugefügt, die sich in ihrer merkwürdigen stoßweisen Sprech- und Handlungsweise als typisch niederdeutsche Gestalten, Menschen der Unterelbe und Mecklenburgs zu erkennen geben. [...]
Dieser Widerstreit zwischen lastender Schwere und aufblickender Sehnsucht ist es auch, den Barlach in seinen Plastiken hat gestalten wollen, jenen unverwechselbaren Gestalten, in denen oft noch das Unförmige des Holzes sichtbar bleibt, aus dem sie geschnitzt sind. Auf diesen Wegen, von denen die Treue gegen sich selbst ihm keine Abweichung erlaubte, hat er die Zustimmung unserer Zeit, die in der Plastik das klassische Schönheitsideal erneuert, nicht mehr gefunden.

(B. Z. am Mittag, 26. Oktober 1938; Verfasser ist Carl Dietrich Carls)

167
Ernst Barlach †

Ernst Barlach ist in einem Rostocker Krankenhaus gestorben, nicht ganz 69 Jahre alt. Er ist, nach einer Spanne des Ruhms, den er nicht gesucht hat, einer der meistgehaßten Künstler der jüngeren Zeit gewesen. Daß der ein klares, helles, klassisches deutsches Kunstideal erstrebende Nationalsozialismus Barlachs Dumpfheit und hintersinnige Schwere ablehnte, ist selbstverständlich. [...]
Man hat gesagt, Barlachs Werk sei krank; das ist zum guten Teil richtig, wenngleich diese Krankheit keineswegs in einer biologischen Minderwertigkeit des Künstlers Barlach begründet ist, der

gutem holsteinischen Bauernblut entstammt. Es ist vielmehr ein seelisches Kranken, das den Künstler zur Weltflucht und zu abseitigen, unserer Art fremden Spekulationen über das Verhältnis von Gott und Mensch, über den Kampf des Menschen gegen Gott und um Gott geführt hat. Barlach und sein Werk sind ein Sonderfall; in ihm ist mehr Eigenart als Art, und eine Zeit, der die Art als Höchstes gilt, kann nicht anders, als diese Eigenart abzulehnen.

[...]

Die Gegenwart in ihrer von allen Zugeständnissen freien Folgerichtigkeit kann nicht anders, als Barlach abzulehnen. Sie hat darin hellhörig eine geheime Fehlstelle, einen verdeckten Sprung, einen Mißklang, wenn nicht gar unechten Klang wahrgenommen. Dennoch wird sie nicht umhinkönnen, dem Toten ihre Achtung vor dem Ernst seines Wollens zu bezeugen.

(Hamburger Fremdenblatt, 26. Oktober 1938; Verfasser ist Ernst Sander)

168
Ernst Barlach

[...] So ist er unter den Bildhauern zum Vertreter jener Kunstströmung geworden, die man nachträglich als »Expressionismus« bezeichnete. An Barlachs Weg aber war offenbar, daß er nicht von einem solchen Programm ausging, sondern von der schweigsamen und verschlossenen Natur seines Lebenskreises. Aus der gehöhlten Hülle, etwa bei der Bettlerin, oder der fast zerreißenden Ummantelung, bei den drei vorstürmenden Männern, sprach immer aufs neue die Macht einer für gewöhnlich schwer beweglichen, ja sprachlosen Natur, deren Sicherheit darin lag, daß sie, einmal angetrieben, unbeirrbar voranging. Für diese Meinung bot er selbst auch Anhaltspunkte in seiner hart und einfach geschriebenen Biographie und endlich in seinen Dramen.

(Frankfurter Zeitung, 27. Oktober 1938)

169

Käthe Kollwitz, Barlachs Tod, Oktober 1938

Barlach stirbt am 24. Oktober im Krankenhaus in Rostock. Am darauffolgenden Donnerstag ist eine Trauerfeier in Güstrow. Ich fahre hin. Dort trifft es sich, daß ich vor den andern in seinem Haus und auch in seinem Atelier bin. Ich gehe durch eine Seitentür herein und habe seinen Arbeitstisch mit den zusammengeräumten Werkzeugen, dahinter eine Wand mit Arbeiten von ihm vor mir. Wie ich mich zur Seite wende, dem eigentlichen Atelierraum zu, sehe ich Barlach im offenen Sarg liegen. Der Sarg steht in der Mitte des Raumes. Er ist feierlich und kostbar aufgebahrt. Ein schwarzer Teppich und weiße Atlasdecken. Barlach ist *ganz* klein. Er liegt mit ganz zur Seite gesenktem Kopf, als ob er sich verbergen wolle. Die weggestreckten und nebeneinander gelegten Hände ganz klein und ganz mager. Ringsherum an den Wänden seine schweigenden Gestalten. Hinter dem Sarg Tannen aufgebaut. Über dem Sarg die Maske des Güstrower Domengels. Um den Sarg läuft sein kleiner Hund herum und schnuppert zu ihm auf. Am geschlossenen Sarg ist dann die Feier. Der Pfarrer Schwartzkopff, der acht Jahre in Güstrow lebte und Barlach nahestand, sprach. Gut und sehr ernst. [...]

(Kollwitz, Tagebuchblätter, S. 110f.)

170

Johannes Schwartzkopff, Ansprache zur Trauerfeier in Güstrow, 27. Oktober 1938

[...]

Liebe Freunde! Die Straßen der Stadt waren heute, als wir hindurchgingen, wie sonst auch. Aber hier spüren wir die Leere und das Schweigen des Raumes, seit der von uns ging, dessen Güte, dessen Gesichte und Geist ihn erfüllt haben. Viele unter uns werden arm und können sich noch kaum vorstellen, daß ein Leben solcher Kraft und Auswirkung jetzt zu Ende gegangen ist. Wir standen in dem Kreise eines Menschen, der unten aus der Grube rief, die uns alle gefangen hält, und Antwort fand aus der anderen Welt, und der beides seinen Brüdern weitergeben mußte und konnte. Was er zu seinem größten und verantwortungsvollsten Holzbildwerk (für den Magdeburger Dom) schrieb, gilt ebenso von ihm selbst wie von den drei Gestalten, deren schlichtes Heldentum der Pflicht Not, Tod und Verzweiflung besiegt hat. »Die Erschütterung der Todgeweihten durch Leiden brachte ihnen nicht den Zusammenbruch, sondern ließ sie in eine höhere Sphäre hinaufgelangen, wo kein Sinnloses mehr schreckt.« So darf der Pastor über der sterblichen Hülle des Entschlafenen hindeuten auf das Gottesbild, von dem er sich gerufen wußte, und auf den Weg, den er dabei geführt wurde, hindeuten auf den Gottkünder und den Gottsucher Ernst Barlach. Vor Jahren sagte er mir, daß er ein Christusdrama zu schreiben begonnen, aber nach den ersten Szenen alles zerrissen habe; »das läßt sich nicht psychologisieren und dramatisieren«. Daß unser Denken und Reden den Heiligen entheiligen, den Gottmenschen entstellen, die Wahrheit in Lüge wandeln kann, das wußte er so wie ganz wenige. [...]

Barlach hat jahrelang auftraglos geschaffen und die Bindung an feste Termine immer abgelehnt, denn er wußte sich bei seinem Werk immer im Auftrag, im Dienst. Er mußte sich, schrieb er einmal, »dem Geheiß eines Sollens fügen, das ihn in jedem einzelnen Fall bestimmt«. Daher die Unabhängigkeit von Kunstmeinung und Schule und die beinahe nachtwandlerische Sicherheit und Unabhängigkeit seines Schaffens. Sein Ohr war offen für die innere Stimme, sein Auge und seine Hand waren bereit den Gesichten, die aus ihm hervorwachsen sollten.

[...]

Seine Gemeinde wußte, daß er in seinem Schaffen unter einem inneren Gebot stand, daß er nicht anders sein und arbeiten konnte, als er es tat. Darum gab es für ihn keine Kompromisse, keine Halbheiten und halben Wahrheiten. Und wir waren dankbar, daß wir vor dem Werk eines Menschen stehen konnten, dem es gegeben war, in unserer Zeit sich selber treu zu werden und seiner

Berufung gehorsam zu sein – koste es, was es wolle: in früheren Jahren scheinbar auswegloses Tappen im Nebel und dazu wirtschaftliche Not, in letzter Zeit Verkennung, Verleumdung und seelisches Martyrium. Beim Denken an diese Tragik dürfen wir nicht bitter werden. Da bestand sein Wesen die letzte Probe. Da zeigte es, daß es so eingebettet war in die Gotteswirklichkeit, in die ewige Welt, daß es standhalten konnte. Leidenschaftlich und unerbittlich bis zuletzt für die »ehrlich gemeinte, eigne Überzeugung« sich einsetzend; aber ein unlauterer Gedanke und ein unwahres Wort waren bei ihm nicht denkbar. Das war für uns alle aufrüttelnd, die in seinen Wirkungskreis hineingezogen waren.

Ihr, die ihr mit ihm in der täglichen Lebensgemeinschaft standet, wißt von etwas noch Schönerem. Der Dahingegangene war ein Mensch der großen Güte. Wie konnte er mit Kindern reden und an Kindern sich freuen! Wie hat er Treue mit Treue vergolten. Wie konnte man mit ihm zusammen schweigen und reden und wußte sich verstanden!

[...]

(Freundesworte. Ernst Barlach zum Gedächtnis, Hamburg 1939, S. 9–11)

171

Oskar Loerke, Schreiben an die Trauergemeinde, 27. Oktober 1938

In der Stunde, da Sie dem von uns Gegangenen die Feier rüsten, denke ich, durch Krankheit still und geneigt, neue Formen des Weiterdaseins zu erahnen, in Ergriffenheit zu Ihnen hinüber. Von uns Lebenden kann schwer einer den anderen trösten; der in eine andere Dauer Übergegangene muß den Trost selbst vollziehen, wie er es durch sein Werk oft vollbrachte. Gestalten von ihm sind um mich und öffnen mir das von ihrem Künstler geöffnete Auge nochmals. Das von ihm den Mitmenschen Gestiftete kann in den Bezirken nicht untergehen, wo der Untergang nicht ist.

Trotz dieser hohen Gewißheit ist mir weh und bang zu Sinn: ich nehme teil an Ihrem Schmerze, – lassen Sie mich teilnehmen.
(Barlach – Werk und Wirkung, S. 463)

172
Max Planck, Brief an Hans Barlach, 27. Oktober 1938

[. . .] Es ist mir als dem Kanzler des Ordens Pour le mérite ehrenvolle Pflicht und aufrichtiges Bedürfnis, Ihnen und Ihren Angehörigen zugleich im Namen aller Ordensritter das tiefste Beileid in ihrer Trauer um den dahingegangenen Kollegen auszusprechen. Ich habe nicht den Vorzug gehabt, dem Verewigten persönlich im Leben zu begegnen. Um so lebhafter empfinde ich den Wunsch, hier zu bezeugen, daß sein Werk auch für mich selber eine tiefe Bedeutung gewonnen hat und daß nach meiner festen Überzeugung von ihm auch in Zukunft noch Wirkungen ausgehen werden, deren Tragweite sich heute nicht übersehen läßt. [. . .]
(Barlach, Briefe II, S. 870f.)

173
Paul Schurek, Begräbnis in Ratzeburg

Am 28. Oktober 1938 fuhren wir nach Ratzeburg. Dort, wo er den schönsten Teil seiner Kindheit verbracht hatte, wollte Ernst Barlach begraben werden – jenseits der Grenze Mecklenburgs, das war sein ausdrücklicher Wunsch gewesen.
Vor der kleinen Kapelle stand kaum ein halbes Hundert Menschen versammelt, ein paar Maler und Schriftsteller, ein Museumsdirektor, ein Kunsthändler, ein Schauspieler, dazu mancher unbekannte Freund – ein Häuflein Getreuer, natürlich keine Amtsperson darunter, kein berühmter Mann des Tages – wohl ganz im Sinne des Toten.

Als ich ein wenig abseits spazierte, sah ich eine rührende Szene wie aus einem Barlach-Drama: Zwischen den Gräbern stand Friedrich Schult, der treue Freund aus Güstrow, und war zärtlich-eifrig wie unbeholfen bemüht, etwas auf ein schwarzes Kissen zu heften, das sein Sohn feierlich-ernst blickend mit beiden Händen hielt. Es war der »Pour le mérite«, den Barlach noch im Frühling 1933 von der Berliner Akademie erhalten hatte.
Dann wurde der braune Sarg, der viel zu groß war für den kleinen Leib, durch den wallenden Nebel getragen. Klaus Barlach ging mit dem Onkel hinterher, und Schults Junge, steif im schwarzen Anzug, hielt das Kissen mit dem Orden auf den Händen. Wir andern folgten, so wie wir gekommen waren, Frauen und Männer, zwanglos und bunt, unter Mützen und Sommerhüten glänzten ein paar Zylinder, das Laub raschelte unter unseren Füßen, und mancher stolperte über einen begrasten Grabhügel an der Seite des schmalen Wegs. Pastor Schwartzkopff, ein anderer alter Freund aus Güstrow, begann zu sprechen, gelassen, leise, mit strengem Gesicht. Seine Stimme wurde hart, als er sagte: »Das Sterbliche an ihm soll in Ratzeburg ruhen, nicht auf dem Güstrower Friedhof, so wollte er es!«
Barlach hatte seinen Schwur erfüllt und Güstrow verlassen – ein Jahr nachdem sie ihm den Engel aus dem Dom geholt hatten.
(Barlach – Werk und Wirkung, S. 457f.)

174
Trauerfeier für Barlach

In der Werkstatt Ernst Barlachs in *Güstrow* fand am Donnerstagnachmittag eine Trauerfeier statt, zu der aus Mecklenburg und aus verschiedenen Städten des Reichs viele Menschen erschienen waren, um ihrer Verehrung für den Verstorbenen Ausdruck zu geben. Vor einer grünen Tannenwand stand der helle eichene Sarg, darüber schwebte der Kopf des Engels vom Güstrower Ehrenmal, sinnbildhaft Wesen und Werk Barlachs verkörpernd.

Ein Streichquartett spielte Beethoven und Bruckner. In einer sehr schönen Rede wies der Geistliche auf das Wesen dieses Mannes hin, dessen ganzes Leben in schlichter Wahrhaftigkeit getragen war von dem Bewußtsein, ein Beauftragter zu sein, und dessen Wille und Sehnsucht sich so unmittelbar Gott selber zugewandt hatte. Die Freunde und Verehrer des Toten beschlossen mit kurzen Ansprachen die Trauerfeier, die in ihrer schlichten Würde dem Wesen Ernst Barlachs entsprach. Am Freitagnachmittag wurde Barlach auf dem Friedhof in Ratzeburg, wo auch sein Vater begraben liegt, beigesetzt.

(Deutsche Allgemeine Zeitung, 28. Oktober 1938)

175
Ludwig Carrière, Brief an Bernhard A. Böhmer, 29. Oktober 1938

[. . .] Tief erschüttert über *diesen* Ausgang *dieses* Lebens bin ich aus Güstrow zurückgekommen.

[. . .] Aber ihm war es nicht gegeben, sich resignierend zurückzuziehen und beschaulich auszuruhen und die Mißhandlung seiner Werke, der geschaffenen und der noch ungeborenen, zu erdulden. Ihm ist in den letzten Jahren, wie der Pfarrer treffend sagte, das Herz gebrochen worden, und ich sehe nichts, was die Deutschen von diesem fürchterlichen Vorwurf befreien könnte; er bleibt ihre schwere Schuld! Daß es ihm erspart blieb, »in die Verbannung zu gehen«, ist ein letzter Trost für seine Freunde; aber er hat sie doch in der Idee vorweggenommen, und sie hat ihm doch den Todesstoß gegeben.

[. . .]

Einer lakonischen Notiz im »Völkischen Beobachter« entnahm ich nur, daß B. in einem Rostocker Krankenhaus nach längerer Krankheit gestorben sei. Ich nehme an, daß seine Bronchitis, unter der er damals schon litt und die bei älteren Leuten so gefährlich ist, sich verschlimmerte, daß er sich schließlich überreden

ließ, das Krankenhaus aufzusuchen, wo man sicher alles tat, um ihm die Qualen zu erleichtern, daß aber schließlich das Herz die Kraft nicht mehr aufbrachte, das Blut durch die angegriffenen Lungen zu treiben. Und so ist er grausigerweise an dem gestorben, was er 1933 als Gefahr sah: an der »Erdrosselung des Atems«!
[. . .]
(Ernst Barlach – Werke und Werkentwürfe aus 5 Jahrzehnten, Katalog, Berlin 1981, Bd. III, S. 38)

176
Hermann Hesse, Brief an Friedrich Schult, 30. Oktober 1938

[. . .]
Sie haben einen großen Verlust erlitten, und nicht Sie allein, ich drücke Ihnen in herzlichem Gedenken die Hand und denke Ihrer treulich. Es steht bei mir wenig anders als bei Ihnen, so verschieden unsere Standorte und Lagen sind, ich erlebe einen großen Herbst, Verlust um Verlust, Abschied um Abschied und außer meinem unerschütterten Glauben an den Fortbestand dessen, was mir heilig ist, habe ich dabei keinen Trost als den, daß ich alt bin, älter als meine Jahre, und daß darum die Erlebnisse für mich schon sehr an Wirklichkeit, Nähe und Intensität verlieren. In einer Zeit, wo die Mehrzahl der Erlebnisse schmerzlich ist, ist das ein Vorzug.
[. . .]
(Barlach – Werk und Wirkung, S. 462f.)

177
Ernst Barlach †

[. . .] Er machte es sich nicht leicht: er bekämpfte sein Reich des Dunkels nicht mit dem Vorbau hellerer Welten: er suchte es so unmittelbar wie möglich selbst zu zeigen. Er flüchtete nicht hinter die Schönheit, sondern versuchte, sie aus den inneren Wirklichkeiten der gestalteten Mächte wachsen zu lassen. Das gelang nicht immer: die Aufgabe war sehr schwer und das Überzeugen der anderen noch viel schwerer. Was E. T. A. Hoffmann einmal von sich gesagt hat: »Ich habe zu viel Wirklichkeit« – das galt im übertragenen Sinne auch für Ernst Barlach. Die Welt erschrak vor der Last seiner inneren Wirklichkeit, wenn er ihr in seinen Dramen und Bildwerken zumutete, sie mitzutragen: sie lehnte sich auf – von ihrem Standpunkt mit Recht. Barlach mußte ein Zeitschicksal tragen, das überpersönlich war: die Kunst seiner Generation war in seinem Werk, in dem Stehrs und mancher anderen bis über die Grenzen hinaus vorgedrungen, die den Bereich des Gemeinsamen noch für lange hinaus abschließen. Seine Tiefe und Schwere waren nur seine und die ganz weniger, ebenso vom Schicksal Belasteter: so war die Isoliertheit dira necessitas. An Barlach und den Menschen seiner Art wurde die Zeitwende sichtbar, in die Kunst, Dichtung, Wissenschaft seit ein paar Jahrzehnten eingetreten sind.

(Deutsche Rundschau, November 1938)

178

Bernhard A. Böhmer, Brief an Reinhard Piper, 2. November 1938

[. . .]

Der angeschlossene Nachruf soll, wenn es angeht, noch zu Ende der Woche, an einige führende Zeitungen des Reiches gegeben werden.

Dürfen wir unter die Namen von etwa zwei Dutzend Freunden, die sich zu dem hingegangenen Künstler und Menschen bekennen, auch den Ihrigen setzen? Da die Angelegenheit eilt, wird *telegrafische* Nachricht an meine obige Adresse erbeten.

Es wurden aufgefordert:

Friedrich Düsel, Karl Garbers, Konrad v. Kardorff, Georg Kolbe, Käte Kollwitz, Leo v. König, Hugo Körtzinger, Oskar Loerke, Gerhard Marcks, Reinhard Piper, Karl Scheffler, Friedrich Schult, Fritz Schumacher, Paul Schurek, Pastor Schwartzkopff, Reinhold v. Walter, Julius Wohlers.

[. . .]

Ernst Barlach Nachgerufen

Ein Schicksal ist vollzogen, sein aufrechter Träger verblich; Ernst Barlach starb einen einsamen Tod. Er stand in den Wettern Gottes; ihnen gab seine Kunst ein unvergleichliches Gesicht aus Menschenantlitz. Gebannt von Unwegsamkeiten, bannte er das Widerstrebende in die Härte und in die Demut, in die Bitternis und in die Zucht seiner Gestalten, deren Natur unserer Heimat entstammt, deren Harmonie dem Geheimnis des Einverständnisses zwischen Geist und Form entwuchs. Dieses war seine Kraft, ein leidvoll musizierender Bestandteil deutschen Wesens im tragischen Grunde.

Das Tragische dient nicht dem Wohllaut aller Tage. Ernst Barlachs Werk aber ist ein Zeugnis inwendigen Waaghaltens unter echter Meisterschaft; dorther ist seine Weise bestimmt und dorther empfängt es sein Recht wie seine künstlerische Ehre. Er hat sichtbar und fassbar gemacht, was uns trotzt. Sein Trotz aber gab seinem Meissel und seiner Feder die unverdingliche Freiheit, ein Gesetz des Waltens zu formen und ein Gewissen des Menschlichen zu deuten.

Wir, denen auf anderen Wegen deutsche Kunst zu leisten und zu betreuen aufgegeben ist, wollen ihm die schwere Verkörperung dieses Gesetzes und dieses Gewissens danken und wir wollen verlässlich eingedenk bleiben seines mannhaft reinen und gütigen Menschentums.

(Piper-Archiv)

179

Telegramm an Reinhard Piper, 3. November 1938

nachruf erfolgt nicht – boehmer

(Piper-Archiv)

180

War Barlach† Kulturbolschewist?

Mit Barlach scheidet eine der ausgeprägtesten Künstlerpersönlichkeiten dahin aus der Reihe derer, die das Gesicht der Kunst in Deutschland während des ersten Drittels unseres Jahrhunderts formten. Barlach gehörte auch zweifellos zu den mit Recht am heftigsten umstrittenen Künstlern, denn sein Werk ist fast überall packend und unvergeßlich, aber auch zumeist unbefriedigend und nur allzuoft abstoßend. So kommt es, daß er gefeiert als ein meisterlicher Gestalter von den einen, und gar als Vorbild übernommen, von den anderen uneingeschränkt als »entartet«, wohl gar noch als Kulturbolschewist abgelehnt oder auch angefeindet wurde.
Auf *Barlach* gemünzt, ist der Titel »Kulturbolschewist« sicher noch weniger zutreffend als für die ihm tief wesensverwandte *Käte Kollwitz*. Selbst dann nämlich, wenn Barlach ebenso wie die Kollwitz im Herzen links gerichtet gewesen wäre, so trennt ihn doch ebenso wie die Kollwitz vom eigentlichen »Kunstbolschewismus« der echte, tiefe Ernst, die Phrasenlosigkeit seiner künstlerischen Haltung und die Geschlossenheit und ausgereifte Formfestigkeit seines Werkes. Der Typus des »Kunstbolschewisten« (im Gegensatz zu Barlach!) ist dagegen immer gekennzeichnet dadurch, daß an Stelle des besessenen Fleißes die Liederlichkeit oder Verbohrtheit, an Stelle der lebendig empfundenen und meisterlich geklärten Form das sinnlose und formlose Durcheinander, oder aber die minderwertige, auf Bluff abgestellte Konstruktion tritt.

[. . .] Man hat inmitten dieser Barlach-Gestalten das Gefühl, in einer Gesellschaft von nervenkranken, geistig unzulänglichen, haltlosen Kreaturen zu weilen. Man fühlt sich umwittert von den Ausdünstungen verwahrloster Leiber von plumpem Bau und schlechten Säften, von Opfern rassischer Niederzucht, die (gerade ohne sozialistische Anklagetendenz!) schon in ihrer unbegründeten sinnwidrigen Tatsächlichkeit doppelt quält.
[. . .]
Barlach war so sehr Christ, daß kein Kirchenaustritt ihn hätte davon befreien können. Er zeigt dieselbe Verkennung des Göttlichen und Menschlichen wie gewisse mittelalterliche Bildhauer, die schauerliche Kruzifixe schufen und, der »schnöden Welt« absagend, der Wiederkehr des Jüngsten Tages entgegenbebten. Innerhalb dieser unheroischen Weltanschauung leistet Barlach Großes.
Unerträglich artwidrig wirken aber alle solchen Werke Barlachs, die aus heroischer Haltung empfunden und geschaffen sein müßten, um ihren Sinn zu erfüllen, zB. die *Heldendenkmäler*. Deshalb hat das deutsche Volksempfinden – völlig mit Recht – sich gegen Barlachs Kriegerdenkmäler empört. Heldentum und Heldenehre – das ist eine Angelegenheit der Rassenseele. [. . .]
Und deshalb mußten wir Barlach ablehnen, nicht als Mensch, auch nicht als Künstler schlechthin, sondern als Künder eines Wesens, einer Lehre, die uns fremd ist und die gleichzeitig Gefahr bedeutet für die einfache, klare Linie, die wir suchen.

(Das Schwarze Korps, 3. November 1938)

181
Ernst Barlach

[. . .] Daß ihm die große Komposition, das Gruppenwerk, nicht eigentlich entsprach und darum auch nicht gelingen mochte, ist gewiß kein Zufall. Seine Einsamkeit war nicht Verloren-Sein, sondern wurde ein Weg zu innerer Freiheit aus mancherlei Wirrnis – vor zehn Jahren schrieb er sein Leben nieder, dieses Buch mit seinen barocken Humoren, einem Stück niedersächsischen Eulenspiegeltums, ist fast liebenswürdig, und wem der Zugang zu dem schweren und schwergehenden, nie virtuosen Werk des Mannes versperrt ist, der mag sich an diesen Erzähltisch setzen. Und er wird, während klug, nicht zu schnell, gänzlich unsentimental die Wegstücke einer Vergangenheit belichtet werden, auf eine wunderbare Weise zu einem großen und sicher gewordenen Menschentum geführt. Und die Erinnerung an verbleichenden Tagesstreit ist weggesunken.

(Die Hilfe, 5. November 1938; Verfasser ist Theodor Heuss)

182
Der Kampf um Ernst Barlach

So lange er lebte, war Kampf um ihn. Der Nationalsozialismus hat ihn scharf abgelehnt; das Bürgertum nahm eine ganz ähnliche Kampfstellung gegen ihn ein – die Krieger, die einst im Magdeburger Dom standen, waren Objekt bitterer Anfeindung lange vor 1933. Es gab und gibt sehr kluge und kunstoffene Menschen, die Barlachs Werk mit aller Schärfe verwerfen – aus Instinkt wie mit Gründen. Dem ehrlichen Ja der Freunde stand ein ebenso ehrliches Nein der anderen Seite gegenüber.

[...]

(Deutsche Zukunft, 6. November 1938; Verfasser ist Paul Fechter)

183
Schreiben des Abteilungsleiters IX an Joseph Goebbels, 22. Februar 1939

Betr. Verwertung der Produkte entarteter Kunst

[...]

Um zu verhindern, daß bei Verbrennung des unverwertbaren

Restes in der Köpenicker Straße von irgend welcher Seite nachträglich der Vorwurf erhoben werden könnte, daß Devisenwerte dabei vernichtet worden seien, *forderte ich die Herren der Kommission mündlich und schriftlich auf, die nach ihrer Meinung noch verwertbaren Gegenstände zu benennen.* [. . .]
Ich erbitte Ihre Zustimmung, daß ich den nach dieser letzten Überprüfung als unverwertbar verbleibenden Rest dann umgehend verbrennen darf, um das Depot für den dringenden Bedarf als Getreidespeicher frei zu machen.

(In letzter Stunde. 1933–1945, herausgegeben von Dieter Schmidt, Dresden 1964, S. 229f.)

Am Ende dieses Schreibens hat Goebbels handschriftlich »ja! Dr. G.« vermerkt[32]*. Dafür, daß die Verbrennung jemals erfolgt ist, gibt es keinen sicheren Beweis. Einige Indizien sprechen vielmehr dafür, daß diese Kunstwerke in der DDR lagern.*

184

Liste der Plastiken von modernen Meistern aus deutschen Museen

Nr.	Beschreibung	Herkunft	Aufruf	Zuschlag
[. . .]				
3	Der Rächer	Berlin, Nationalgalerie	850,–	370,–
4	Lesende Mönche	Berlin, Nationalgalerie	6300,–	3150,–
5	Hirtenpaar	Dresden, Staatliche Skulpturengalerie	850,–	700,–
6	Bildnis Wegener	Stuttgart, Staatliche Galerie	2500,–	–
7	Schwebender Mann	Kiel, Städtisches Museum	4200,–	–
8	Das Wiedersehen	Frankfurt a. M., Städtische Skulpturensammlung	2100,–	1500,–

GEMÄLDE UND PLASTIKEN MODERNER MEISTER

AUS DEUTSCHEN MUSEEN

Braque, Chagall, Derain, Ensor, Gauguin, van Gogh, Laurencin, Modigliani, Matisse, Pascin, Picasso, Vlaminck, Marc, Nolde, Klee, Hofer, Rohlfs, Dix, Kokoschka, Beckmann, Pechstein, Kirchner, Heckel, Grosz, Schmidt-Rottluff, Müller, Modersohn, Macke, Corinth, Liebermann, Amiet, Baraud, Feininger, Levy, Lehmbruck, Mataré, Marcks, Archipenko, Barlach

AUSSTELLUNG

IN ZÜRICH

Zunfthaus zur Meise, vom 17. Mai (Mittwoch) bis 27. Mai (Samstag) 1939

Eintritt: Fr. 3.—

Täglich geöffnet von 10—12 Uhr und von 2—6 Uhr (Sonntag nachmittag geschlossen)

IN LUZERN

Grand Hôtel National, vom 30. Mai (Dienstag) bis 29. Juni (Donnerstag) 1939

Eintritt: Fr. 3.—

Täglich geöffnet von 10—12 Uhr und von 2—6 Uhr (Sonntag geschlossen)

AUKTION IN LUZERN

Grand Hôtel National, Freitag, den 30. Juni 1939, nachmittags 2.15 Uhr

AUKTIONSLEITUNG: THEODOR FISCHER, GALERIE FISCHER, LUZERN

Ankündigung der ersten Versteigerung von Werken »entarteter Kunst« in der Galerie Fischer, Luzern

9	Der Wartende	Saarbrücken, Staatliches Museum	2500,–	1050,–

[...]

(Galerie Fischer, Luzern, 30. Juni 1939)

Dies war die erste von drei Auktionen, bei der 125 Werke angeboten wurden[33]. Die angegebenen Beträge sind in Schweizer Franken.

185

Beschlagnahmte Werke (international verwertbar)

(Herbst 1939)

Inv. Nr.	Name des Werkes	Galerie	Schätzungswert RM
[...]			
9650	Bildnis Wegener	Stuttgart	800.–
12387	Bildnis Wegener	Berlin	800.–
57	Bauerngruppe	Elberfeld	100.–
435	Das Wiedersehen	Frankf./M.	500.–
2820	Lesende Mönche	Düsseldorf	1800.–
5753	Der Sänger	Hamburg	3000.–
5754	Frau im Wind	Hamburg	1000.–
4831	Kopf des Ehrenmals in Güstrow	Essen	1500.–
6992	Das Wiedersehen	Hannover	500.–
6888	Mann mit gefalteten Händen	Saarbrücken	1500.–
15738	Der Tod	Dresden	500.–
15734	Hirtenpaar	Dresden	100.–
15735	Frierende	Dresden	1500.–
15149	Kupplerin	Duisburg	500.–
15150	Ruhender Bauer	Duisburg	100.–
7870	Übergang. Relief	Stettin	1800.–

7873	Mutter Erde	Stettin	200.–
9126	Die Wartende	Karlsruhe	100.–
9930	Schwebender Mann	Flensburg	100.–
11227	Schwebender Mann	Kiel	100.–
11247	Das Wiedersehen	Schwerin	1800.–
12382	Ehrenmal	Berlin	8000.–
12383	Die Verlassenen	Berlin	4000.–
12385	Lesende Mönche	Berlin	4000.–
12386	Der Rächer	Berlin	1500.–

[. . .]

(Kunstarchiv Wilhelm F. Arntz, Haag/Obb.)

Verfasser dieser Liste ist der Ministerialreferent Dr. Rolf Hetsch, innerhalb des Propagandaministeriums für die »entartete Kunst« zuständig. Hetsch wird von einigen als der eigentliche Retter der »entarteten Kunst« angesehen; nach dem Krieg ist er in sowjetischer Kriegsgefangenschaft ums Leben gekommen. Um möglichst viele Verkäufe ins rettende Ausland zustande zu bringen, wurden viele Werke für sehr geringe Beträge abgegeben, solange es sich nur um Devisen handelte[34]. Diese Verkäufe wurden bis ins Jahr 1942 fortgesetzt[35] und mußten dann wegen des sich ausweitenden Kriegsgeschehens eingestellt werden.

186

Reinhard Piper, Brief an Hermann F. Reemtsma,
15. Januar 1940

[. . .]
Für die Übersendung der Gedenkschrift für Ernst Barlach danke ich Ihnen sehr.
Die Schrift ist ein würdiges und ergreifendes Denkmal für den großen Toten, gleich wert durch die Texte wie durch die schönen Bildbeigaben. Allen Freunden des Verewigten haben Sie damit eine große Freude gemacht und ihren Dank verdient.

Es ist Ihnen wohl bekannt, dass in meinem Verlag in den letzten Lebensjahren Barlachs ein Band Zeichnungen mit Einleitung von Paul Fechter erschien, der dann beschlagnahmt wurde. 4000 Exemplare des Buches wurden eingestampft. Einige Blätter des Buches wurden innerhalb der Ausstellung Entartete Kunst aufgelegt.
Ich erhielt von Ernst Barlach, seit ich ihn als junger Buchhandlungsgehilfe in Berlin im Herbst 1900 kennenlernte, mehr als 200 Briefe und Karten und beabsichtige, aus diesen Auszüge zu machen und seinen Freunden mitzuteilen.
[...]
(Piper-Archiv)

187

Hermann F. Reemtsma, Brief an Reinhard Piper, 24. Januar 1940

[...]
Sie schreiben, dass Sie mehr als 200 Briefe und Karten von Ernst Barlach im Besitz haben und beabsichtigen, Auszüge aus diesen zu machen und seinen Freunden mitzuteilen. An sich besteht seitens der Nachlassverwaltung die Absicht, Briefe Ernst Barlachs zu sichten und zu sammeln. Vielleicht ist Ihnen dieser Hinweis für Ihren eigenen Gedanken erwünscht.
[...]
(Piper-Archiv)

Bei dem Wort »Nachlaßverwaltung« machte Piper folgende handschriftliche Anmerkung: »d. h. des Herrn Böhmer, den Barlach für ›sein Unglück‹ erklärte«.

188

Schreiben des Vorsitzenden des Kirchgemeinderates an die Kirchenältesten der Domgemeinde Güstrow, 25. September 1940

Als Bereicherung unseres Kunstschatzes im Dom wollen wir von dem hiesigen Geschichts- und Porträtmaler *Wilke* einige wertvolle Gemälde ankaufen und zwar 1) ein Bild, das die Kreuzigungsscene Christi darstellt (2 m mal 3 m) und 2) einen Zyklus von 10 Bildern (etwa je 1 m mal 80 cm), die Motive aus dem Leben Jesu bringen.
Herr Kunstmaler Wilke erklärt sich bereit, alle 11 Gemälde zu dem Gesamtpreis von 2000,– RMk (in Worten zweitausend) uns abzutreten. Das große Hauptgemälde soll als Wandbekleidung im Nordschiff des Domes der Heldenehrung dienen und würde gemeinsam mit dem eichenen Tisch und dem Heldenbuch eine

Bernhard A. Böhmer (zweiter von rechts) und Rolf Hetsch (dritter von rechts)

sehr würdige Form der Ehrung unserer Gefallenen darstellen. Dem Lebensopfer unserer Männer im Kampf um Heimat und Reich könnte kaum ein schöneres Denkmal gesetzt werden als Christus am Kreuz. Es ist eine Darstellung echt deutschen Geistes. Alle Gestalten des großen Kunstwerkes sind nordisch und darum würdiger unseren Dom zu schmücken als es in früheren Jahren der slavische Engel von Barlach tat. [...]

(Abschrift im Archiv des Ernst-Barlach-Hauses)

Dieser Antrag des Dompredigers Grüner wurde per Rundschreiben mit acht gegen null Stimmen angenommen.

189

Der gestohlene Engel

[...]

Dieser Engel wurde 1937 auf Veranlassung des damaligen Landeskirchenführers der Mecklenburgischen Landeskirche Walther Schultz »als mit nationalsozialistischen Auffassungen nicht vereinbar« aus dem Güstrower Dom entfernt. (Es versteht sich, daß dieser »Landeskirchenführer« ein »alter Pg« war, der sich 1933 dieses Amt des Kirchendiktators mit Hilfe der NSDAP geschaffen hatte.) Was ist mit diesem Kunstwerk geschehen? – Die Akten des Mecklenburgischen Oberkirchenrates geben darüber folgende Auskunft:

Die Bronzefigur wurde nach ihrer Entfernung aus dem Güstrower Dom in das Landeskirchenarchiv nach Schwerin verbracht. – Im Jahre 1941 wurde dieses Archiv geräumt, um »baltischen Rückwanderern« Platz zu machen. Die Barlachsche Figur wurde in einer Kiste verpackt in der Garage des genannten Landeskirchenführers abgestellt. Dieser wurde deswegen durch einen noch höherprozentigen Nationalsozialisten denunziert. Die daraufhin durchgeführte Haussuchung endete mit einer kategorischen Aufforderung an den Landeskirchenführer, die Figur »wehrwirtschaftlichen Zwecken« zur Verfügung zu stellen. Der Aufgeforderte erklärte sich »grundsätzlich« dazu bereit, wies aber darauf hin, daß er die Figur nur mit Zustimmung des staatlichen Denkmalspflegers herausgeben dürfe.

Die Beschaffung dieser Zustimmung erschien offenbar als zu umständlich. Die Figur wurde kurzerhand aus der Garage gestohlen, und zwar durch Angestellte der Firma Sommerkamp in Schwerin auf Veranlassung eines gewissen Stolte, eines Beauftragten des Kreisleiters Meyn, und zur Metallsammelstelle verbracht.

Der Landeskirchenführer führte nun einen längeren Aktenkrieg zwecks Feststellung der für diesen Raub Verantwortlichen und um eine Vernichtung der Figur zu verhindern. Er versuchte das mit dem Hinweis darauf, daß *»die Barlachschen Schöpfungen zwar als Ausdrucksform deutscher Kunst abgelehnt, im übrigen aber zwecks Devisenbeschaffung ins Ausland verkauft«* würden. Diese Rettungsversuche zeitigten lediglich das Ergebnis, daß das Staatsministerium es *ablehnte,* in Sachen dieses Diebstahls tätig zu werden, daß der staatliche Denkmalspfleger es *ablehnte,* Einspruch gegen die Vernichtung des seinem Schutze unterstellten Denkmals zu erheben, und daß der zuständige Kreisleiter Meyn es *ablehnte,* etwas anderes zu veranlassen als die nachträgliche Legalisierung des von ihm befohlenen Raubes durch die Nachlieferung einer Quittung folgenden Wortlautes: »Wir bestätigen hiermit, vom Landesbischof der ev.-luth. Kirche Mecklenburgs eine Bronzefigur von 250 Kilogramm zum Zwecke der Einschmelzung für die Wehrwirtschaft erhalten zu haben. Heil Hitler!«

[. . .]

(Tägliche Rundschau, 4. November 1945; Verfasser ist Karl Kleinschmidt)

190
Befreite Kunst. Ausstellung und Kulturwoche in Celle vom 3. bis 9. März

[. . .]
Wovon also ist nun die Kunst befreit? Staatsminister a. D. Adolf Grimme beantwortete in seiner Eröffnungsansprache diese Frage mit unmißverständlicher Deutlichkeit. Die Ketten einer schmählichen, kulturwidrigen Bevormundung sind gefallen. Jener Staat, der sich das »Dritte Reich« nannte, beging das schlimmste Sakrileg wider den Geist, als er alle Kulturwerte machtpolitisch mißbrauchte. Die zynische und finstere Mißachtung des Menschen, die im Nationalsozialismus immer unverhüllter zutage trat, traf die verletzlichste Menschenform am schwersten, den Künstler, ihn, in dem sich neben dem religiösen Genie der Eigenwert des Menschen als des die Tiernatur überwindenden »Geistträgers« am reinsten manifestiert. Aber auch in der Zeit der großen Gefährdung und Erniedrigung gab es unter uns Künstler, die sich allen Anfechtungen zum Trotz die Freiheit des Geistes und des Schaffens wahrten. Von ihrem verborgenen und doch tröstlich ausstrahlenden Wirken Kunde zu geben, ist nicht zuletzt der Sinn der Kulturwoche. [. . .]
Der Höhepunkt der Ausstellung: beglückt und ergriffen stehen wir vor der Vollendung Ernst Barlachs, vor dem neunfigurigen Schnitzfries der »Lauschenden«, vor manchem Bekannten und vielem Unbekannten des toten Meisters, der sich für seine Weltdeutung eine so unverkennbar eigene und durchseelte Formensprache schuf.
[. . .]
(Hannoversches Nachrichtenblatt, 5. März 1946; Verfasser ist Friedrich Rasche)

Die Ausstellung, veranstaltet vom Oberpräsidenten von Hannover, dauerte bis 24. März. Barlach war mit 36 Werken der am stärksten vertretene Künstler. Im Rahmen der Kulturwoche gab es auch eine ihm gewidmete Veranstaltung: »›Barlach – ein Seher in unserer Zeit‹. Ein Gespräch über die Weltdeutung des Künst-

lers zwischen Hugo Körtzinger und Franz Werneke mit Vorlesungen aus einem unveröffentlichten Roman, den Prosaschriften und Dramen Ernst Barlachs«[36].

191

Befreite Kunst – befangene Augen. Bemerkungen zu der Ausstellung im Französischen Schlößchen in Celle

[. . .]

Ernst Barlach hat es schon weniger leicht, wiewohl man meinen möchte, der außerordentlichen Eindringlichkeit seiner Formensprache könne sich niemand verschließen. Denn wer Augen hat, müßte doch sehen, mit welcher Hingabe in diesen Gestalten aus Holz oder Bronze, in den Zeichnungen und Holzschnitten ein künstlerisches Weltbild ausgeformt ist, in dessen Mitte der Mensch steht, arm und bloß, bedrohlich dunklen Lebensmächten ausgeliefert, erlösungsbedürftig und erlösungswillig.

Der »Fries der Lauschenden«, das Erstaunlichste, was die Ausstellung zu bieten hat, und der hier zum ersten Male dem Anblick der Öffentlichkeit übergeben ist, bedeutet wohl die Vollendung Barlachs, die Krönung seines plastischen Werkes. Zu den bisher bekannten drei Figuren sind aus dem Nachlaß sechs neue unbekannte hinzugetreten. Und nun ist eine stille Bruderschaft beisammen, eine kleine Gemeinde wahrer Adventisten, denn diese Lauschenden stehen in der Verheißung und in der Erwartung eines Künftigen, im ersten Anhauch eines jenseitigen, überirdischen Wehens, das sie endgültig verwandeln und in ihrem Wesen erfüllen wird. Der Grad von Innigkeit, Versunkenheit und reiner Seelenspiegelung, der in diesen Gestalten erreicht ist, ist auch für Barlach ungewöhnlich. Das Ekstatische hat sich gemildert und geklärt, das kantig Herbe ist weicher geworden.

Doch es werden die Kritteler kommen und sagen: warum diese fremden ostischen Gesichter? Freilich, das sind keine Abbilder deutscher Hinze und Kunze und keine Idealgestalten, die einem

garantiert germanischen Schönheitsempfinden schmeicheln. Aber sind sie deshalb weniger menschlich, mindere Menschen? O Eitelkeit eines »Rassegefühls«, das den Bruder verleugnet!
[...]
(Neuer Hannoverscher Currier, 8. März 1946; Verfasser ist Friedrich Rasche)

192
Weltgeltung verfemter deutscher Kunst

[...] Im Sommer 1932 legte noch die grosse Ausstellung der Expressionisten in New York Zeugnis von dieser spezifisch deutschen Kunst ab und verschaffte ihr damit die Weltgeltung, die beim nachherigen Ausverkauf eine so grosse Rolle spielte. Es hätten wohl kaum die grossen staatlichen Museen Amerikas ihren Sammlungen diese verfemten Stücke einverleibt, wenn nicht unumstritten ihr Wert festgestanden hätte; das sollten sich die Menschen vergegenwärtigen, die auch heute wieder auf den Kunstausstellungen geneigt sind, ihrem Ärger über die »Schmieranten« Luft zu machen. Offenbar sind es die gleichen Sofabildliebhaber, die in der Nazizeit aus Gier nach Sensation die Ausstellungen der »Entarteten Kunst« bevölkerten. [...]
(Hamburger Echo, 6. Juli 1946)

193
Schreiben der Deutschen Zentralverwaltung für Volksbildung in der sowjetischen Besatzungszone an Kurt Reutti, 4. November 1946

Entsprechend Ihrer Zusage bitten wir Sie hiermit, in unserem Auftrage die Sicherung des oben angegebenen Kunstgutes im Bereich der sowjetischen Besatzungszone Deutschlands vorzunehmen.

Da das seinerzeit den Museen und Privatsammlungen entfremdete Kunstgut auf Grund der Ermächtigung der Sowjetischen Militäradministration in Deutschland erfaßt werden soll zwecks Rückführung an seine ehemaligen Besitzer, da außerdem bekannt ist, daß ein Teil der seinerzeitigen Käufer dieses Kunstgutes die Werke erwarben, um sie vor der Vernichtung zu bewahren, bitten wir, alle Verhandlungen mit gegenwärtigen Besitzern des Kunstgutes, so lange kein offizieller Widerstand gegen die Ermächtigung vorliegt, loyal zu führen und das Ziel einer gütlichen Einigung und gegebenenfalls eines Rückkaufes durch die ursprünglichen Inhaber des Kunstgutes anzustreben, ausgenommen in den Fällen, in denen sich Material der genannten Art in den Händen von aktiven Faschisten oder Kriegsverbrechern befindet. Hier ist die Beschlagnahme unmittelbar auszusprechen zwecks späterer Regelung durch die deutsche Zentralverwaltung für Volksbildung . . .

(Archiv der Nationalgalerie, Berlin)

194

Kurt Reutti, »Entartete Kunst« *(30. Dezember 1951)*

[. . .] Ich stellte nun in Güstrow und Rostock ca. 58 Gemälde und Plastiken und 996 Blatt Graphik fest und übergab sie dem Museum Rostock zur Verwahrung. [. . .] Dies waren die Reste aus dem Besitz des Kunsthändlers Böhmer-Güstrow. Die Russen hatten das Barlach-Atelier auf dem Heidberg in Güstrow, wo diese Kunstwerke lagerten, geplündert, das Barlach-Atelier als Reparaturwerkstätte der Roten Armee eingerichtet und die Kunstwerke ins Freie geworfen oder aber die Gemälde als Straßenschilder übermalt. Die Kunstwerke waren vor allem von dem Barlachschen Nachlaßverwalter Friedrich Schult geborgen worden. [. . .]

(wie 193)

Reutti versuchte im Auftrag der Westberliner Verwaltung, die geraubten Bestände der »entarteten Kunst« zu sammeln und den Museen wieder zuzuführen.

195

Paul Schurek, Nachwort

Die Wiedergutmachung des Unrechts an Ernst Barlach begann zwei Jahre nach Kriegsende mit der Aufstellung des »Sängers«, des »Bettlers« und der »Frau im Wind« in den Nischen von St. Katharinen in Lübeck. Die sechs fehlenden Figuren führte Gerhard Marcks nach Barlachs Skizzen aus in einer Weise, die, gleichsam huldigend, Barlachs Gebärde aufnahm und in der eigenen Sprache gestaltete. Der Magdeburger Dom ließ sein Kriegsmal wieder herein. Der »Geistkämpfer« fand in Kiel einen andern Platz. Das Hamburger Mutterbild erstand neu an der hohen Stele. Im Güstrower Dom schwebt wieder der schweigende Engel; ein schöner Bronzeabguß vom Marburger Christus kam dazu. Barlachs Atelier ist nun wirklich ein Museum geworden; schön aufgestellt, in der Obhut von Friedrich Schult, sind hier viele Bildwerke öffentlich zugänglich, wie auch in der Güstrower Gertraudenkapelle, betreut von Frau Marga Böhmer. Eine dritte große Sammlung brachte Hermann F. Reemtsma zusammen; sie steht in seinem Hause hoch über dem Alten Gasthaus am Leuchtturm in Wittenbergen, in der Landschaft an der Niederelbe, wo dem jungen Barlach so wohl war.

(Schurek, Begegnungen, S. 163)

196

Barlach: Gemeinschaft der Heiligen

Dies notdurchbebte Jahr 1947 hat in einem wenigstens ein Stück Wiedergutmachung gezeitigt, das – so fragwürdig es dem Manne selbst gegenüber, wäre er noch am Leben, hätte anmuten müssen – gleichwohl posthum für sein Werk eine echte Genugtuung bedeutet. Gemeint ist die Aufstellung der vollendeten Figuren aus Barlachs Lübecker »Gemeinschaft der Heiligen«, in jenen Nischen der Schauseite von St. Katharinen, für welche diese Plastiken von Anbeginn geschaffen worden sind. Der großzügige Auftrag, dem sie entwuchsen, war, vor bald zwei Jahrzehnten, von Carl Georg Heise angeregt worden, der denn auch später durch die Nazis prompt aus dem Amt eines Lübecker Museumsleiters entfernt wurde. Als Material hatte man gebrannten Ton gewählt, in Entsprechung zu dem schwarz und rot glasierten Backstein der gotischen Fassade des kirchlichen Bauwerks. Sinnvoll sollten die Mittel aufgebracht werden, indem einzig, wer eine dieser etwa zwei Meter hohen Keramiken stiftete, für sich selbst ein anderes, nicht erwerbbares Doppelstück seiner Schenkung erhielt. Als erste der Figuren entstand 1931 der »Bettler« auf Krücken, dessen Doppel nach den Vereinigten Staaten, an die Harvard University in Cambridge/USA, ging. Es folgten der »Singende Klosterschüler« und die »Frau im Wind«. Dann kam das Jahr 1933, und die Stifter für die übrigen Glieder des Zyklus blieben aus. Von einer Aufstellung in St. Katharinen war keine Rede mehr. »Klosterschüler« und »Frau« fanden zwar ein Asyl in der Hamburger Kunsthalle, doch mußten sie schließlich auch dort weichen, um als Zwangsverbannte auf den Güstrower Heidberg zurückzukehren, wo Barlach ahnungsvoll aussprach, die Lübecker Nischen würden leer bleiben; denn er stürbe darüber hin. Gerade der Lübecker Auftrag war von Barlach als innerste Verpflichtung aufgenommen worden, was sich noch auf seinem Rostocker Sterbelager bekundete. »Ob ich noch einige kleine Hölzer mache oder nicht«, sagte der Todesnahe, »ist nicht so wichtig. Da ich das Lübecker Werk nicht vollenden darf!« [. . .]

(Die Zeit, 25. September 1947)

Zu den jetzt wieder aufgestellten Figuren, die Barlach ausgeführt hatte, traten zwei Jahre später die sechs Figuren von Gerhard Marcks.

197
Barlachs Magdeburger Ehrenmal

Zu den hervorragendsten Bildschöpfungen Ernst Barlachs zählte neben dem Ehrenmal in Hamburg und dem Figurenwerk vor der Lübecker Katharinenkirche (das jetzt erneuert wird) das Kriegerdenkmal im Magdeburger Dom. Obwohl diese kompositionell wie im Ausdruck gleich großartige Ehrung der Toten zu Lebzeiten Barlachs von einem bürgerlichen Kunstgeschmack schwer verstanden wurde und sogar auf Widerspruch stieß, bedeutete die Anbringung des Barlachschen Kunstwerks im Dom eine wunderbare Bereicherung. Freunde seiner Kunst und internationale Kunstkenner stiegen oft aus den nach Berlin fahrenden Zügen aus, um sich mit dem erhabenen Monument bekanntzumachen. Barlachs expressiver Realismus hatte hier einen Höhepunkt gefunden. Hierin zeigte seine Kunst einen Grad der allgemeinverständlichen Abstraktion, weil sich bei der Darstellung der Bildgeschehnisse das Grauen des Krieges von dem Hurragebrüll derer trennte, die zu ihrem eigenen Nutzen Krieg entfesseln.
Als 1938 der von den nazistischen Kulturbeauftragten unverantwortlich zu Tode gehetzte Barlach starb, war das Magdeburger Monument aus Kaiser Ottos Dom längst entfernt. Die Kunstschergen Rosenbergs hatten es verschwinden lassen und vor der Kathedrale ein ebenso unförmiges wie lächerliches »Denkmal der SA« aufgeführt, über das der Volksmund bald seine saftigen Witze machte; dieses Machwerk aus Unkultur und Bizeps-Geschwollenheit ist von den Bomben dahingerafft worden. Wo aber blieb das Barlachsche Monument? Das ist unsere ernste Sorge. Daß es bald nach 1933 schon entfernt wurde, ist einwandfrei erwiesen. Auf unsere Anfrage nach dem Geschick der gewaltigen Plastik teilte Prof. Dr. Rave von der Berliner Nationalgalerie mit: »Was das Ehrenmal angeht, so war es in der Tat bis 1937 in der Nationalgalerie untergestellt worden, wurde dann aber als ›entartet‹ beschlagnahmt und ist fortgeschafft worden.«
Wohin? –, so fragen wir uns mit ernster Verantwortung und Suche nach dem Verbleib des einzigartigen Bildwerks aus der Hin-

terlassenschaft dieses schwerblütigen norddeutschen Menschenbildners, dessen ergreifende Bild- und Schnitzwerke im Pantheon der modernen deutschen Kunst auferstehen sollen.

(Nacht-Express, 4. Dezember 1947; Verfasser ist P. Gerhard Dippel)

198

Verlagsvertrag zwischen Friedrich Droß und dem R. Piper & Co. Verlag, 14./18. Oktober 1948

[. . .]
Über das Buch »Zeichnungen« von Ernst Barlach wurde bereits im November 1935 zwischen dem Künstler und dem Verlag ein Vertrag für alle Auflagen abgeschlossen. Die erste Auflage wurde großenteils beschlagnahmt und vernichtet.
[. . .] Die jetzt im Druck befindliche zweite Auflage wird 3000 Stück betragen. [. . .]

(Piper-Archiv)

199

Der Verlag, Zur neuen Ausgabe

Dieses Buch »Zeichnungen von Ernst Barlach« wurde vom Künstler selbst zusammengestellt und erschien zum erstenmal im November 1935 in nahezu 5000 Exemplaren. Am 24. März 1936 wurde es von der Bayerischen Politischen Polizei beschlagnahmt unter Berufung auf die Verordnung des Reichspräsidenten zum Schutz des Deutschen Volkes vom 4. Februar 1933, »da der Inhalt geeignet ist, die öffentliche Sicherheit und Ordnung zu gefährden«. Alle in den Buchhandlungen und auf dem Lager des Verlags noch befindlichen 3400 Exemplare wurden polizeilich eingezogen. Auf Beschwerde des Verlags wurde diesem acht Wochen später mitgeteilt, daß die Beschlagnahme von der Preußischen Gehei-

men Staatspolizei in Berlin im Vernehmen mit dem Herrn Reichsminister für Volksaufklärung und Propaganda und dem Reichsbeauftragten für künstlerische Formgebung erfolgt sei, weil »der kunstbolschewistische Inhalt der Schrift Ausdruck einer destruktiven und unserer Zeit nicht entsprechenden Kunstauffassung und die nationalsozialistische Kulturpolitik zu gefährden geeignet ist«. Das Ersuchen des Verlags, das Buch wenigstens in das Ausland liefern zu dürfen, wurde mit dem Hinweis abgelehnt, daß dies eine »Schädigung des Ansehens der deutschen Kunst im Ausland« zur Folge haben würde. Beschwerden des Künstlers beim Reichsminister blieben unbeantwortet. Sämtliche beschlagnahmten Exemplare wurden polizeilich vernichtet.
Bald nach dem Zusammenbruch des nationalsozialistischen Regimes bereitete der Verlag eine Neuausgabe des Buches vor, das nach Überwindung großer technischer Schwierigkeiten mit vermehrten Abbildungen nun, im zehnten Todesjahr des Künstlers, wieder erscheint.

(Ernst Barlach, Zeichnungen. Mit einer Einführung von Paul Fechter, München ²1948, S. 5)

200
Der Fall Ernst Barlach

Es geschieht selten bei uns, daß ein Künstler populär wird, so daß sich Menschen aller Schichten interessieren, diskutieren, leidenschaftlich Anteil nehmen. Als die Nazis die wesentlichen Kunstschaffenden verfemten, waren es drei, für die das andere Deutschland immer wieder eintrat: der »Blaue Reiter« Franz Marc, Nolde und Barlach. Für Marc die Jugend, für Nolde eine Gruppe, die in ihm einen Messias sah, für Barlach alle. Als er 1938 achtundsechzigjährig starb, brachten doch ziemlich viele, Prominente und Ergriffene, den Mut auf, nach Güstrow zu fahren, um Barlach das Geleit zu geben. Inzwischen ist Käthe Kollwitz in die Reihe der Unumstrittenen eingerückt, in ihre Verehrung

teilen sich sämtliche Klassen und Parteien, im Osten wie im Westen.
Was ist es, das den vier Menschen diese Sonderstellung einräumt? Bei Marc sicherlich das persönliche Schicksal und neben den Bildern die Briefe aus dem Feld, bei Nolde die religiöse Mystik und die expressive Kraft der Farbe, bei Käthe Kollwitz die sozialen Akzente und der Enthusiasmus des Herzens, bei Barlach die metaphysische Weite und die Selbstverständlichkeit der Thematik und Gestaltung. Bei allen vier also ein Etwas, das in der Form nicht aufgeht, ein menschliches Plus, eine Faszination, die an der Kunst vorbeisieht, zumindesten von der ästhetischen Funktion nichts wissen will, weil sie spezialisiert statt zu binden. Am ehesten träfe dieser Ganzheitsbegriff auf Barlach und Kollwitz zu, jene beiden Geistesverwandten, die ihrer Freundschaft das schönste Denkmal setzten, indem Barlach dem Kopf des Güstrower Ehrenmals die Züge der Künstlerin lieh, indem Käthe Kollwitz 1938 den Freund auf dem Totenbett zeichnete [. . .]

(Die neue Zeitung, 2. November 1948; Verfasser ist Will Grohmann)

201
Leserbrief: »Ehrenmal Magdeburg«

[. . .]
Anscheinend halten Sie es für selbstverständlich, daß alle Betrachter Ihnen bzw. Herrn Paul Schurek zustimmen und das Urteil des »Kunstbeauftragten« der NSDAP empört ablehnen. Ob man so sicher sein kann? Ich bin überzeugt davon, daß die Mehrzahl der Betrachter, ohne damit den Lehren der NSDAP zuzustimmen, in diesem Falle dem »Kunstbeauftragten« recht geben und sagen würde, daß die Gestalten wirklich scheußlich idiotisch sind. Der rechte »Krieger« ähnelt auffallend einem russischen Analphabeten, und von fünf Gestalten kann man doch wohl angesichts des undefinierbaren Klumpens links vorn und der deformierten Masse rechts vorn kaum sprechen [. . .]

Ganz allgemein: Man sollte nicht *alle* »damals« als »entartet« verboten gewesenen Produkte von meist seelisch Kranken, Edel-Bolschewisten (Picasso) und – bestenfalls – Wegsuchenden *jetzt* als große Kunstwerke anpreisen. Das ist genau so töricht, wie das Verbot es seinerzeit war. Es gibt eben verschiedene Kunstauffassungen.

H. B.–T.

(Lübecker Nachrichten, 24. November 1948)

202

Friedrich Schult, Brief an Friedrich Droß, 9. Dezember 1948

[. . .] Der »Geistkämpfer« ist seinerzeit von Böhmer aus eigenen Mitteln zurückerworben. Unterlagen darüber sind weder hier noch in Rostock vorhanden. Doch findet sich ein amtliches Verzeichnis der aus der Masse an sogenannter »Entarteter Kunst« verkauften Stücke nebst Angabe der Preise in den Händen der Zentralverwaltung Berlin.
Der »Geistkämpfer« befindet sich heute in Schnega und wird, soweit ich unterrichtet bin, von Herrn Körtzinger als Pfand betrachtet gegen von ihm erhobene Forderungen an den Böhmerschen Nachlass. [. . .]

(Archiv des Ernst-Barlach-Hauses)

Um die Wiederaufstellung des Geistkämpfers gab es ein sechs Jahre währendes Tauziehen, das hier nicht im einzelnen dokumentiert wird.

203
Leserbriefe

Noch einmal »Ehrenmal Magdeburg«

Wenn die »Lübecker Nachrichten« die Reproduktion eines Barlachschen Kunstwerkes zusammen mit einem Kommentar dazu abdrucken, so hält kein Mensch, wie Herr H. B.–T. dies augenscheinlich annimmt, es für selbstverständlich, daß alle Betrachter dem zustimmen, weder die »Lübecker Nachrichten« noch Paul Schurek. Am allerwenigsten aber würde dies wahrscheinlich Ernst Barlach selbst erwartet haben, denn er empfand selbst sehr gut, daß seine Kunst einen Grad der Vergeistigung erreicht hatte, der ihn von eigentlicher »Popularität« von vornherein ausschloß, da es nur einem kleinen Kreis von Menschen gegeben war und ist, sich in die Seele dieser Schöpfungen voll hineinzufühlen. Es bleibt daher Herrn H. B.–T. völlig unbenommen, die Gestalten dieses Bildwerkes »scheußlich idiotisch« zu finden. Das sagt nichts gegen Ernst Barlach, auch dann nicht, wenn wirklich die Mehrzahl der Betrachter (was ist das eigentlich: Mehrzahl der Betrachter?) sich der Ansicht des Herrn H. B.–T. anschließen würde. Auch der »Kunstbeauftragte der NSDAP« kann aus dem Spiele bleiben; niemand verübelt es ihm, daß er über eine Reihe moderner Künstler eine andere Ansicht hatte als deren Freunde und Anhänger. Er ist nur schuldig geworden dadurch, daß er seine Ansicht durchzusetzen suchte mit den mittelalterlichen Mitteln des Scheiterhaufens, des Index, der Bilderstürmerei und der menschlichen Verfemung.

Ganz heikel aber wird die Gedankenführung, wenn der Begriff »entartet« gewissermaßen gleichgesetzt wird mit den völlig willkürlich ausgesuchten Begriffen »seelisch krank«, »Edel-Bolschewist«, »Wegsuchender«. Ein sehr heißes Eisen, Herr H. B.–T.! Was heißt »seelisch krank«? Was ist denn seelisch gesunde Kunst? Etwa die Kunst von Blut und Boden? War z. B. Richard Wagner seelisch gesund?

Zu dem vorliegenden Falle, dem Ehrenmal Magdeburg: Hat Herr H. B.–T. einmal eine Truppe oder deren Überreste gesehen, wenn sie aus tagelangem Trommelfeuer zurückkam? Man muß, glaube ich, in den Gesichtern solcher Soldaten gelesen haben, um das zu verstehen, was Barlachs Werk ausdrücken will. Mit dem »Ruf wie Donnerhall« hat das allerdings nichts zu tun. Aber weshalb muß eigentlich jedes Kriegerdenkmal so etwas wie eine versteinerte »Wacht am Rhein« sein? Hermann Walther.

Nazistischer Wortschatz

In Nr. 140 Ihres geschätzten Blattes fühlt sich ein Anonymus H. B.–T. bemüßigt, seine kunstkritischen Betrachtungen von Werken Barlachs mit nazistischen Vokabeln goebbelscher Prägung zu verbrämen. Er spricht von »Produkten meist seelisch Kranker«, von »Edel-Bolschewisten« und belegt diese Auffassung mit Namen goebbelscher Verdammungsurteile. Sind wir schon wieder so weit? Mir scheint, daß der Anonymus, wenn nicht selbst noch immer seelisch krank, so doch zum mindesten seelisch völlig verhärtet ist (immer noch!). Begreift er nicht, daß Barlach, Paula Modersohn u. a. gerade durch ihre Darstellung menschlichen Elends an die seelisch Verhärteten und an ihr Herz appellieren wollten? Sieht der Anonymus nicht die verhärmten Gestalten der Ostflüchtlinge und grausam Vertriebenen, die wirklich nicht weit von den barlachschen Gestalten und Darstellungen entfernt sind?

Anonymus hat recht: Über Kunstgeschmack kann man streiten. Aber, was mich an seiner Kritik interessiert, ist, daß er und, wie kühn er behauptet, »die Mehrzahl« (?) der Betrachter in keiner Weise angerührt scheint von den *Absichten* der Künstler. Mir scheint, daß an ihm und seinesgleichen Hopfen und Malz verloren ist. Verbitten möchten wir uns aber, daß »Kunstbetrachter«, wie der Anonymus, uns auch heute noch nazistische Redensarten vorführen. Wir sind hellwach geworden und werden dafür sorgen, daß nach all dem Elend der Nazizeit, den millionenfachen Morden, jeder Ansatz zur Wiederholung gleicher Methoden im Keime erstickt wird. Friedrich Eickhorst, M.d.L. a.D.

Hiermit schließen wir die Debatte über dieses Thema.

D. Redaktion

(Lübecker Nachrichten, 11. Dezember 1948)

204
Ehrenrettung für Barlach

Das Barlach-Relief auf dem Ehrenmal am Rathaus, das von den Nationalsozialisten als »entartete Kunst« entfernt wurde, wird wiederhergestellt. Eine Ehrenrettung für Barlach und Hamburg. [...]

(Hamburger Allgemeine Zeitung, 31. Januar 1949)

205
Leserbrief: »Die Ortsdoofen«

»Wer in der Nacht zum Montag zufällig durch die Königstraße ging, konnte beobachten, wie mehrere junge Leute an der Front der Katharinenkirche unter den Barlach-Figuren ein Transparent mit der Aufschrift ›Die Ortsdoofen‹ anbrachten.«
Nur diese Aufschrift hat der Leser gesehen: Kein Sterbenswörtlein sonst. Eine zunächst rätselhafte Angelegenheit.
Meine an Conan Doyle geschulte Kombinationskraft hat jedoch Licht in dieses Dunkel gebracht. Es muß unbedingt noch mehr Text an der Wand geklebt haben.
Denn wer kann bezweifeln, daß es sich hier um eine *Kunstbetrachtung* handelte?
In dem Text »Die Ortsdoofen« ist lediglich die übriggebliebene Unterschrift der Kunstbetrachter zu sehen, denen ich hiermit mein herzliches Beileid übermittelt haben möchte.

Kloek

(Lübecker Nachrichten, 8. Februar 1949)

206

Leserbrief: Um das Barlach-Relief

Die Ankündigung, daß das Barlach-Relief am Ehrenmal wieder hergestellt wird (unter Kostenaufwand von DM 25 000), hat überall die größte Empörung hervorgerufen. Falls diese Frauengestalt wieder ersteht, wird sie wieder von 99% der Bevölkerung abgelehnt und verhöhnt werden. Ist der Senat derartig volksfremd oder will er die Volksmeinung vergewaltigen? Mit Politik hat die Sache nichts zu tun.

Max Körner

(Hamburger Allgemeine Zeitung, 25. April 1949)

207

Kein Platz für Barlach?

[. . .]

Ratzeburg hat unlängst einige Persönlichkeiten, die mit der Geschichte der Stadt oder ihrer Umgebung verbunden waren, dadurch geehrt, daß es Straßen und Wege nach ihnen benannte. Eine gleiche Ehrung ist bisher einem anderen Mann, der entscheidende Jahre seines Lebens in Ratzeburg zugebracht und schließlich hier auch, seinem Wunsche entsprechend, die letzte Ruhestätte gefunden hat, noch nicht zuteil geworden. Es ist auch nicht anzunehmen, daß die Initiative hierfür in absehbarer Zeit ergriffen wird, obgleich Ernst Barlach, von dem hier die Rede ist, mehr als Klopstock und Werner von Siemens ein Stück Ratzeburger Geschichte geworden ist. [. . .]

Der Grund für das Schweigen um ihn ist nicht in einem Pietätsmangel zu suchen, sondern liegt wesentlich tiefer. Er ist in einer inneren Reserve gegenüber seinem Werk, teils sogar in einer bewußten Ablehnung seines Schaffens als Bildhauer, Zeichner, Graphiker und Schriftsteller begründet. Die fanatisierten Jahre mit ihrem organisierten Sturm gegen seine künstlerische Aus-

sage, die von den Schlagworten dekadent, entartet, ostisch und häßlich lebten und dem Menschen und Künstler Barlach das Dasein verbitterten, haben ihre Wirkung nicht verfehlt.
Zugegeben, daß verschiedene seiner Werke letzten künstlerischen Anforderungen nicht genügen, daß auch der Zugang zu seinen Werken überhaupt nicht leicht ist und den ganzen Einsatz des betrachtenden Menschen fordert, so muß es doch nachdenklich stimmen, daß sich immer wieder namhafte Persönlichkeiten aller Kreise des In- und Auslandes für ihn eingesetzt haben und ihn auch heute noch zu den bedeutendsten künstlerischen Erscheinungen der neueren Zeit rechnen. [. . .]
(Lübecker Freie Presse, 23. Oktober 1949)

208
Leserbriefe: Für und wider Barlach

Diese Frauengestalt wird von dem überwiegenden Teil der Bevölkerung abgelehnt. Ich schätze Barlach sehr hoch, kann aber deswegen noch nicht die Augen davor verschließen, daß sein Relief dem Mann aus dem Volk nichts, aber auch gar nichts zu sagen hat. Der Schmerz um unsere Toten und der Wunsch, sie zu ehren, ist aber nicht nur eine Angelegenheit der Intellektuellen, sondern des ganzen Volkes. Der Senat sollte sein Geld wirklich besser anwenden und das Ehrenmal in seiner jetzigen Gestalt belassen. Der auffliegende Adler ist ein schönes Symbol und erfüllt seinen Zweck.
Ilse Mahnke [. . .]

Unsere Jungens wären entsetzt

Man sollte die 40000 Mütter der gefallenen Hamburger Söhne um ihre Meinung betr. das Barlach-Relief befragen, das auf dem Ehrenmal wieder erstehen soll. Keine einzige Mutter wird sich für diese Elendsgestalten entscheiden, und unsere Jungens wären entsetzt, wenn sie wüßten, welches Sinnbild man ihnen zugedacht hat. Herrn Max Körner Dank für seine Worte in der HAZ.
Gertrud Wahlmann [. . .]

Die Beseitigung eines Frevels

Man kann über Kunstwerke verschiedener Meinung sein; wenn man sie jedoch gleich verhöhnt, so scheint mir das nur wieder ein Zeichen der bedauerlichen, in unserm Volke leider oft spürbaren Unduldsamkeit zu sein. Mich hat es schon damals mit vielen anderen stets beunruhigt, daß man in Deutschland mehr Denkmäler mit trutzigen Kriegern, granatschleudernden Heldengestalten und schwertzückenden Recken aufgestellt hat, als solche der trauernden Erinnerung an geschehenes Unglück. In England z. B. habe ich nur Male der letzteren Art gesehen, und das in einem Land, das schon damals Sieger war, nur Trauer über die Toten und Freude über den endlich geschlossenen Waffenstillstand. Eines der wenigen Ehrenmale, die nicht zugleich den Krieg verherrlichen, war das Hamburger. Dieses war allerdings kein anmutiges heldisches Weib, das Mann, Brüder und Söhne gen Walhall auffahren sieht, sondern eine einfache, bittere und verhärtete Frauengestalt, deren Aufgerecktheit, dem Stein besonders angepaßt, Verachtung mit Empörung darüber ausdrückt, was angerichtet war: »40000 Söhne der Stadt ließen ihr Leben.« Wenn der Senat dem Ehrenmal seine ursprüngliche Gestalt wiedergibt, so beseitigt er nur den an diesem verübten Frevel. Ich bin überzeugt, daß ein sehr großer Teil der Bevölkerung den Beschluß begrüßen wird.

Joachim Suckau [. . .]

Kunst und allgemeine Meinung

Das subtile Nachempfindenkönnen von Kunstwerken ist nur sehr schwer prüfbar. Darum ist es notwendig, daß in der Kunst, mehr noch als in der Wissenschaft, die allgemeine Meinung berücksichtigt wird, da die Kunst von Allgemeininteresse ist, oder es doch wenigstens sein sollte. Wenn das, was Kunst sein soll, von wenigen beschlossen und dann einseitig propagiert wird, so ist bei der Problematik des Begriffes Kunst der Möglichkeit der Diktatur einer Minderheit Tür und Tor geöffnet. Dieses System nahmen die Nazis für sich ausschließlich in der Politik in Anspruch. Die Vertreter dieses Systems halten sich für unfehlbar. Heute nehmen es die Vertreter der Moderne in der bildenden Kunst ausschließlich für sich in Anspruch. »Der Laie darf an den Künstler keine Forderungen stellen.« »Der moderne Künstler schafft nicht nach, sondern wie die Natur.« Das sind die maßlosen Überheblichkeiten dieses Systems, das keine Kritik vertragen kann. In der Politik waren die Gegner der Nazis Volksverräter, hier sind es amusische Laien mit dem Geschmack der Straße. Aus diesen und anderen Gründen werden die Allgemeinheit und die zahlreichen, fein empfindenden Kunstliebhaber niemals mit diesen Verunstaltungen und Primitivitäten einverstanden sein. Da die HAZ aber wahrscheinlich ebenso wie die anderen Zeitungen mit der Moderne gleichgeschaltet ist und nicht an diesem Heiligtum der Moderichtung scharfe aufbauende Kritik üben darf, erübrigt es sich wohl, daß ich sehr viele wohlbegründete Argumente hiergegen anführen kann.

Hans Granbow [...]

Die Kehrseite der Medaille

Der Einsender, der gegen die Wiederherstellung des Barlach-Reliefs protestiert, irrt sich vermutlich in seiner Annahme, daß 99 Prozent der Bevölkerung das erneuerte Relief abermals ablehnen und verhöhnen werden. Es ist dazu zweierlei zu sagen: Man hatte sich ehemals an dem unheroischen Inhalt der dargestellten Szene gestoßen. Inzwischen ist aber abermals ein Weltkrieg über uns hinweggegangen, der uns Veranlassung geben sollte, auch einmal gründlich über die Kehrseite der Medaille nachzudenken, die bescheiden genug auf der Rückseite des Ehrenmals ihren Platz gefunden hat: die Witwe mit ihrem Kind. Was nun die künstlerische Form anlangt, so sei zugegeben, daß sich der Künstler Barlach in seinen Werken der großen Menge nicht leicht erschließt. Aber die Größe dieser Kunst, wie sie nur alle paar tausend Jahre der Welt geschenkt wird, ist heute unbestritten, und derjenige, der den Zugang zu ihr noch nicht gefunden hat, sollte vertrauensvoll warten, ob nicht auch er einmal davon ergriffen sein wird. Barlachs Ansehen steht hoch über den Angriffen, die man einmal gegen ihn unternommen hat. Wenn die Hansestadt Hamburg sich anschickt, die damalige Verunglimpfung seines Werkes wieder gutzumachen, so ehrt sie in erster Linie sich selbst.

Dr. Max Grantz [...]

Entartete Kunst

Leider hat man sich anscheinend aus politischen Gründen, ohne sich um die Auffassung der Öffentlichkeit zu kümmern, entschlossen, das Barlach-Relief wieder anbringen zu lassen, statt den Betrag von 25 000 DM zum Ausbau einiger Dachgeschoßwohnungen zu verwenden. Wahrscheinlich wollte man der Bevölkerung wieder einmal moderne Kunst nahebringen. Niemand wird behaupten können, daß die noch in unserer Erinnerung stehende Gestalt eine deutsche Frau und Mutter darstellt, sondern man hat bei aller Toleranz andersartiger Kunstauffassungen doch den Eindruck, hier eine Untergrundgestalt entarteter Kunst vor sich zu haben. Dr. F. Glose [. . .]

(Hamburger Allgemeine Zeitung, 2. Mai 1949)

209

Kriegsmäler gegen den Krieg

Als kürzlich die Frauenverbände Hamburgs in langen Viererreihen schweigend die Treppe zum Gefallenenmal hinunterzogen, um Kränze und Blumen niederzulegen, war dies nicht nur eine ergreifende Totenehrung am Muttertag, sondern zugleich die rührendste Form der Anerkennung Barlachs, dessen vor dreizehn Jahren abgebrochenes, zum Teil heftig abgelehntes Relief der trauernden Mutter jüngst wiederhergestellt wurde. Nebenbei war es wohl auch ein Dank der Frauen an den Künstler, der hier, ganz unüblich, auf den Anteil der Frau am Kriegsleid hinweist. Er holt nach, was frühere Ehrungen übersahen. [. . .]

(Die neue Zeitung, 31. Mai 1950; Verfasser ist Paul Schurek)

210

Hans Harmsen, Brief an Vilma Zelck, 13. Juni 1951

[...]

Ich habe inzwischen Einblick in umfangreiche Akten über den »Geistkämpfer« nehmen können, die sich in Kiel befinden und aus denen eindeutig hervorgeht:

a) dass die Stadt Kiel, die seinerzeit auch den »Geistkämpfer« bei Barlach in Auftrag gegeben hatte, als die Verfolgung Barlachs begann, in der Person des seinerzeitigen Oberbürgermeister Lueken sich nachdrücklichst für die Erhaltung des Denkmals eingesetzt hat und zwar nicht nur der Oberbürgermeister selbst, sondern auch die Herren seiner Verwaltung.

b) dass bei schweren Angriffen von einer bestimmten Parteistelle aus man zunächst den Ausweg fand, den »Geistkämpfer« als Leihgabe dem Thauler-Museum zu überwiesen, wo die Plastik in der Vorhalle des Museums Aufstellung fand und in diesem gebundenen Raum, wie wiederholt betont wurde, besonders wirkungsvoll zur Geltung kam. Mir ist diese Feststellung wichtig im Hinblick auf einen ähnlichen Plan hinsichtlich der St. Gertrauden Kapelle, Güstrow.

c) dass nur die Hetze des damaligen Landeskunstwartes von Schleswig-Holstein, eines gewissen Herrn Deltz, ein fanatischer Parteigenosse, der wöchentlich wegen des »Geistkämpfers« aus Kiel beim Propagandaministerium in Berlin anrief, von Beruf Bautechniker, zur Beschlagnahme der Barlachplastik führte.

d) dass ein Zusammenspiel des Oberbürgermeisters, des Oberbaurates von Kiel und des Landeskonservators Prof. Sauermann in einem entsprechenden Schriftwechsel mit dem Präsidenten der Reichskammer der bildenden Künste erreichte, dass die geforderte unverzügliche Übersendung der Plastik zunächst unterblieb. Die Plastik war von dem Landeskonservator in dem Zusammenhang immer als St. Michaels Figur genannt worden.

e) dass die Bewahrung der Plastik vor dem Einschmelzen in erster Linie das Verdienst von Herrn Prof. Hetsch im Propagandaministerium ist, der einen formalen Verkauf der Plastik an Herrn Böhmer bewerkstelligte, und zwar zu einem Preis von 500 RM!

f) Nach diesem getätigten formalen Kauf erfolgte dann der Abtransport der Plastik direkt an den Hersteller, die Bildgiesserei H. Noack, Berlin-Friedenau, wo ich sie selbst noch 1944 sah, als die Frage einer Auslagerung mit Herrn Böhmer und Herrn Noack besprochen wurde.

[...]

(Archiv des Ernst-Barlach-Hauses)

Vilma Zelck war die Schwägerin Bernhard A. Böhmers und vertrat dessen Sohn.

211

Heinz Lüdecke, Barlach und die Einsamkeit

Die Verlassenen – hat Barlach eines seiner Holzreliefe genannt und damit gleichsam allen seinen plastischen Gestalten den Gattungsnamen gegeben: dieser ergreifenden Schar von Gezeichneten, Enterbten, Ausgestoßenen und Sonderlingen. Allein sind sie und schwer erreichbar, seelisch entrückt, tief in sich oder weit außer sich. Nackt zeigt sich keine von ihnen; aus Scheu und Scham sind sie in ihre Gewänder verkapselt wie die Muscheln in ihre Schalen. Und ihr Alleinsein ist so groß, daß sogar da, wo sie in Gruppen erscheinen, das Trennende nicht aufgehoben, sondern nur um so deutlicher spürbar wird: am stärksten im »Fries der Lauschenden«. Ihr Habitus ist von Vereinsamung bestimmt, von der Vereinzelung des hilflos Leidenden, des unverstanden Grübelnden, des echolos Rufenden. Viele von ihnen haben jene Lebensangst, die jeder fühlt, den keine Gemeinschaft stützt, und die wohl bisweilen in gellenden Schreien ausfährt, dann aber mehr und mehr in schweigende Resignation verfällt.

[...]

Woher aber kam dieser Zwang? War Barlachs Vereinsamung ein persönlicher Mangel, eine Art psychischer Krankheit, die ihn unter Tausenden betroffen hatte? Diese Frage erledigt sich, wenn man daran erinnert, daß das Leben und Schaffen nicht weniger großer Künstler vor und nach der Jahrhundertwende von Einsamkeit beschattet war: Marées, van Gogh, Cézanne, Gauguin, Munch ... Rilke riet 1903 einem jungen Dichter: »... lieben Sie Ihre Einsamkeit und tragen Sie den Schmerz, den sie Ihnen verursacht, mit schön klingender Klage.« Und Georg Lukacs hat konstatiert: »Diese Lostrennung des einsam gewordenen Individuums vom Leben des Volks ist ein entscheidendes Hauptthema der Weltliteratur in der zweiten Hälfte des 19. Jahrhunderts.« Barlachs innere Problematik – sein »Hauptthema« – war also typisch für die schöpferischen Persönlichkeiten seiner Zeit oder zumindest für jenen Teil von ihnen, dessen Werk nicht zur Ware des offiziellen Kunst- und Literaturbetriebs gehörte – und sie ist es noch heute überall dort, wo die von der Bourgeoisie erzeugte feindliche Spannung zwischen »Individuum« und »Masse« fortdauert. [...]

Das faschistische Gewaltregime stieß Barlach in die tiefste Einsamkeit. Seine Gestalten entsprachen nicht dem »Heldenideal« der Mörder, und seine Mahnmäler in Magdeburg, Güstrow, Kiel und Hamburg bekundeten unübersehbar, daß er den Krieg verabscheute. Die Werke des greisen Friedenskünstlers wurden als »entartet« diffamiert, aus den Museen und Kirchen entfernt und zum Teil vernichtet. [...]

(Ernst Barlach. Katalog, Berlin 1951, S. 9f., 14)

Die erste große Barlach-Ausstellung in der DDR löste eine heftige Kontroverse aus[37]. Die Bewertung Barlachs war damals noch umstritten, und es gab starke Kräfte, die ihn der überwundenen bürgerlichen Gesellschaft zuordnen wollten.

212

»Antihumaner« Barlach

[...] Der Verfall in den Künsten während des Nazi-Systems in Deutschland wird schon durch die einzige Tatsache bezeugt, daß dieser Mann als »entartet« bezeichnet wurde und seine Werke aus der Öffentlichkeit entfernt werden mußten. Ihr humaner Gehalt war unvereinbar mit den politischen Richtlinien der Kunst-Terroristen, die mit den Breker und Thorack ihre Heroenkunst-Fabriken geschaffen hatten. Mit dem Sterben seiner Werke starb auch Barlach. [...]

Inzwischen sind die Totalitären von rechts durch die Totalitären von links abgelöst worden. Die Ziele beider dieselben. Die einen wollen den »heroischen Menschen« in der Kunst in Braun, die anderen wollen den »heroischen Menschen« in der Kunst in Rot erzwingen. Es ist ein Unterschied in der Farbe, nicht im Wesen oder Inhalt.

Angesichts dieser Tatsache muß es auffallend erscheinen, daß die kommunistische Akademie der Künste im Berliner Ostsektor eine Ausstellung mit den Werken von Ernst Barlach veranstaltet. Kein Zweifel kann daran bestehen, daß jedes Werk dieses Künstlers mit dem »sozialistischen Realismus« auch nichts zu tun hat. Angesichts der gegenwärtigen taktischen Bestrebungen des Politbüros, der westdeutschen Intelligenz eine liberale und großzügige Haltung, eine betont deutsche Haltung, vorzutäuschen, muß die Initiative zu dieser Ausstellung in der politischen Zweckmäßigkeit gesehen werden. In diesem Sinne schrieb die »Tägliche Rundschau« auch am 18. Dezember, daß die Barlach-Ausstellung »ein Zeichen der hohen Achtung ist, die das fortschrittliche Deutschland seinen besten Künstlern entgegenbringt«. Wie gesagt, das war am 18. Dezember.

Inzwischen hat man ein Haar in der Suppe gefunden. Der taktische Zweck konnte für alle Besucher die Tatsache nicht übersehen lassen, daß hier ein Werk vorgestellt war, daß im absoluten Widerspruch zu allen anderen Ausstellungen volksdemokratischer und »sozialistisch-realistischer« Kunst stand, die man in den letzten Jahren im Berliner Ostsektor gesehen hatte. Der Geist von Barlach entfaltete seine Gewalt und überfiel den Beschauer mit der ganzen Mächtigkeit, die der genialen Kunst und ihren Gehalten innewohnt.

Die »Tägliche Rundschau« hat das gemerkt. Am 29. Dezember bringt sie eine Kritik, die den wirklichen Standpunkt des Bolschewismus Ernst Barlach gegenüber zum Ausdruck bringt. Der gestern noch gefeierte Barlach hat sich innerhalb von zehn Tagen zu einem »Antihumanisten« und »Antidemokraten« gewandelt: »Die Ideen, die er in seinen Zeichnungen, Holzschnitten, Lithographien, Plastiken, Dramen und Romanen verkörperte, drückten im wesentlichen die antidemokratischen Thesen eines Teiles der deutschen Intelligenz aus.« Das Blatt behauptet, daß die aus seinem Schaffen abgeleiteten ästhetischen Theorien »zur Rechtfertigung des Schaffens einer ganzen Reihe von Künstlern, die wehrlos den antihumanistischen Tendenzen des Imperialismus unterlagen«, dienten. [. . .]

Im Grunde handelt es sich um einen ungeheuerlichen Vorgang, aus dem vor allen Dingen die Intellektuellen des Ostsektors gewisse Folgerungen im Hinblick auf ihre eigene Arbeit ziehen können. Man sagt ihnen, sie sollen an das deutsche kulturelle Erbe anknüpfen. In dem Augenblick aber, da ihnen einer der größten Repräsentanten der deutschen Moderne vorgestellt wird, erklärt man, daß es sich um einen »Antihumanisten« und »Antidemokraten« handelt. Dasselbe gilt, wie der Skribent betont, auch für Kokoschka, Beckmann, für den »Blauen Reiter«, für die Künstler der »Brücke«. Die gesamte moderne Kunst der Deutschen ist antihuman und antidemokratisch. Nach der Meinung der »Täglichen Rundschau«. Vor 15 Jahren haben die Auftraggeber dieser Journalisten die russische Moderne ermordet. Heute werfen sie Schmutz auf das Andenken von Ernst Barlach.

(Die neue Zeitung, 30. Dezember 1951)

213

Barlach im Sumpf. Eine kunstpolitische Verfemung

Die Ideen, die in Ernst Barlachs Werken Gestalt fanden, drückten im wesentlichen die antidemokratischen Tendenzen eines Teiles der deutschen Intelligenz aus. Diese erstaunliche Feststellung konnte der Leser der sowjetamtlichen »Täglichen Rundschau« vor einigen Tagen in einem Aufsatz finden, welcher zur kürzlich eröffneten Barlach-Ausstellung in Ost-Berlin erschien. [...]
Der Verfasser des Artikels, Profesor K. Magritz, beginnt mit einer Attacke auf den Ausstellungskatalog und endet mit einer grundsätzlichen Frage, welche, seiner Meinung nach, jener Katalog hätte beantworten müssen: die Frage nämlich, »ob Barlach zu den fortschrittlichen Traditionen der deutschen Kunst gehört oder nicht, ob die deutschen Künstler unmittelbar an ihn anknüpfen können oder nicht.«
Das Parteiorgan der Sozialistischen Einheitspartei, »Neues Deutschland«, hat es jetzt übernommen, diese grundsätzliche Frage zu beantworten. Redakteur Wilhelm Girnus setzt hinter das Fragezeichen ein eindeutiges Nein! Ein »in seinem Grundzug rückwärts gewandter Künstler« ist Barlach gewesen, der keine Vorstellung davon hatte, wie menschliches Leid überwunden werden könne. Dabei wäre es so einfach für ihn gewesen, sich diese fehlende Kenntnis zu beschaffen. Ist er doch in Rußland geboren; »aber der Hauch der russischen Revolution, die damals noch tobte, hat ihn nicht berührt«. Statt dessen versah er die Gestalten der Deklassierten, die er bildete und zeichnete, diese »Gesellschaftsschicht ohne optimistische Perspektive«, mit einem »religiös-ekstatischen Ausdruck«, der reiner Mystizismus ist. Statt zu lesen, was Stalin über diese Welt der »Barfüßler« an Grundlegendem gesagt hat, konzentriert sich Barlach immer wieder auf den »düsteren, pessimistischen, bedrückenden Charakter« der sozial Leidtragenden – »ein Beispiel dafür, wie ein wirklich großes künstlerisches Talent infolge des Fehlens der Orientierung auf diejenige Klasse, der die Zukunft gehört, trotz der besten subjektiven Absichten in den Sumpf des Mystizismus gerät«.

Ueberhaupt ist Barlachs Verhältnis zum Bauer höchst mangelhaft. Er zeichnet »Bauern, gesehen mit den Augen eines verzweifelnden Kleinbürgers«, statt durch die Brille Lenins und Stalins, welche den Bauern frühzeitig als starken und disziplinierten Bundesgenossen des Proletariats erkannt haben.
So hat auch Barlachs Isolierung für den marxistischen Kritiker nichts Verwunderliches. Denn »seine Orientierung auf eine verfaulende Gesellschaftsschicht hat ihm den Zugang zu dem großen progressiven Strom des deutschen Volkes verschlossen«. Kein Wunder auch, daß »McCloys Reklamejournale« Barlach in Lobgesängen feiern. Klipp und klar wird für den Bereich der reglementierten Kunst festgestellt: »Barlachs Werk enthält nichts Zukunftweisendes. Deshalb kann er für uns nicht als Lehrmeister gelten.«

(Frankfurter Allgemeine Zeitung, 8. Januar 1952)

214
Ernst Barlachs Verdammung ... Eine »Sprachregelung« für die Sowjetzone

[...]
Diese ungewöhnlich dumme und sprachlich miserable Polemik soll jedoch nicht diesen Herrn Lüdecke treffen, der es wagte, Barlach zu loben. Sie wurde vielmehr geschrieben, um die gesamte moderne deutsche Kunst zu verdammen. Das geht aus dem nächsten Zitat hervor: »Diese schöpferische Krise zeigte sich im Expressionismus, ebenso wie im Futurismus, im Kubismus ebenso wie im Dadaismus, in den künstlerischen Gruppen des ›Blauen Reiter‹ und der ›Brücke‹ ebenso wie im Schaffen der sogenannten ›Außenseiter‹, wie Barlach, Kokoschka, Beckmann u. a.«
[...]
Es war vorauszusehen, daß dieses Verdikt gesprochen werden mußte. Die Barlach-Ausstellung im Berliner Ostsektor stand im

absoluten Gegensatz zu den verlogenen und verquälten Versuchen, die »neue deutsche demokratische Kultur« als Abziehbild der sowjetischen herzustellen. Denn ein einziger Engel von Barlach überwand spielend die sogenannten »realistischen Plastiken« kommunistischer Übersollerfüller auf dem Gebiete der bildenden Kunst wie man sie kürzlich in der »Deutschen Kunstausstellung« der DDR sehen konnte. Er machte sie einfach lächerlich. Nun hat eben die »Tägliche Rundschau« zum Gegenschlag ausgeholt. Diejenigen aber, die zu dieser Ostberliner Barlach-Ausstellung Werke des Meisters hergaben – auch westdeutsche Galerien waren darunter –, werden wieder einmal erfahren haben, daß selbst die unbestrittensten deutschen Künstler in der Sowjetzone den schmutzigsten Angriffen ausgesetzt werden – zum höheren Lobe des Kommunismus.

(Die Zeit, 10. Januar 1952; Verfasser ist Christian Wulffen)

215
Barlach in der Ostberliner Akademie der Künste

Den lebenden Ernst Barlach vermochte der Bann der nationalsozialistischen Kunstdiktatur in den dreißiger Jahren wenigstens physisch zu treffen. Dem toten Barlach kann das neuerliche Verdikt der Sowjetdeutschen nichts mehr anhaben. Daß sie die Werke des norddeutschen Bildhauers trotzdem in der Ausstellung »Künstler schaffen für den Frieden« in der sowjetzonalen »Akademie der Künste« zeigen, hat andere als künstlerische Gründe. Das »Neue Deutschland« gibt darum auch zu verstehen, daß Barlach von der Postkartenkunst des »sozialistischen Realismus« durch Welten getrennt ist, denn er hat »Rußland so gesehen, wie es die westliche Dekadenz zu sehen beliebte«, er hat die »Welt der Deklassierten, der ›Barfüßler‹, mit einem Glorienschein umkleidet« und das Leid »mystifiziert«; seine Bauerngestalten ähnelten »tölpelhaften Urwaldbären« und waren »mit den Augen eines verzweifelten Kleinbürgers gesehen«. Im »Gestohlenen Mond«

hat Barlach selbst den totalitären Kunstbanausen geantwortet: »Was sind sie doch für falsche Propheten – Wind ihrer Mäuler sollte mit Recht des angeredeten Menschen Herz ergrimmen.«

(Der Tagesspiegel, 13. Januar 1952)

216
Barlachs »Güstrower Ehrenmal« für die Antoniterkirche

Eine in geistiger Entrückung schwebende Gestalt, das ist ein Ehrenmal für die Gefallenen des ersten Weltkrieges, geschaffen im Jahre 1927, also vor 25 Jahren, von Ernst Barlach. Das Ehrenmal war bestimmt für den gotischen Dom in der mecklenburgischen Wahlheimat Barlachs, für den Dom in Güstrow.
Zehn Jahre später, im Jahre des Bildersturms 1937, wurde das Ehrenmal, zu dem ungezählte Menschen gepilgert waren, abgebrochen. Im Krieg ist es zersägt und eingeschmolzen worden.
Kurz vor seinem Tode hat Barlach das Güstrower Ehrenmal noch einmal in einem neuen Guß erstehen lassen, den er selbst überarbeitete. Das war im Jahre 1933. Dieses einzige Original, von einem Freunde Barlachs vor seinen Feinden verborgen gehalten, wurde vor einem halben Jahr den Kölner Museen zur Erwerbung angeboten.
So verlockend der Ankauf auch war, es stand die Überlegung entgegen, daß das Denkmal seines Sinnes zum Gedenken der Toten und zu einem beträchtlichen Teil seiner lebendigen Wirkung in dem gewollten Zusammenklang mit gotischer Architektur beraubt werden würde. Wollte man also unserer Stadt und dem Ehrenmal in gleicher Weise dienen, so mußte das Denkmal in einer gotischen Kirche wieder seiner wahren und ursprünglichen Bestimmung zugeführt werden.
Diese Aufgabe hat die evangelische Kirchengemeinde Alt-Kölns übernommen. Dank des Entgegenkommens von Superintendent

Encke wird das Bildwerk von nun an seinen Platz in der Antoniterkirche in der Schildergasse finden, mitten in unserer Stadt.
[. . .]
(Kölner Stadt-Anzeiger, 26. Januar 1952)

217
Friedrich Schult, Brief an Friedrich Droß, 9. Juni 1952

[. . .] Seit dem 4. 6. nachmittags ½6 Uhr ist der Engel wieder in der Hut des Doms (oder dieser in der Hut des Engels); ich begleitete den Transport von der Fehlerstraße bis an den Bestimmungsort.
[. . .]
(Abschrift im Archiv des Ernst-Barlach-Hauses)

218
Friedrich Droß, Brief an Lothar Schreyer, 9. April 1954

[. . .]
Über die Geschichte der Plastik sind Sie bis zu dem Augenblick recht unterrichtet, in dem während des zweiten Krieges auf Veranlassung Göbbels' bezw. seines Ministeriums das Güstrower Exemplar eingeschmolzen worden ist. Bei dessen Herstellung hatte Barlach ein zweites Exemplar giessen lassen, einen Zweitguss, oder richtiger einen zweiten Erstguss, weil damals ein Museum in U.S.A. ihn kaufen wollte. Dieser Kauf kam nicht zustande. Diese Bronze wurde bei zunehmender nationalsozialistischer Bilderstürmerei im Sande eines Bauernhofes in der Lüneburger Heide vergraben und hat dort das dritte Reich und den Krieg überdauert. Dies ist das Stück, das jetzt in der Antoniterkirche in Köln hängt.
Die Gipsform, nach der diese beiden Erstgüsse, also das eingeschmolzene Exemplar aus dem Güstrower Dom und das heu-

tige Kölner Exemplar, gegossen worden waren, hat übrigens Prof. August Hoff, der Direktor der Kölner Kunstschulen, tapfer und jederzeit das K.Z. riskierend, in seinem Keller in Köln aufbewahrt, bis es leider bombenzerstört worden ist.

[...]

Aber hiermit noch nicht genug. Die Kölner Spender hatten es weiterhin ermöglicht, von dem besagten zweiten Erstguss, also der Bronze, die jetzt in St. Anton hängt, im Herbst 1951 einen Gipsabguss zu nehmen, der als wichtigstes Stück die grosse Barlach-Ausstellung schmückte, die die Berliner Ost-Akademie Dezember 1951/März 1952 veranstaltete, und stifteten weiter einen Bronzeguss, der nach diesem Gips gegossen worden ist (also ein drittes Bronze-Exemplar), das dann die Kölner Evangelische Gemeinde dem Güstrower Dom schenkte, und das am 8. Mai 1953 im Güstrower Dom aufgehängt worden ist.

[...]

(Archiv des Ernst-Barlach-Hauses)

Zeittafel

1870	2. 1.: Geburt Ernst Barlachs in Wedel (Holstein), Kindheit in Schönberg und Ratzeburg
1888–91	Besuch der Kunstgewerbeschule Hamburg
1891–95	Besuch der Kunstakademie Dresden
1895/96	Erster Aufenthalt in Paris
1897	Zweiter Aufenthalt in Paris
1897–99	Arbeit in Hamburg mit Karl Garbers
1899–1901	Aufenthalt in Berlin, erste Begegnung mit Reinhard Piper
1901–04	Aufenthalt in Wedel
1904/05	Lehrauftrag an der Fachschule für Keramik in Höhr (Westerwald,) danach Rückkehr nach Berlin
1906	Schicksalhafte Rußlandreise mit dem Bruder Nikolaus
1907	Vertrag mit Paul Cassirer
1908	Mitglied der Berliner Secession
1909	Villa-Romana-Preis, Aufenthalt in Florenz
1911–13	Jurymitglied der Berliner Secession
1910	Endgültige Übersiedlung nach Güstrow
1917	Erste große Ausstellung bei Cassirer
1919	Ordentliches Mitglied der Preußischen Akademie der Künste
1921	Ehrentafel für die Nicolaikirche, Kiel
1924	Kleistpreis
1925	Ehrenmitglied der Bayerischen Akademie der Künste. Beginn der Freundschaft mit Bernhard und Marga Böhmer
1926	Tod Cassirers, engere Bindung an Böhmer
1927	Ehrenmal im Dom zu Güstrow
1928	Ehrenmal »Der Geistkämpfer« an der Universitätskirche in Kiel

1929 Ehrenmal im Dom zu Magdeburg, starke Angriffe nach der Aufstellung

1930 Auftrag für die Nischenfiguren für die Katharinenkirche in Lübeck

November: Weimarer Kunstskandal

1931 Hamburger Ehrenmal

Ehrenmitglied des Vereins deutscher Buchkünstler

1932 Entwürfe für ein Ehrenmal in Stralsund zurückgezogen

1933 23. 1.: Rede Barlachs im Deutschlandsender in der Sendereihe »Künstler zur Zeit«

30. 1.: Ernennung Adolf Hitlers zum Reichskanzler

6. 2.: Ernennung Bernhard Rusts zum Staatskommissar für Kunst, Wissenschaft und Volksbildung in Preußen

Februar: Barlach wird der Orden »Pour le mérite« der Friedensklasse für Wissenschaft und schöne Künste verliehen.

Käthe Kollwitz und Heinrich Mann unterzeichnen einen Aufruf zur Bildung einer antifaschistischen Einheitsfront und werden zum Austritt aus der Preußischen Akademie der Künste gezwungen

März: Der Kirchenrat der Domgemeinde zu Magdeburg gibt dem Antrag statt, das Ehrenmal zu entfernen

13. 3.: Ernennung Joseph Goebbels' zum Propagandaminister

23. 3.: Ermächtigungsgesetz

29. 6.: Kundgebung des Nationalsozialistischen Deutschen Studentenbundes »Jugend kämpft für deutsche Kultur« in Berlin

25. 7.: Die drei Tage zuvor eröffnete Ausstellung »Dreißig deutsche Künstler« in der Galerie Ferdinand Moeller, an der auch Barlach beteiligt ist, wird durch Reichsinnenminister Wilhelm Frick geschlossen

	22. 9.: Reichskulturkammergesetz
	Oktober: Gründung der Zeitschrift »Kunst der Nation«, die im Februar 1935 wieder eingestellt werden muß
1934	24. 1.: Ernennung Alfred Rosenbergs zum Beauftragten des Führers zur Überwachung der gesamten geistigen und weltanschaulichen Schulung und Erziehung der NSDAP
	Februar: »Freie Kunstschau Berlin«, das Werk von Barlach steht im Mittelpunkt
	1. 5.: Rust wird Reichsminister für Wissenschaft, Erziehung und Volksbildung
	Auftrag Hermann F. Reemtsmas zur Vollendung des »Frieses der Lauschenden«
	Das Magdeburger Ehrenmal wird in der Berliner Nationalgalerie magaziniert
1935	»Die echten Sedemunds« werden in Altona nach der Premiere vom Spielplan abgesetzt
	Die Plastik »Das Wiedersehen« wird im Landesmuseum Schwerin magaziniert
1936	Barlach wird Ehrenmitglied in der Vereinigung bildender Künstler der Wiener Sezession und des Künstlerverbandes Österreichischer Bildhauer der Wiener Akademie
	Februar: Entfernung der 1934 aufgestellten Nischenfiguren von der Katharinenkirche in Lübeck
	24. 3.: Beschlagnahme des im November 1935 erschienenen Buches »Zeichnungen«
	Oktober: Ausstellung »Berliner Bildhauer von Schlüter bis zur Gegenwart«, vor der Eröffnung Entfernung der Werke von Barlach, Kollwitz und Lehmbruck
	30. 10.: Schließung der Neuen Abteilung der Berliner Nationalgalerie
	1. 12.: Adolf Ziegler wird Präsident der Reichskunstkammer

1937	20. 4.: Abbruch des »Geistkämpfers« in Kiel
	30. 6.: Erlaß zur Aussonderung deutscher Verfallskunst zum Zwecke der Ausstellung, von Barlach rund 400 Werke beschlagnahmt
	Juli: Ausstellung in der Galerie Buchholz unter Beteiligung Barlachs, nach positivem Presseecho geschlossen, Ausstellungsverbot
	1. 7.: Barlach folgt der Aufforderung zum Austritt aus der Preußischen Akademie der Künste
	18. 7.: Eröffnung des Hauses der Deutschen Kunst
	19. 7.: Eröffnung der Ausstellung »Entartete Kunst«
	22. 8.: Entfernung des Güstrower Domengels
1938	März: Entfernung des Reliefs vom Hamburger Ehrenmal
	31. 5.: Gesetz über Einziehung von Erzeugnissen entarteter Kunst
	24. 10.: Tod Barlachs in Rostock
	27. 10.: Trauerfeier in Güstrow
	28. 10.: Beerdigung in Ratzeburg
	November: Gedächtnisausstellung in der Buchholz Gallery, New York
1939	30. 6.: Auktion von Werken der »entarteten Kunst«, darunter von Barlach, in Luzern
	26. 8.: Zweite Auktion in Luzern
1941	28. 6.: Dritte Auktion in Luzern
	Einschmelzung des Güstrower Domengels
1946	Ausstellung »Befreite Kunst« in Celle, Werk von Barlach im Mittelpunkt
	Gründung der Ernst-Barlach-Gesellschaft
1947	Wiederaufstellung der drei ausgeführten Figuren von Barlach in den Nischen der Katharinenkirche, Lübeck, Vollendung der Gruppe durch Gerhard Marcks
1948	Wiederaufstellung des Magdeburger Ehrenmals
	Oktober: Neuausgabe des 1936 vernichteten Bandes »Zeichnungen«

1949/50	Wiederherstellung des Reliefs auf dem Ehrenmal in Hamburg
1951	Große Barlach-Ausstellung in der Akademie der Künste, Ost-Berlin
1952	Rückkehr des Engels in den Güstrower Dom
1954	Juni: Wiederaufstellung des »Geistkämpfers« in Kiel
1960	Errichtung der Stiftung Hermann F. Reemtsma

Anmerkungen

Einleitung

1 Die in Klammern gesetzten Nummern beziehen sich auf die Dokumente.
2 Vgl. vor allem die ausgezeichnete Darstellung von Paret, 1981, von der kürzlich eine erweiterte, stärker bebilderte Ausgabe erschienen ist.
3 Walter Jens hat erst jüngst, in seiner Rede zur Eröffnung der Ausstellung »Das war ein Vorspiel nur . . .« in der Berliner Akademie der Künste am 8. 5. 1983, eindringlich dargetan, wie stark die große Mehrheit der Hochschullehrer, aber auch nationalistische Schriftsteller wie Ernst Jünger die Niederlage der Weimarer Demokratie mit vorbereitet haben.
4 Paret, 1981, S. 293ff.
5 Zit. Brenner, 1963, S. 36.
6 »Das war ein Vorspiel nur . . .«, 1983, S. 151.
7 Brenner, 1963, S. 11, 17; Bollmus, 1970, S. 33.
8 Bollmus, 1970, S. 30.
9 Ebd., S. 29.
10 Das Urteil von Nürnberg 1946, München 1961, S. 193ff.
11 Zu Goebbels' Verhältnis zum Film: H. Heiber, Joseph Goebbels, München 1965, S. 167ff.
12 Eine Übersicht über den Aufbau von Propagandaministerium, Reichskulturkammer und der Dienststelle Rosenbergs geben die Tabellen 1–3 bei Strothmann, 1960.
13 Zit. Strothmann, 1960, S. 58.
14 Hentzen, 1971, S. 58.
15 Bollmus, 1970, S. 45f.
16 Ebd., S. 61, 65.
17 Eine aus heutiger Sicht gewiß zu ergänzende Übersicht gibt Rave, 1949, S. 92.
18 Ms. Aufstellung Böhmers für Reinhard Piper (1936), Piper-Archiv.
19 Schäfer, 1982, S. 19.
20 Barlach, 1969, S. 855.
21 Wie Anm. 19.
22 Scheffler, 1946, S. 357.
23 Zit. Bollmus, 1970, S. 72.
24 Zu seiner Person: W. F. Arntz, Bildersturm in Deutschland: III. Das Schicksal der Bilder, Das Schönste. Juni 1962, S. 33f.
25 So Wilhelm F. Arntz in einem Gespräch mit dem Autor (19. 2. 1983).
26 So Catherine Krahmer in einem Brief an den Autor (14. 11. 1982).
27 Wie Anm. 24.
28 R. Schneider, Verhüllter Tag, Frankfurt a. M. 1980, S. 106.

29 L. v. König, eingeleitet von B. Knoll, Berlin 1941; L. v. König. Festschrift zum 70. Geburtstag, Berlin 1941.
30 J. Klepper, Unter dem Schatten deiner Flügel, hrsg. von H. Klepper, Stuttgart 1956, S. 500f.
31 Brenner, 1972, S. 152.
32 Roh, 1962, S. 111f.
33 Ebd., S. 59f. Die Anordnung von Goebbels in: In letzter Stunde, 1964, S. 216f.
34 Strothmann, 1960, S. 287.
35 Hentzen, 1971, S. 30.
36 Ebd., S. 19.
37 Brenner, 1972, S. 146.
38 Zit. Ernst Ludwig Kirchner 1880–1938, Berlin 1980, S. 104.
39 Vgl. allgemein W. Jens, Der Hundertjährige: Emil Nolde, in: W. J., Von deutscher Rede, München/Zürich [3]1983, S. 192–216.
40 Brenner, 1963, S. 67.
41 In letzter Stunde, 1964, S. 153.
42 Urban, 1973, S. 5.
43 Sie wurden von Paul Fechter in der »Deutschen Zukunft« vom 29. 10. 1939 rezensiert.
44 Mansfeld, 1951.

Dokumentation

1 Vgl. H. Heiber, Die Republik von Weimar, München [3]1968, S. 193, 210.
2 Zur Person von Niebelschütz siehe: Barlach, 1969, S. 821f.
3 Barlach, [2]1976, S. 410f.
4 Zu Schultze-Naumburg siehe: Roh, 1962, S. 68ff.
5 Vgl. Bauhaus, hrsg. vom Institut für Auslandsbeziehungen, Stuttgart 1974, S. 26f.
6 F. Schumacher, Bildnis einer leidgezeichneten Mutter. Wie Barlachs Ehrenmal in Hamburg entsteht, Tagesspiegel, 4. 6. 1946.
7 Zur Person von Scholz siehe: Wulf, 1963, S. 54ff. et passim.
8 Hentzen, 1971, S. 10ff.
9 Brenner, 1972, S. 10ff., 27ff.; I. Jens, Dichter zwischen rechts und links. Die Geschichte der Sektion für Dichtkunst der Preußischen Akademie der Künste, dargestellt nach den Dokumenten, München 1971, S. 181ff., 288ff.
10 Ein sehr schönes Beispiel gibt das offiziöse Werk »Deutsche Maler der Gegenwart« von Bruno Kroll (Berlin o. J., mehrere Auflagen). Dem Kapitel »Der deutsche Impressionismus«, eingeleitet mit einem Rosenberg-Zitat, folgt der Abschnitt »Der expressionistische Irrtum«, mit der Anmerkung: »Bilder expressionistischer Maler werden keine abgebildet« (S. 76).
11 Scheffler, 1946, S. 361ff.
11a Außer Barlach unterzeichneten den Aufruf: Werner Beumelburg, Rudolf G. Binding, Hans Friedrich Blunck, Alfred Bruckmann, Richard Euringer, Emil Fahrenkamp, Erich Feyerabend, Gustav Frenssen, Wilhelm Furtwängler,

Eberhard Hanfstaengl, Gustav Havemann, Erich Heckel, Eugen Hönig, Heinz Ihlert, Hanns Johst, Georg Kolbe, Erwin Guido Kolbenheyer, Werner Krauß, Franz Lenk, Heinrich Lersch, Karl Löscher, Walter March, Agnes Miegel, Ludwig Mies van der Rohe, Börries von Münchhausen, Emil Nolde, Paul Pfund, Hans Pfitzner, Wilhelm Pinder, Paul Schultze-Naumburg, Hermann Stehr, Richard Strauss, Josef Thorak, Heinz Tietjen, Hans Weidemann, Arnold Weinmüller.

12 Die Vermutung von Brenner, 1963, S. 219, Anm. 43, der Briefwechsel habe am 25. 9. 1934 seinen Abschluß gefunden, ist insofern unzutreffend.

13 Wulf, 1963, S. 396ff.; Bollmus, 1970, S. 287.

14 Piper, 1964, S. 440; vgl. Fechter, 1948, S. 264ff.; zur Publikation allgemein Droß, 1964.

15 Piper, 1979, S. 116f.

16 Ernst Barlach, 1977, S. 5.

17 Piper, 1964, S. 440.

18 Z. B. H. Günther, Rasse und Stil, München 1927, S. 101f.

19 Briefe und Texte Galerie Nierendorf 1920–1970, Berlin 1980, S. 9f.; Rave, 1949, S. 34.

20 A. Kubin, Abenteuer einer Zeichenfeder. Mit einer Einführung von Max Unold, München 1942.

21 Schurek, 1959, S. 123.

22 Fechter, 1949, S. 405.

23 Barlach, 1969, S. 668; Kollwitz, 1948, S. 109f.; Leserbrief von W. Scheffler, Tagesspiegel, 19. 6. 1983.

24 Schurek, 1959, S. 140.

25 Rave, 1949, S. 85.

26 Brenner, 1972, S. 143ff.

27 In letzter Stunde, 1964, S. 55f.

28 Die Eröffnungsrede hielt Max Beckmann, abgedruckt in: M. Q. Beckmann, Mein Leben mit Max Beckmann, München/Zürich 1983, S. 189ff.

29 Wulf, 1963, S. 324ff.

30 Ernst Barlach, 1981, Bd. II, S. 117ff.

31 Die Begründung des Gesetzes ist wiedergegeben in: In letzter Stunde, 1964, S. 221ff.

32 In letzter Stunde, 1964, S. 230.

33 Über die Anstrengungen, öffentliche Mittel für Käufe zu bekommen, berichtet sehr interessant Kreis, 1978.

34 K. Reutti, »Entartete Kunst«, ms. Manuskript (1951), Archiv der Nationalgalerie, S. 8; Hentzen, 1971, S. 47f., 50f.

35 In letzter Stunde, 1964, S. 236ff.

36 Befreite Kunst, 1946, S. 25.

37 Dagegen W. Girnus, Ernst-Barlach-Ausstellung in der Deutschen Akademie der Künste in Berlin 1951/52, Neues Deutschland, 4. 1. 1952.

Bibliographie

Ungedruckte Quellen

Archiv der Nationalgalerie SPKB (Berlin)
Kunstarchiv Wilhelm F. Arntz (Haag/Obb.)
Archiv des Ernst-Barlach-Hauses (Hamburg)
Archiv des Ernst-Barlach-Nachlasses (Hamburg)
Archiv des Instituts für Zeitgeschichte (München)
Archiv des R. Piper & Co. Verlags (München)

Gedruckte Quellen und Literatur

D. Aigner, Die Indizierung »schädlichen und unerwünschten« Schrifttums im Dritten Reich, Sonderdruck Frankfurt a. M. 1971

E. Barlach, Zeichnungen, Einf. von P. Fechter, München o. J. [1935], ^{2}1948

E. Barlach, Die Briefe II, hrsg. von F. Droß, München 1969

E. Barlach, Das dichterische Werk. Dritter Band: Die Prosa II, hrsg. von F. Droß, Nachwort von W. Muschg, München/Zürich ^{2}1976

Ernst Barlach. Katalog, Berlin 1951

Ernst Barlachs Magdeburger Mal wieder im Dom. Gedenkschrift, hrsg. vom Barlachkuratorium, Güstrow 1957

Ernst-Barlach-Bibliographie, bearb. von K.-H. Kröplin, Berlin 1972

Ernst Barlach. Das Wirkliche und das Wahrhaftige, hrsg. von F. Fühmann, Rostock ^{2}1974

Ernst Barlach. Werk und Wirkung, Berichte, Gespräche, Erinnerungen, gesammelt und hrsg. von E. Jansen, Berlin (Ost) ^{2}1975

Ernst-Barlach-Haus. Stiftung Hermann F. Reemtsma, Katalog, Hamburg 1977

Ernst Barlach. Werke und Werkentwürfe aus 5 Jahrzehnten, Katalog, 3 Bde., Berlin 1981

Ernst Barlach – Gerhard Marcks. Der Lübecker Figurenfries. Eine Dokumentation, bearb. von M. Rudloff, Bremen 1978

Befreite Kunst. Ausstellung von Werken der bildenden Kunst, Celle 1946

A. Behne, Entartete Kunst, Berlin 1947

E. Bloch, Gauklerfest unterm Galgen, in: E. B., Vom Hasard zur Katastrophe. Politische Aufsätze 1934–1939, Frankfurt a. M. 1972, S. 235–241

R. Bollmus, Das Amt Rosenberg und seine Gegner. Zum Machtkampf im nationalsozialistischen Herrschaftssystem, Stuttgart 1970

W. Breckle, Die antifaschistische Literatur in Deutschland 1933–1945, Weimarer Beiträge 16 (1970), Heft 6, S. 67–128

H. Brenner, Die Kunstpolitik des Nationalsozialismus, Reinbek 1963
H. Brenner, Ende einer bürgerlichen Kunst-Institution. Die politische Formierung der preußischen Akademie der Künste ab 1933, Stuttgart 1972
G. Busch, Entartete Kunst. Geschichte und Moral, Frankfurt a. M. ²1969
C. D. Carls, Ernst Barlach. Das plastische, graphische und dichterische Werk, Berlin 1931
C. D. Carls, Das Beispiel Barlach, Rhein-Neckar-Zeitung, 29. 1. 1983
V. Dahm, Das jüdische Buch im Dritten Reich. Erster Teil: Die Ausschaltung der jüdischen Autoren, Verleger und Buchhändler, Frankfurt a. M. 1979
M. Damm, Gebrauch und Funktion von bildender Kunst und Architektur im Nationalsozialismus, in: Kunst und Kultur im deutschen Faschismus, hrsg. von R. Schnell, Stuttgart 1978, S. 87–128
»Das war ein Vorspiel nur ...«. Bücherverbrennung Deutschland 1933: Voraussetzungen und Folgen, Berlin 1983
Deutsche Kultur im neuen Reich. Wesen, Aufgabe und Ziel der Reichskulturkammer, hrsg. von E. A. Dreyer, Berlin 1934
Deutsche Kunst und entartete »Kunst«. Kunstwerk und Zerrbild als Spiegel der Weltanschauung, hrsg. von A. Dresler, München 1938
Das Dritte Reich, hrsg. von E. Aleff, Hannover ⁵1973
F. Droß, Zur Veröffentlichung der »Zeichnungen« im Jahre 1935, in: Stationen. Piper-Almanach 1904–1964, hrsg. von K. Piper, München 1964, S. 393–402
Entartete Kunst. Bildersturm vor 25 Jahren, Katalog, München 1962
K. D. Erdmann, Deutschland unter der Herrschaft des Nationalsozialismus 1933–1939, München ⁹1980 (= B. Gebhardt, Handbuch der deutschen Geschichte, Bd. 20)
P. Fechter, Menschen und Zeiten. Begegnungen aus fünf Jahrzehnten, Gütersloh 1948
P. Fechter, An der Wende der Zeit. Menschen und Begegnungen, Gütersloh 1949
P. Fechter, Ernst Barlach, Gütersloh 1957
Freundesworte. Ernst Barlach zum Gedächtnis, Privatdruck Hamburg 1939
Handbuch der Reichskulturkammer, hrsg. von H. Hinkel, Berlin 1937
A. Hentzen, Deutsche Bildhauer der Gegenwart, Berlin 1934
A. Hentzen, Die Berliner National-Galerie im Bildersturm, Köln/Berlin 1971
J. Hermand, Bewährte Tümlichkeiten. Der völkisch-nazistische Traum einer ewig-deutschen Kunst, in: Die deutsche Literatur im Dritten Reich, hrsg. von H. Denkler und K. Prümm, Stuttgart 1976, S. 102–117
B. Hinz, Die Malerei im deutschen Faschismus, München 1972
In letzter Stunde. 1933–1945, hrsg. von D. Schmidt, Dresden 1964
N. Jackson-Groves, Ernst Barlach. Leben im Werk, Königstein o. J.
K. Kollwitz, Tagebuchblätter und Briefe, hrsg. von H. Kollwitz, Berlin 1948
G. Kreis, »Entartete Kunst« in Basel. Eine Chronik außerordentlicher Ankäufe im Jahre 1939, in: Basler Zeitschrift für Geschichte und Altertumskunde 78 (1978), S. 163–189
I. Lohmann-Siems, Ernst Barlach. Ein Lebensbild, Sonderdruck Hamburg o. J.
H. Mansfeld, Die spätgotische Plastik in Mecklenburg und das Werk Ernst Barlachs, Berlin 1951

R. Merker, Die bildenden Künste im Nationalsozialismus, Köln 1983
W. Muschg, Ein Opfer. Ernst Barlachs Briefe, in: W. M., Die Zerstörung der deutschen Literatur, München 1961, S. 66–86
P. Paret, Die Berliner Secession. Moderne Kunst und ihre Feinde im kaiserlichen Deutschland, Berlin 1981
E. Piper, Zur Geschichte der Zensur in Deutschland, in: Vorgänge 46 (1980), S. 53–66
E. R. Piper, 75 Jahre Piper. R. Piper & Co. Verlag 1904–1979, Ausstellungskatalog, München o. J. [1979]
R. Piper, Mein Leben als Verleger. Vormittag – Nachmittag, München 1964
R. Piper, Briefwechsel mit Autoren und Künstlern 1903–1953, hrsg. von Ulrike Buergel-Goodwin und Wolfram Göbel, München/Zürich 1979
P. O. Rave, Kunstdiktatur im Dritten Reich, Hamburg 1949
F. Roh, »Entartete« Kunst, Hannover 1962
H. D. Schäfer, Das gespaltene Bewußtsein. Deutsche Kultur und Lebenswirklichkeit 1933–1945, München ²1982
K. Scheffler, Die fetten und die mageren Jahre, Leipzig/München 1946
P. Schurek, Begegnungen mit Ernst Barlach, München 1959
P. Schurek, Barlach. Eine Bildbiographie, München 1961
H. Sieker, Ernst Barlach als Bildhauer und Graphiker, in: Imprimatur, NF IV (1963/64), S. 82–87
Skulptur und Macht. Figurative Plastik im Deutschland der 30er und 40er Jahre, Berlin 1983
D. Strothmann, Nationalsozialistische Literaturpolitik. Ein Beitrag zur Publizistik im Dritten Reich, Bonn 1960
M. Struwe, »Nationalsozialistischer Bildersturm«. Funktion eines Begriffs, in: Bildersturm. Die Zerstörung der Kunstwerke, hrsg. von M. Warnke, Frankfurt a. M. 1977, S. 121–140
M. Urban, Noldes Ungemalte Bilder, in: Emil Nolde. Ungemalte Bilder 1938 bis 1945, Seebüll ²1973, S. 5–8
C. Virch, Ernst Barlachs Entwürfe zum Kieler »Geistkämpfer«, Kiel 1953
P. Vogt, Museum Folkwang Essen. Die Geschichte einer Sammlung junger Kunst im Ruhrgebiet, Köln ²1983
R. v. Walter, Ernst Barlach. Eine Einführung in sein plastisches und graphisches Werk, Berlin o. J.
K. Wolbert, Die Nackten und die Toten des »Dritten Reiches«. Folgen einer politischen Geschichte des Körpers in der Plastik des deutschen Faschismus, Gießen 1982
J. Wulf, Die Bildenden Künste im Dritten Reich. Eine Dokumentation, Gütersloh 1963

Personenregister

Inhalt

Bücher zum Thema (Auswahl)